KB169308

교사와 부모를 위한
비고츠키 교육학
네오비고츠키주의 아동발달이론

교사와 부모를 위한
비고츠키 교육학
네오비고츠키주의 아동발달이론

초판 1쇄 발행 2017년 10월 26일
초판 2쇄 발행 2017년 11월 30일

지은이 유리 카르포프
옮긴이 실천교사번역팀
펴낸이 김승희
펴낸곳 도서출판 살림터

기획 정광일
편집 조현주
북디자인 꼬리별

인쇄·제본 (주)현문
종이 월드페이퍼(주)

주소 서울시 영등포구 양평로21가길 19 선유도 우림라이온스밸리 1차 B동 512호
전화 02-3141-6553
팩스 02-3141-6555
출판등록 2008년 3월 18일 제313-1990-12호
이메일 gwang80@hanmail.net
블로그 http://blog.naver.com/dkffk1020

ISBN 979-11-5930-047-9 93370

교사와 부모를 위한
비고츠키 교육학
네오비고츠키주의 아동발달이론

유리 카르포프 지음 | 실천교사번역팀 옮김

감사의 말

내가 아동발달에 대한 네오비고츠키주의 이론에 관심과 지식을 쌓게된 것은 17년간 모스크바주립대학교 심리학부에서 연구 활동을 할 때였다. 구소련 시절 모스크바주립대학교 심리학부에서는 비고츠키를 전문적으로 연구하였다. 그 시절 나는 여러 선생님들께 큰 빚을 지고 있다. 특히, 훌륭한 글과 강의를 비롯하여 학생들이나 후배 연구자들과 생각을 나누면서 나의 학문적 삶 전반에 영향을 끼친 엘코닌Daniel Elkonin, 레온티예프Alexey Leontiev, 루리아Alexander Luria, 탈리지나Nina Talyzina 선생님께 깊이 감사한다.

1991년 미국으로 이주한 뒤 내가 연구 활동을 재개할 수 있도록 도와주신 보르코프스키Borkowski, 워런Steven Warren, 헤이우드Carl Haywood 선생님께도 특별한 감사의 말씀을 드린다.

내가 이 책을 쓸 수 있었던 것은 투로Touro대학교 교육심리학대학원의 폴레메니Anthony Polemeni 학장님과 여러 동료들에 힘입은 바가 크다. 벗이자 동료인 레러Ronald Lehrer에게 심심한 사의를 전한다. 내가 자료를 분석하고 제시할 때, 그는 유익한 학술적 자문과 비평 그리고 여러 제안을 해주었다.

또한 케임브리지대학교 출판사에서 출간한 초고를 읽고 서평을 통해 매우 유용한 답문을 주었던 익명의 여러 독자들에게도 감사의 말씀을 전한다.

책의 삽화로 사용된 그림 작업을 해주신 아코피언에게도 사의를 표한다.

이 책은 나의 아내 로라의 배려와 지지가 없었다면 완성될 수 없었을 것이다.

끝으로, 편집자 라플린과 프로젝트 책임자 맥클레닉, 편집 담당 버드, 그리고 이 책의 출판을 위해 전문지식뿐 아니라 혼신의 노력으로 준비에 만전을 기해준 케임브리지대학교 출판사와 테크북의 직원들에게도 고마움을 표한다.

차례

| 일러두기 |

1. 저자가 붙인 설명은 각주로, 역자의 주는 본문에 아래첨자로 처리했다.
2. 본문에서 큰따옴표는 저자가 다른 학자의 글을 인용한 부분이며, 큰따옴표 뒤에 밝힌 페이지 숫자
   와 연도는 그 글의 출처를 가리킨다.
3. 이 책에 나오는 학자 가운데 잘 알려진 인물의 경우는 한글 표기(예: 프로이트)만 하고, 나머지는
   한글과 영어를 병기했다. 단, 같은 학자가 여러 번 언급될 때는 두 번째부터는 한글 표기만 했다.
4. 원 책에서 이탤릭체로 강조한 것은 글씨를 진하게 표시했다.

서론

아동발달의 결정요인과 기제:
이 책의 구조와 내용

서론
아동발달의 결정요인과 기제:
이 책의 구조와 내용

발달심리학계의 연구 결과물들을 살펴본 뒤 헤더링턴과 매킨타이어 Hetherington and McIntyre, 1975는 다음과 같은 슬픈 결론을 내렸다.

발달심리학계의 가장 두드러진 특징은 아동발달에 관한 만족할 만한 이론이 없다는 것이다. 지금까지 많은 연구자들이 완전히 탈이론적인 접근으로 이 문제를 다뤄왔다. 기존의 낡은 이론들을 땜질하고 수정하기에 급급한가 하면, 극히 협소한 영역에 관한 지엽적 이론을 만들어 내곤 했다. 서로 다른 영역 사이에 소박한 수준의 교류가 이루어지고 있는데, 특히 다양한 행동영역에서 인지적 요인의 중요성에 대한 인식이 증대되고 있는 지점에서 그러하다. 그럼에도 다양한 영역의 발달심리학자들이 서로 소통을 하지 않고 있다는 생각을 담은 문헌이 돌출되고 있다. 이 문헌은 시종 군더더기로 포장되어 있으며, 발달과정에 관한 이해에 하등의 도움이 안 되는 사소한 조사나 단발적인 연구들로 채워져 있다. 이 책은 아동 행동에 대해 비효율적인 방법으로 접근하고 있다. … 최근의 연구 동향은 보다 체계적이고 풍성한 연구 전략을 도출할 수 있는 이론을 진전시키기 위한 시도나 현재 우리가 갖고 있는 정보에 대한 면밀한 분석과 종합 그리고 평가에 모아지고 있다.pp. 125-126

1970년대 서구 발달심리학계에서 아동발달에 관한 흡족한 이론이 없었다는 이 평론은 지금도 여전히 유효하다. 현대 서구 심리학계에서 아동의 발달 단계별로 지각, 기억, 인지 등의 여러 정신과정mental processes에 관한 세밀한 연구가 이루어지고 있지만, 아동발달에 관한 설득력 있는 이론은 나오지 않았다. 현대 아동발달심리학자들 사이에 기존 이론에 대한 불만은 그 자체로 일정한 환원주의적 접근을 정당화하는 셈이 된다. 이를테면 발달생물학을 "인지발달의 메타이론"Bjorklund, 1997, p. 144으로 활용해야 한다는 제안이 있다.

아동발달을 다룬 기존 이론에 이처럼 광범위한 실망이 야기된 이유는 무엇일까? 아동발달에 관한 이론의 핵심은 **발달의 결정요인**(발달을 이끄는 주된 요인)에 대한 설명과 **발달기제**(발달을 이끄는 발달 결정요인에 대한 분석)에 대한 설명이다. 우선 서구 심리학이 아동발달심리학 이론에서 아동 발달의 결정요인과 발달기제를 어떻게 설명하고 있는지 살펴보자.

아동발달의 결정요인과 기제에 관한 서구 심리학의 접근 방식

아동발달과 관련한 서구 심리학 이론들은 아동발달의 결정요인 determinants에 대한 접근 방식에 따라 크게 세 가지로 나뉜다.Cole, 1992

아동발달에 관한 생득주의적(성숙 중심의) 접근
초기 생득주의자들nativistsBühler, 1918/1930; Gesell, 1933; Hall, 1904은 유전적으로 결정된 성숙 수준을 아동발달의 주된(유일하지는 않을지라도) 결정요인으로 보았다. 뷸러1918, 1930에 따르면, 심지어 범죄 행동조차 나쁜 유전 형질의 결과이다. 오늘날 대부분의 생득주의자들은 범죄 행동을 유전적으로 결정된 범죄 특성에 결부 짓는 극단적 입장과는 거리가 멀지만, 아동발달의 결정요인에 대한 이들의 설명은 초기 생득주의자들과 크게 다르지 않다. 이를테면 스카Scarr, 1992는 아동발달에서 환경의 영향을 부정하진 않지만, 아동발달에 미치는 환경의 영향은 환경의 질이나 특성보다는 아동의 유전자형genotype에 의존한다고 주장한다.

> 가정 배경에 따른 평범한 차이들이 아동발달에 미치는 영향은 미미하다. … 아동발달의 결과는 부모가 아이를 스포츠 경기장이나 박물관에 데려가는 것보다 유전적 대물림과 기회의 제공 그리고 아동이 타고난 재능을 최대한 개발하도록 지원하는 환경 조건에 영향을 받는다.
>
> p. 15, 강조는 Karpov

자연선택이라는 진화론적 원리로부터 발달을 설명하려는 생득주의자들도 이와 비슷한 입장을 내놓았다.Cosmides & Tooby, 1987, 1994; Geary, 1995 기어리Geary, 1995는 진화과정에서 선택된 "생물학적으로 가장 중요한 인지능력이 아동을 환경 적응에 적절한 특질로 인도하여 그 특질의 과정을 이끈다"라고 주장한다.p. 27

생득주의 관점의 주된 문제는 아동의 인지나 인성 등의 발달에서 일어나는 신형성neo-formations에 관해 논하면서, "이러한 경이로운 것들이 **대관절** 어디에서 오는가 하는 물음에 답하지 못하는" 점이다.Richardson, 1998, p. 79 생득주의의 이러한 결점은 무엇보다 단계별로 발달의 과정을 짚는 그들의 설명 방식에서 명백히 드러난다. 프로이트1925, 1955의 발날 모형에선 왜 구순기에서 항문기로 이행하며, 또 에릭슨1963, 1968의 단계에서는 왜 신뢰 대 불신에서 **자율성 대 수치 및 의심**으로 넘어가는 것일까? 이러한 이행들이 그저 성숙의 결과일 뿐이라는 설명은 발달기제에 대한 납득할 만한 논리로 받아들이기 힘들다. 사실 "선천성 개념을 강조하는

것은 그만큼 발달에 대한 설명의 책임을 회피하는 셈이다."Johnston, 1994, p. 721

아동발달에 대한 행동주의적(환경론적) 접근

아동발달의 결정요인에 대한 행동주의자들Skinner, 1953; Thorndike, 1914; Watson, 1925의 관점은 생득주의의 입장과 정반대 지점에 있다. 초기 행동주의자들에게 "아동은 자신이 될 것으로"p. 15 발달해간다는 스카1992의 설명은 무의미한 말이었다. 왜냐하면 그들에게 갓 태어난 아이는 백지 상태로 간주되며, 아동의 모든 발달적 성취는 아동의 환경 탓이기 때문이다. 왓슨1925의 유명한 말은 이러한 점을 잘 보여준다. "내게 건강한 아기를 열 명쯤 보내줘서 내가 고안한 세계 속에 그들을 넣어 양육시키도록 허락한다면, 장담컨대 어느 아이든 임의로 골라서 내가 원하는 어떤 유형의 전문가로도 길러낼 것이다."p. 82 비록 후기 행동주의자들은 이 같은 도발적인 말은 삼갔지만, 아동발달의 결정요인에 관한 그들의 입장은 초기 행동주의자들의 입장과 유사하다.좋은 예로 Bijou, 1976, 1992를 보라

생득주의자들과는 달리 행동주의자들은 발달의 결정요인에 관해 언급할 뿐만 아니라 아동발달의 기제에 대해서도 설명한다. 이들이 보기에 새로운 반응에 대한 아동의 발달은 연습과 강화의 결과로서 자극과 반응 사이의 새로운 연합인 조건화에 기인하는 것이다. 하지만 조건화 기제는 아동의 경우는 말할 것도 없고 동물의 경우에조차 새로운 행동 패턴의 발달에 대해 설명하지 못한다.Köhler, 1930; Tolman & Honzík, 1930 그래서 1960년대 이후로 행동주의 발달이론은 미국 심리학자들 사이에서 권위를 잃었다.몇 안 되는 예외 중 하나로 Bijou, 1976, 1992를 보라

게젤Gesell, 1933이 풍자적 수사로 묘사하듯, 아동발달에 대한 행동주의이론에 따르면 "이런저런 사람들이 모두 조건화 패턴의 산물인 셈이다."p. 230 행동주의의 중요한 결점에 정곡을 찌르는 이 말에 따르면, 행동주의자들

은 아동을 자기 발달의 능동적인 주체로 보지 않고 환경의 영향을 수동적으로 받아들이기만 하는 존재로 보는 것이다. 그러나 비슷한 비판이 생득주의의 아동발달이론에도 가해져야 하는데, 게젤 자신도 예외는 아니다. 행동주의자들이 아동을 환경의 실타래로 **뜨개질된** 존재로 본다면, 생득주의자들은 유전의 실타래로 **뜨개질된** 존재로 보는 것이다. 구성주의 아동관의 중요한 성과는 아동을 내적 발달 동인과 외적 발달 동인의 수동적 객체로 본 생득주의와 행동주의의 관점을 극복한 데 있다.

아동발달에 대한 구성주의적(상호작용적) 접근

이 이론을 대표하는 주된 학자가 피아제[1936/1952, 1955, 1923/1959]이다. 피아제는 아동발달의 주요 결정요인이 외부 세계를 탐구하려는 아동의 활동이라고 주장한다. 이 활동 과정에서 아동은 새로운 환경현상environmental phenomena을 맞닥뜨리며 이를 자신의 스키마(기존 사고체계)에 **동화**시키려 애쓴다. 하지만 이 새로운 환경현상은 아동의 스키마에 잘 맞지 않는데, 이것은 아동의 스키마와 외부 세계 사이에 **불균형**을 파생시킨다. 따라서 아동은 자신의 스키마를 새로운 환경현상에 **조절**할 필요를 느낀다. 그리고 이것은 기존 스키마의 발달로 이어지고 새로운 인지구조의 통합을 낳는다. 결과적으로 아동의 스키마와 외부 세계 사이의 일시적 **평형**이 이루어지고, 이것은 아동이 새로운 불균형 상태를 지닌 또 다른 환경현상을 만날 때까지 지속된다. 그리하여 피아제는 아동을 자기 인지의 능동적인 **구성자**로 보는 것이다.

발달기제로서 평형(아동의 스키마와 외부 세계 사이의 균형에 도달하기)에 대한 피아제의 개념은 아동 스키마의 발달을 설명하고 있지만, 이 설명은 약점을 안고 있다. 피아제는 그렇게 주장하지만, 대관절 아동은 뭐 때문에 자신의 안락한 평형상태(즉, 자기 환경에의 적응 상태)를 벗어나 외부 세계를 탐구하려 하는 것일까? 그렇게 한들 필연적으로 불균형 상태를 맞이할 텐데 말이다. 피아제[1936/1952]는 이 물음에 대해 아동의 탐구활동은 호기심, 즉 과학자들의 그것과 유사한 수준의 호기심을 선천적으로 갖고 있기 때문이라고 답한다. 아동의 탐구활동에 대한 이러한 설명의 한계는 3장에서 더 자세히 다룰 것이다. 여기서는 간단히 모든 아동이 외부 세계를 향해 그러한 선천적 **호기심**을 보이는 것은 아니라는 것만 일러두겠다.[Bowlby, 1951; Kistyakovskaya, 1970; Rozengard-Pupko, 1948; Spitz, 1945, 1946]

피아제의 더욱 심각한 문제는 아동의 단계별 인지발달에 대한 설명이다. 피아제는 아동 인지의 국지적 발달(즉, 스키마의 발달)은 인지발달의 질적인 전환(즉, 새로운 인지발달 단계로의 이행)으로 연결된다고 주장한다. 하지만 이러한 이행의 기제에 관해 논하면서 피아제는 이 이행이 "발달에서 필수적이다"[Piaget, 1971b, p. 9]라는 말 외에 납득할 만한 설명을 할 수 없었다. 피아제[1971b] 자신도 자기 설명의 문제점을 명확히 하였다. "이 해법은 입증하기 어렵다. 심지어 설명하기조차 어렵다."[p. 9] 입증하기도 설명하기도 어려운 해법을 받아들일 수 없는 것은 당연하다.

단계별 이행에 대한 설명은 네오피아제주의의 아동발달이론으로 정립되었다. 하지만 이들의 설명은 이러한 이행 기제를 유전적으로 예정된 성숙의 과정이라 말하는 방식을 답습하고 있다. 이를테면 파스큐얼-레오네[Pascual-Leone, 1970]와 케이스[Case, 1985]에게 단계별 이행은 선천적 정보처리 역량이 성숙된 결과다. 카밀로프-스미스[Karmiloff-Smith, 1993]에게 이행 단계들은 선천적으로 예정된 표상활동의 **재현**redescriptions에 말미암은 결과이다. 그리하여 네오피아제주의자들은 발달기제로서 유전적으로 예정된 성숙 과정을 제시함으로써 피아제의 발달단계이론을 지지하는데, 이들은 피아제가 극복하고자 분투한 **생득주의적 예정설**nativist predeterminism의 입장을 취하고 있다.[Richardson, 1998, p. 168]

아동발달기제에 대해 만족스러운 설명을 제시하지 못하는
생득주의, 행동주의, 구성주의의 주요 결점

생득주의, 행동주의, 구성주의가 아동발달기제에 대해 흡족한 설명을 하지 못하는 중요한 이유로 두 가지를 제시하고자 한다. 첫 번째는 이들 이론이 아동발달의 결정요인에 대한 부적절한 이해에 기초하고 있는 점이다. 지금껏 논의한 이론들 사이의 실질적인 차이에도 불구하고, 이들 사이엔 한 가지 중요한 공통점이 있다. 이들 이론의 창시자들이나 지지자들은 동물과 인간의 발달 사이에 있는 **근본적인**principal 차이를 못 보고 있는 것이다. 물론 이들도 아동발달의 결과나 성취수준이 동물의 그것과 다르지 않다는 주장을 펼치지는 않는다. 하지만 이들이 묘사하는 아동발달의 결정요인은 동물발달에 대한 설명에도 쉽게 적용할 수 있다. 생득주의에서 동물의 발달은 유전적으로 예정된 성숙의 결과로, 행동주의에서는 환경적 영향의 결과로, 구성주의에서는 외부 세계의 탐구를 꾀하는 동물의 활동 결과로 돌릴 수 있을 것이다. (이 책에서 자세히 논하겠지만) 만약 발달의 결정요인 면에서 동물과 인간이 근본적으로 다르다고 가정한다면, 이로부터 아동발달의 기제와 관련한 의문에 대해 납득할 만한 답을 제시하지 못한 생득주의와 행동주의 그리고 구성주의의 실패를 어느 정도 설명할 수 있을 것이다.

아동발달의 기제에 대해 흡족한 설명을 제공하지 못한 두 번째 이유는, 이들의 이론이 대체로 아동의 전체 발달을 고려하지 않고 특정 국면의 발달에 대해서만 설명하고 있는 점이다. 정신분석이론Freud, 1954; Eriksuil, 1963은 아동의 인성발달을 논하며, 피아제1936/1952, 1955, 1923/1959와 네오피아제주의자들Case, 1985; Karmiloff-Smith, 1993은 아동의 인지발달에 강조점을 둔다. 몇몇 시도들은 아동발달에 대한 기존 이론을 **확장하여** 이들 이론에서 다룬 것들을 넘어 다른 영역의 아동발달에 대해 설명하고자 한다. 콜버그1984는 피아제의 인지발달이론을 자신의 도덕성발달이론의 기초로 삼았다. 유사한 맥락에서, 클레이턴과 비렌Clayton and Birren, 1980은 에릭슨 1963, 1968의 인성이론을 이용하여 인지발달의 특정 국면을 설명하였다. 그러나 이들 **확장된** 발달모형은 아동발달의 다양한 국면들 사이의 상호 연관성을 설명하지 않음으로써 아동발달의 전체론적인holistic 관점으로 나아가지는 못했다. 이들 모형은 주요 발달 국면의 확장을 시도했지만 결과적으로 발달의 부차적인 국면을 도출했을 뿐이다.

생득주의, 행동주의, 구성주의의 대안으로서의 네오비고츠키주의 아동발달이론

이 책의 목적은 영어문화권 독자들에게 네오비고츠키주의 아동발달이론을 소개하는 것이다. 이 이론은 비고츠키가 정초하고 그의 러시아 후학들[1]이 발전시킨 것이다. 이 이론과 서문에서 지금까지 논한 이론들 사이에는 두 가지 중요한 차이가 있다. 첫째는 아동발달의 결정요인에 관한 비고츠키와 그 후학들의 관점의 혁신성이다. 앞서 논했듯이, 생득주의자, 행동주의자, 구성주의자들은 인간발달과 동물발달의 결정요인의 차이를 보지 못했다. 이들과 달리 비고츠키와 후학들은 인간발달에서 사회적 환경의 결정적인 중요성에 말미암아 인간과 동물 사이의 결정요인에 중대한 차이가 존재한다고 주장한다. 오해를 피하기 위해 이에 대한 더욱 상세한 논의가 필요할 것이다.

분명 지금까지 내가 논한 위대한 학자들 가운데 그 누구도 아동발달에

---

1. 러시아의 비고츠키 제자들이 비고츠키의 사고를 발전시킨 유일한 장본인들은 아니다. 구체적으로, 많은 미국 학자들(Berk, Cole, Rogoff, Valsiner, Wertsch 등)도 비고츠키 개념의 심화 발전에 큰 공헌을 끼쳤다. 하지만 산업사회에서 출생에서부터 청소년기까지 아동의 단계별 발달에 대한 비고츠키의 주장을 이론으로 발전시킨 것은 러시아 학자들이었다. 이 이론을 아동발달에 대한 네오비고츠키주의 이론이라 일컫는 나의 관점의 정당성은 이런 맥락에 근거하는 것임을 일러둔다.

서 사회적 환경의 중요성을 무시하진 않았다. 그럼에도 생득주의자, 행동주의자, 구성주의자들은 "발달 방정식에서 환경적 측면을 문화적·사회적 요인 대 물리적 환경으로 구분할 수 있다고 은근슬쩍 말할 뿐, 이 구분에 대한 설명을 더 이상 진전시키진 않았다."Cole, 1992, p. 735 사실 그들은 사회적 현상과 물리적 현상을 환경의 두 축으로 보았는데, 이 둘은 아동발달에서 똑같이 중요한 것으로서 비슷한 방식으로 아동발달을 촉진한다. 이러한 진술은 피아제의 이론에 대해 "고립된 아동이 세계를 자신에게 동화시킬 것인가 혹은 자신을 세계에 동화시킬 것인지 사이에서 모종의 평형을 꾀하기 위해 고군분투하는 것"p. 25으로 묘사한 브루너1985에 대해 발끈하는 피아제주의자들의 반발을 살지도 모른다. 이를테면 도이스Doise, 1988는 상호작용 과정에서 또래들 간에 일어나는 인지적 갈등은 불균형을 야기하는데, 이것은 평형이라는 발달기제로 연결된다는 피아제의 생각을 강조하였다. 이러한 관점으로부터 피아제는 인지발달에서 사회적 상호작용의 중요한 역할을 인정하였다. 하지만 중요한 것은, 또래 간 상호작용의 경우에서 일어나는 피아제주의의 평형기제가 아동이 새로운 물리적 대상을 다룰 때 관여하는 평형과 별반 다르지 않다는 것이다. 다시 말해, 피아제의 발달모형에서 또래 간의 상호작용은 아동의 불균형 상태 해결에는 도움을 줄지언정, 한층 새롭고도 진전된 수준의 스키마 구성에는 영향을 미치지 않는다. 그리하여 새로운 평형상태에 도달하기 위해 피아제주의의 아동은, 브루너의 말을 빌리면, **고립된** 그리고 **독자적인** 아동으로서 분투한다.

비고츠키와 러시아 후학들에 따르면, 사회적 환경은 아동이 발달하고 또 적응하고자 분투하는 맥락에 불과한 것이 아니다. 아동을 둘러싸고 있는 사회적 환경의 대표자로서 성인은 아동에게 이른바 정신도구 psychological tools를 제공한다. 아동이 습득하고 내면화한 정신도구는 아동의 정신과정을 매개하게 된다. 이러한 관점으로부터, 인간의 정신과정은 아동에 의해 독자적으로 **구성되는** 것(구성주의자들이 말하듯이)이 아닐 뿐만 아니라, 성숙의 결과로 아동이 스스로 **전개해가거나**(생득주의자들이 말하듯이), 성인이 아동에게 **주입한** 것(행동주의자들이 말하듯이)도 아니다. 정신과정의 발달은 아동이 맺는 사회적 상호작용의 맥락 속에서 성인에 의해 **매개된**mediated² 것이다. 따라서 비고츠키와 그 후학들은 사회적 상호작용 맥락 속의 매개를 아동발달의 중요한 결정요인으로 간주한다.

아동발달에 대한 네오비고츠키주의자의 관점과 생득주의자나 행동주의자, 구성주의자의 관점 사이의 두 번째 중요한 차이는 비고츠키와 그의 후학들이 총체적 인격체로서 아동의 발달을 보는 점이다. 이들은 아동의 인지와 인성 그리고 사회적 발달을 각각 분리된 과정으로 보지 않고 아동발달의 전체론적 모형holistic model으로 통합한다. 아동발달의 결정요인에 관한 혁신적인 관점이나 전체론적 발달 관점에 힘입어, 네오비고츠키주의자들은 산업사회 아동의 출생에서 청소년기에 이르기까지의 발달을 단계별로 설명하고 단계별 발달기제에 대한 새로운 설명을 제안하기에 이르렀다.

이 책의 내용과 구조

이 책을 통해 나는 아동발달에 관한 네오비고츠키주의 이론을 일관된 방법으로 알기 쉽게 안내함으로써 이 책이 비고츠키를 공부하는 초심자와 전문가 모두에게 유익하고 흥미 있게 다가가길 바란다. 이 책의 구조와 내용은 다음과 같다.

1장은 비고츠키의 고전적 이론 분석에 집중하였다. 비고츠키의 모든

---

2. 매개의 개념은 1장과 2장에서 자세히 다룰 것이다.

저작들이 영어로 번역되었으며 비고츠키에 관한 서구 심리학자들의 좋은 글들이 많이 쏟아져 나왔음에도 불구하고, 서구의 독자들 가운데 가끔씩 그의 이론을 잘못 알고 있는 경우가 있다. 이러한 오해(1장과 2장에서 이에 관해 다룰 것이다)의 명백한 이유는 비고츠키가 자신의 생각 가운데 많은 부분을 상세히 설명하지 않은 탓에 있다. 또 다른 이유로, 비고츠키의 이론을 전달하는 많은 학자들이 비고츠키 이론의 전체를 구성하는 기본 골격에 해당하는 개념들(매개, 정신도구, 고등정신과정, 근접발달영역, 과학적 개념 등)이 서로 연관되어 있음을 보여주지 않고 분절된 낱낱으로 소개한 탓도 있다. 그러므로 그 누구든, 이를테면 매개나 정신도구에 관한 비고츠키의 개념을 무시하고서 근접발달영역이라는 개념을 논할수 없다고 본다(비고츠키 이론에 입각한 수업 이론을 연구하는 미국 교육심리학자들에게서 이러한 오류를 종종 볼 수 있다). 비고츠키 이론의 전체론적 속성에 대한 설명이 1장의 주된 목표이다.

2장은 비고츠키의 러시아 동료들과 후학들(Elkonin, Galperin, Leontiev, Zaporozhets 등)이 비고츠키의 이론을 발전시킨 것으로서 이른바 아동발달의 활동이론activity theory에 대한 분석이다. 활동이론 창시자의 주요 저작물들이 영어로 번역되고 이와 관련한 서구 학자들의 글이 많이 생산되었음에도, 이 이론은 대다수의 영어권 독자들에게 제대로 이해되지 않은 상태이다. 그 주된 이유 중의 하나는 활동이론의 난해함 때문인데, 이 이론은 탄탄한 철학적 기반에 메타심리학에서 방법론에 이르기까지 다양한 과학적 분석을 함의하고 있다. 심지어 이 이론을 다루는 서구 학자들 가운데 활동이론과 고전적 비고츠키 이론 사이의 연관성을 정반대로 해석하는 경우도 심심찮게 볼 수 있다. 고뱅Gauvain, 2001은 활동이론이 비고츠키에 의해 창안되었다고 주장하는p. 48 반면, 코즐린Kozulin, 1986은 활동이론이 비고츠키의 이론을 계승한 것이라는 것은 "신화"p. 264에 지나지 않는다고 주장한다.

활동이론에 관해 논함에 있어 나는 두 가지 주요 목표를 설정하고자 한다. 첫째, 이 이론을 가급적 독자 친화적 방법으로 소개하려 애쓸 것이다. 분석의 질을 저하시키지 않는 범위 내에서 지나치게 복잡한 철학이론이나 메타이론적 논의는 가급적 피해 가도록 하겠다. 이 맥락에서 활동이론의 주요 창시자인 레온티예프A. Leontiev의 이야기를 하고 싶다. 이 이론을 모스크바대학교 학생들에게 소개할 때 레온티예프는 과학적 예와 일상생활 속의 예를 동시에 곁들인 쉬운 어법으로 설명했다. 활동이론을 소개함에 있어 내가 염두에 둔 두 번째 목표는 비고츠키 이론을 논리적이면서도 내적 일관성 있게 정교화한 이론, 즉 네오비고츠키주의 이론으로 설명하는 것이다. 그런 까닭에 나는 비고츠키와 그의 러시아 후학들 사이에 있는 중요한 차이를 보지 못하는 사람들이나 이 둘의 관점 사이에 선을 긋는 사람들 둘 다를 신뢰하지 않는다.

3~7장은 산업사회에서 아동발달기에 대한 네오비고츠키주의의 분석에 관해 다룬다. 각 시기별 아동발달에 대해 논하면서 나는 특정 시기의 발달이 다음 시기로 이행하는 데 어떤 역할을 하는가에 대한 분석(즉, 아동발달기제의 분석)에 특별한 주의를 기울였다. 3~7장에서 독자들은 각 시기별 아동발달에 관한 러시아 연구자들이 수집한 많은 실증적 자료를 접할 것인데, 이 자료들 중 많은 부분은 영어권 독자들이 접하기 어려운 것이다. 또한 토론은 서구 연구자들의 최근 실증적 결과들에 대한 평가로 보강될 것인데, 이것들은 다양한 시기별 아동발달에 대한 네오비고츠키주의의 분석과 일치하는 부분이 매우 많은 것으로 판명되었다.

아동발달에 대한 네오비고츠키주의 이론은 비고츠키의 동료와 제자들에 의해 개발되고 발전되었다. 이들 중 많은 사람들은 모스크바대학교 심리학과에서 팀을 이루어 함께 일했는데, 거기서 나는 학부와 대학원 학생에 이어 연구원으로서 17년을 보냈다. 그곳에서 공부하고 연구하는 동안 나는 네오비고츠키주의 이론의 신봉자가 되었다. 그런데 이 책에서 나는 지금도 여전히 이론적 검토의 여지가 있으며 심지어 논쟁의 여지도 있는 네오비고츠키주의자들의 주장을 지적하면서, 어느 한쪽에 치우치지 않는 방식으로 그 이론을 제시하고자 한다. 네오비고츠키주의자들의 주장 가운데 가장 논쟁적인 것은 아동발달에서 유전의 역할이 미미하다는 그들의 테제이다. 네오비고츠키주의자들의 이 주장에 대한 특별한 분석은 **결론**에서 다룰 것이다.

1

아동발달에 대한 비고츠키의 관점

아동발달에 대한 비고츠키 이론의 기본적인 생각은 아동발달의 결정 요인은 동물발달의 결정요인과 근본적으로 다르다는 것이다. 비고츠키는 동물이든 인간이든 정신과정mental processes의 역할은 실용적 활동에 기여 하는 것이라고 주장한다.Vygotsky & Luria, 1930/1993 그러나 인간의 실용적 활 동은 동물의 그것과는 근본적으로 다르다. 자연환경 속에서 살아가는 동 물의 활동 목적은 환경에 적응하는 것이다. 진화와 자연선택의 과정에서 각각의 동물 종은 세대 간에 유전적으로 전달되는 적응기제(본능)를 발 전시켜왔다. 하등동물(무척추동물)의 행동은 대개 본능에 따른다. 본능적 인 행동 외에도 무척추동물은 많은 학습된 행동양식을 보여주는데, 이른 바 조건반사이다. "환경 조건에 대해 다소 영구적이고 고착된 적응도구 라 할" 본능과는 달리, 조건반사는 "보다 유연하고도 정교하며 완전한 적 응기제이다. 이 적응기제를 통해 동물들은 특정 환경 조건에 대해 유전된 본능을 조절해간다."Vygotsky & Luria, 1930/1993, pp. 24-25 학습과정에서 형성된 조건반사는 동물행동의 적응기제가 "새로운 발달 단계에 이르렀음"을 뜻 한다.Vygotsky & Luria, 1930/1993, p. 24 그러나 비고츠키에 따르면 동물의 학습 은 새로운 반응을 창조한다기보다,

단지 유전된 반응들을 결합시키거나 유전된 반응이 환경과 접촉하며 새로운 조건반사를 만들어낼 뿐이다. 행동발달의 이 새로운 한 걸음은 그 이전 단계(본능)를 토대로 만들어진다. 어떠한 조건반사도 환경적 조건들에 따라 변화되어 유전된 반응 외의 아무것도 아니다.Vygotsky & Luria, 1930/1993, p. 24

최고 수준으로 발달한 동물 적응행동기제는 도구 사용과 관계있다. 도구 사용은 다양한 척추동물에게서 관찰되지만, 그 전형적인 경우는 유인원들에게서 볼 수 있다. 비고츠키[1930]는 침팬지가 일상의 문제를 해결하기 위해 도구를 빈번히 사용하며 심지어 도구를 제작하기까지 하는 모습을 기술한 쾰러[1930]의 연구에 깊은 인상을 받았다. 이를테면 쾰러의 한 관찰 실험에서 침팬지는 우리 밖에 놓여 있는 과일을 향해 손을 뻗으려고 애썼다. 처음에 침팬지는 과일을 잡으려 하거나 우리 안에 있는 갈대를 이용해서 손에 넣으려고 했다. 그러나 과일이 우리에서 너무 멀리 떨어져 있었기 때문에 그러한 시도들은 모두 실패로 끝나고 말았다. 잠시 뒤, 침팬지는 시도를 포기하고서 갈대를 가지고 놀았다. 놀던 중에 침팬지는 우연히 두 갈대의 끝이 맞닿아 있는 것을 보았다. 곧바로 침팬지는 굵기가 가는 갈대의 한쪽 끝을 굵은 갈대 사이에 집어넣고는 길게 만들어 창살로 달려가서 과일을 획득했다.

이 사례는 도구에 매개된tool-mediated 동물 행동의 경우와 본능 및 조건반사에 의존하는 경우 사이의 질적 차이에 대해 설명해준다. 본능과는 달리 도구에 매개된 행동은 유전적으로 후대에 전달되지 않는다. 또한 조건반응과는 달리 도구에 매개된 행동은 시행착오 과정을 통해 학습되지도 않는다. 비고츠키가 말하듯이, "문제해결에서, 유인원은 100퍼센트 실수하거나(즉, 문제를 전혀 해결하지 못하거나), 정확한 해결책을 찾았을 때는 전혀 실수하지 않고 곧바로 확실하게 문제를 해결한다."Vygotsky & Luria,

1930/1993, p. 52 따라서 "지적 시도"Vygotsky & Luria, 1930/1993, p. 51에 힘입어 침팬지가 문제해결에 성공한 것으로 판단하건대, 이는 유인원의 정신과정 발달수준이 하등동물의 그것과는 질적으로 다르다는 것을 보여준다.

유인원에 대한 쾰러1930의 연구는 비고츠키에게 매우 중요한 의미를 제공했다. 이로부터 비고츠키는 다윈, 엥겔스, 프랭클린, 마르크스, 플레하노프 등의 학자들을 계승하여, 도구의 사용을 인간 활동의 중요한 특징으로 포착하게 되었다. 비고츠키는 유인원의 도구 제작과 사용을 "인간 역사 발달의 전제 조건으로 보았는데, 이는 인류의 발달사에서 동물 단계에 머물렀던 때만큼이나 까마득한 시기를 기원으로 한다."Vygotsky, 1930, p. Ⅵ 그러나 찰스 다윈과 달리 비고츠키1930는 유인원과 인간의 도구 사용 사이에는 한 가지 중요한 차이가 있다는 것을 강조했다. "유인원의 도구 사용은 환경 적응에서 어떠한 중요한 역할도 하지 않는다."p. Ⅹ 반면, 인간의 모든 실용적 (노동)활동은 도구에 의해 매개된다. "인간 노동의 토대인 도구의 사용은 널리 알려진 것처럼 환경에 대한 인간 적응의 독특한 특징인데, 이 점에서 인간과 동물이 구별된다."Vygotsky, 1930, p. Ⅴ

인간 정신과정의 매개체로서의 도구

앞서 논했듯이, 유인원이 우발적으로 도구를 사용하게 된 것조차 새로운 수준의 정신과정과 연관되어 있고, 이는 하등동물의 정신과정과는 질적으로 다르다. 비고츠키의 기본적인 가정은 인간 활동의 전 영역을 매개하는 **체계적인** 도구 사용이 가능하기 위해선 이 활동에 필요한 새로운 정신과정의 숙달이 요구된다는 것이다. 이 새로운 수준의 인간 정신과정을 설명하기 위해 비고츠키는 인간의 실용적practical 활동과 정신mental 활동의 차이를 비유적으로 설명한다. 인간 정신과정의 주된 특징은 인간의 노동이 그러한 것처럼 도구에 의해 매개되는 점이다. 그러나 이 도구는 언어, 개념, 기호, 상징 따위의 특수한 정신도구psychological tools이다. 아기는 노동을 위한 도구(망치, 삽 등)를 손에 쥔 채 태어나지 않는다. 이러한 도구들은 인간 사회에서 발명된 것이고 아동은 이 도구를 조작하며 숙달해 간다. 정신도구도 마찬가지다. 이 도구들은 인류의 축적된 경험을 반영한다. 아동은 이 도구들을 가지고 태어나는 것이 아니라 도구를 획득하고 숙달해간다. 아동에 의해 숙달된다는 것은 정신도구가 아동의 정신과정을 매개한다는 것을 의미한다. 비고츠키는 도구에 의해 매개된 인간 정신과정을 하등정신과정lower mental process과 구분하기 위해 특별히 고등정신과정higher mental processes이라 일컬었다. 하등정신과정은 어린아이가 태어날 때부터 지닌 것으로 동물과 인간이 공통적으로 지닌 특징이다.

그러므로 비고츠키에 따르면, 동물과 인간의 정신과정은 질적으로 다를 뿐만 아니라, 보다 중요한 차이로서 그러한 정신과정의 발달법칙 또한 다르다. 어떤 동물이든 하등정신과정의 발달은 적응기제에 의해 예정되는데predetermined, 이 적응기제는 그 동물이 속한 종種이 진화와 자연선택 과정의 결과로 발전시켜온 것이다. 늑대 새끼는 항상 늑대로 자란다. 아동의 고등정신과정의 발달은 예정되어 있는 것이 아니라 아동이 속한 인간문화의 역사가 반영된 정신도구들에 대한 숙달의 결과이다. 비고츠키는 다음과 같이 썼다.

인간에 가까운 유인원은 도구의 사용과 발명을 통해 진화과정에서 행동의 유기적 발달이라는 면류관을 획득하고 새로운 발달로의 전이를 위한 길을 닦는데, 이에 힘입어 행동의 계통발달에 필수적인 기초 정신 자질을 창조할 수 있다. … 아동발달에서 유기적 성장과 성숙 과정에 힘입어 앞의 것과는 확연히 구별되는 발달의 두 번째 경로가 생겨난다. 행동의 문화적 발달이라 할 이 경로는 문화적 행동과 사고를 위한 도구의

숙달에 기초하여 생겨난다.Vygotsky & Luria, 1930/1993, p. 19

정신도구의 숙달을 통해 아동은 고등정신과정을 진전시키는데, 이 과정은 두 가지 구성 요소를 포함한다. 첫 번째는 성인이 새로운 정신도구를 아동에게 전달하고 아동의 숙달과정을 매개하는 것이다. 아동이 환경에 대한 독자적인 탐구 결과로 새로운 정신과정을 발전시킨다고 본 피아제와 달리, 비고츠키는 인류 문화의 산물인 정신도구는 문화의 대리인이 아동에게 가르침으로써 익힐 수 있다고 주장했다. 무릇, 사회의 진보는 대개 새로운 세대가 이전 세대에 의해 축적된 지식의 정수를 물려받음으로써 이루어지는 법이다. 새로운 세대가 이전 세대들이 발명해놓은 노동도구를 다시 발명하기를 기대하는 사람은 없을 것이다. 인간 정신 활동의 매개체로서 기능하는 정신도구도 마찬가지다. 따라서 아동이 새로운 고등정신과정을 진전시키는 출발점은 아동이 성인과 직접 의사소통을 나누는 상황에서 발견될 수 있다. 비고츠키1981a는 다음과 같이 썼다.

아동의 문화적 발달 국면에서 어떠한 기능(정신과정)도 두 차례 혹은 두 차원으로 나타난다. 첫 번째는 사회적 차원에서, 그 다음에는 정신적 차원에서 나타난다. 우선, 그 기능은 개인 간 정신적interpsychological 범주로서 나타난다. 그리고는 아동 내면에서, 개인 내 정신적intrapsychological 범주로 나타난다. 이 같은 이치는 자발적 관심, 논리적 기억, 개념의 형성, 사유의지의 발전과 관련해서도 똑같이 이루어진다.p. 163

아동이 정신도구를 숙달해가는 두 번째 요소는 이러한 도구들의 내면化internalization와 관계있다. 새로운 정신도구를 제시할 때 성인은 반드시 이 도구를 외재화하여exteriorize 외적 장치의 형태로 아동에게 나타내 보인다. 처음에 아동은 외적 장치의 형태로 제시된 것과 똑같이 따라 하면서 이 도구를 자기화하여appropriates 갖고 논다. 아동이 도구에 점점 익숙해지면서, 도구는 내면화되고 아동 정신과정의 내적 매개체로 옮아간다. 비고츠키는 다음과 같이 지적하였다.

어떠한 고등정신기능(과정)도 사회적 기능이기 때문에 발달과정에서 외적 단계를 거친다. 우리가 하나의 과정에 대해 이야기할 때, 외적 external이라 함은 사회적임을 의미한다. 모든 고등정신기능은 외적이다. 사회적으로 공유된 것이 어느 시점에 이르러 내적 기능, 즉 진정한 정신기능으로 전이된다.p. 162

아동발달의 결정요인으로서의 매개에 대한 비고츠키의 생각

고등정신기능의 발전과 관련한 비고츠키의 생각에 대한 앞의 분석을 통해 그가 매개를 아동발달의 중요한 결정요인으로 생각했음을 알 수 있다. 매개는 두 과정으로 이루어진다-성인이 새로운 정신도구를 아동이 습득하고 숙달하도록 **매개한다.** 이러한 정신도구들은 내면화되고 아동의 정신과정을 **매개하기에** 이른다-이 두 구성 요소는 상호 연관되어 있고 아동의 새로운 발달과정, 즉 더 나은 정신과정의 발달은 다음과 같이 설명될 수 있다. 면대면 의사소통 과정에서 성인은 아동에게 새로운 정신도구를 외적 장치 형태로 제시하고 이 도구에 대한 아동의 자기화appropriation와 숙달mastery을 매개한다. 아동이 도구 사용에 숙련되면서, 도구는 내면화되고 아동 정신과정의 내적 매개체로 전이되어간다. 이때부터 성인은 도구에 대한 아동의 숙달을 매개함에 있어 점점 덜 참여하게 된다. 그 결과 아동은 성인이 외적으로 매개한 정신도구의 사용 수준에서 벗어나 자기 스스로 그 도구를 내적으로 사용하기에 이르는데, 이는 새로운 고등정신과정 발달이 이루어짐을 의미한다.

비고츠키는 범주적 지각, 의도적(혹은 매개된) 기억, 언어적 사고, 자기조절 등과 같은 고등정신과정의 발달을 설명하기 위해 매개 개념을 사용하였다. 비고츠키 자신은 이러한 과정의 발달을 낳는 다양한 정신과정이나 매개 유형을 세분화하지 않았다. 그러나 인지과학의 용어Borkowski & Kurtz, 1987; Brown, 1987; Brown, Bransford, Ferrara, & Campione, 1983; Brown & DeLoache, 1978; Flavell, 1976; Kluwe, 1987에 힘입어 비고츠키의 저작에서 언급한 두 가지 주요 정신과정(과 그에 따른 두 유형의 매개)을 구분할 수 있게 되었다. 첫째 유형은 이른바 인지과정(지각, 기억, 사고 등의 과정)을 포함한다. 이러한 과정이 더 나은 정신과정으로 발전하도록 이끄는 매개에 대한 비고츠키의 생각들은 **인지적 매개**cognitive mediation로 정의될 수 있다. 두 번째 유형의 정신과정은 인지과정의 통제와 조절을 담당하는 것들로 이루어져 있다. 현대 인지심리학에서는 이러한 과정들을 메타인지과정이라 일컫는다. 때문에 이러한 정신과정 발전의 매개와 관련한 비고츠키의 생각들은 **메타인지적 매개**metacognitive mediation로 정의될 수 있다. 이제 고등정신과정의 발달에 결정요인으로 작용하는 인지적 매개와 메타인지적 매개에 관한 비고츠키의 아이디어를 설명해주는 두 가지 예를 소개하겠다.[1]

인지적 매개

여기서 다룰 인지적 매개의 사례는 기억력의 발달에 관한 것이다. 아동

---

1. 나는 비고츠키의 저작에서 메타인지적 매개와 인지적 매개의 차이가 상대적인 문제인 것을 알고 있다. 이 상대성은 부분적으로 인지심리학에서 인지과정과 메타인지과정이 명확하게 구분되지 않는 것에 기인한다(Brown, 1987; Kluwe, 1987). 또한 이 둘을 엄밀히 구분하는 것이 타당하지 않을 수 있기 때문이기도 하다. 앞서 언급했듯이, 비고츠키 자신은 내가 인지적 매개라고 부르는 것과 메타인지적 매개라고 부르는 것을 명확히 구분하지 않았다. 따라서, 과학적 개념(내가 6장에서 분석한 학습자의 주요 인지적 매개)의 습득에 대해 논의하면서, 비고츠키가 이러한 습득에 대한 "메타인지적" 영향을 지적하기도 하였다. "반성적 의식은 과학적 개념이라는 관문을 통해 아동에게 다가온다"(Vygotsky, 1934/1986, p. 171).

은 이른바 선천적 기억natural memory이라는 것을 가지고 태어나는데, 이것은 동물의 기억력과 비슷한 것으로서 "매개를 거치지 않은 사물에 대한 인상이나, 과거의 기억을 바탕으로 한 경험적 감각으로 특징지어진다. … 이런 유형의 기억은 인간에게 가해진 외부 자극의 직접적인 영향으로부터 발생하는 점에서 지각perception과 매우 유사하다."Vygotsky, 1978, pp. 38-39 현대인지과학의 용어를 빌리면, 선천적 기억은 심도 있는 정보처리 과정, 다시 말해 선행 지식을 이용하여 유입되는 정보를 재구성하는 과정을 포함하지 않는다.

인간 역사의 발전과 더불어 기억의 매개체로 사용된 외적 보조물(상징과 기호)의 발명이 이루어졌다. 이러한 매개체의 예로 키푸quipu 고대 잉카제국에서 사용한 매듭문자로서 줄의 매듭을 이용한 의사소통체계가 있는데, 이것은 고대 잉카제국이나 중국 등에서 사용되었다. 키푸는 매듭으로 엮인 한 다발의 밧줄이다([그림 1.1]). 매듭의 종류, 매듭의 위치, 줄이 얽힌 모양을 파악한 뒤 전령은 한 지역의 메시지를 다른 지역에 달려가 전달했다. 전령은 메시지를 수신할 관리를 만나면 키푸를 보면서 거기에 담긴 뜻을 말해주었다. 키푸가 문자언어가 아니라는 것에 유의해야 한다. 키푸는 고정된 의미

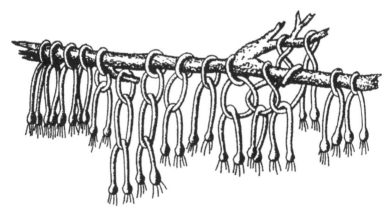

[**그림 1.1**] 키푸(Leontiev, 1959, p. 325 재인용. 원본은 R. Thurnwald, 1922)

를 나타내지 않으며, 키푸를 수신한 사람이 읽는 것이 아니라 전령이 해석하는 것이기 때문이다. 키푸의 목적은 전령으로 하여금 메시지의 핵심 내용을 상기시키는 데 있다 하겠는데, 이는 우리가 집으로 가는 길에 편지 부치는 것이나 빵 사는 것을 잊지 않도록 손가락에 끈을 묶어 표시하는 것과 비슷하다. 비고츠키[1978]는 키푸와 같은 기억 보조물memory aids의 발명과 사용에 관해 논하면서, "인류 역사의 아주 이른 시기에조차 인간이 선천적으로 부여받은 정신기능의 한계를 넘어서서, 정교한 문화적 행동의 조직을 위한 신기원을 열었음을 보여준다"고 적었다.Vygotsky, 1978, p. 39

앞서 논했듯이, 더 나은 정신과정으로의 발전은 아동의 정신과정을 매개하기 위한 정신도구로서 성인이 제시한 외적 장치를 아동이 사용하는 과정에서 이루어진다. 비고츠키에 따르면, 기억의 개체발생 과정에서 아동은 필연적으로 (고대 인류가 사용한 키푸와 유사한) 외적 기억 보조물을 이용하는 단계를 거치기 마련인데, 아동은 성인과의 의사소통 상황에서 이 외적 장치를 자기화하고 숙달해간다. 외적 기억 보조물의 사용을 통한 경험이 축적되면 아동은 자신의 기억을 매개하는 내적 정신도구(기억술mnemonics)를 발달시킨다. 아동은 이러한 정신도구를 사용하여 기억할 정보를 재구성하고, 새로운 정보와 기존 지식 사이의 연결고리를 찾거나, 인지과학의 용어로 유입정보incoming information를 처리한다. 현대 인지심리학자들은 종종 정보 처리를 사고과정으로 정의하는데, 이는 비고츠키가 1930년대에 말한 것과 일치한다. "어린아이에게 생각하는 것은 기억을 떠올리는 것이고, 청소년에게 기억을 떠올리는 것은 생각하는 것이다."Vygotsky, 1978, p. 51

더 나은 정신과정으로서 기억의 발달에 관한 비고츠키의 생각은 그의 가장 친한 벗이자 동료인 레온티예프A. Leontiev와 루리아A. Luria의 연구에서 검증되었다. 레온티예프[1931]의 연구는 인간 기억의 발달 단계에 대한 비고츠키의 주장을 검증할 목적으로 수행되었다. 이 연구는 4세 아동부터 28세 학생까지 다양한 연령대의 피험자를 대상으로 실시되었으며 잇따른 두 차례의 실험이 이루어졌다. 1차 실험에서 피험자에게 15개의 낱말들(연극, 삽, 소원, 행복 등)을 소리 내어 읽어준 뒤 기억하고 회상하게 했다. 2차 실험에서는 또 다른 15개 낱말들을 읽어준 뒤 기억하고 회상하게 했다. 그러나 이번에는 피험자에게 외적 기억 보조물로 이용할 수 있는 여러 가지 그림(하늘을 나는 비행기, 해변에 있는 게 등)이 있는 카드를 제공했다. 낱말을 들었을 때 해당하는 그림을 골라냄으로써 낱말을 회상하기 쉽도록 한 것이다.

이 연구의 결과는 다음과 같다. 4세에서 5세 사이의 아동은 1차 실험과 2차 실험 모두에서 낮은 회상 능력(2~3개 낱말)을 보여주었다. 카드를 사용한 2차 실험에서는 1차 실험 때보다 33% 증가했다. 하지만 대체로 낱말과 그림을 잘 연결 짓지 못해서 카드를 외적 기억장치로 이용할 수 없었다. 그 아이들의 기억은 여전히 매개되지 않거나, 비고츠키의 용어를 빌리면, 선천적인 수준에 머물러 있었다.

성인의 회상 능력이 유치원 아이들과 비슷한 결과를 보여준 것은 의외라 하겠다. 물론, 두 차례 실험에서 성인의 기억력은 유치원 아이들보다 훨씬 나았다. 그러나 카드를 사용한 2차 실험의 결과는 1차 때보다 그저 약간 향상되었을 뿐이었다(성인들은 1차 실험에서 약 10개 낱말을 회상했는데, 2차 실험에선 42%의 증가를 보였다). 이 결과는 기억 발달에 대한 비고츠키의 관점과 거의 일치한다. 즉, 성인은 이미 내적 정신도구(기억술)를 지니고 있기 때문에, 외적 기억 보조물이 회상 능력에 별 영향을 미치지 않았던 것이다.

7~12세 아동의 회상 수준은 더 어린 아동이나 성인과 비교할 때 큰 차이를 보였다. 카드를 사용한 2차 실험에서의 회상 결과는 1차 때에 비해 93%가 늘었다(1차 때의 평균은 6.75개, 2차 때는 12.03개였다). 이 아이들은

기억할 낱말마다 해당하는 그림을 선택하고서 낱말과 그림 사이에 의미 있는 연결고리를 만들 수 있었다. 이를테면 **극장**이라는 낱말을 기억하기 위해 한 아이는 해변에 있는 게 그림을 선택하고선 "게는 해변에 앉아서 물 밑에 있는 예쁜 돌들을 보고 있습니다. 게에겐 이게 극장이에요"라고 말했다. 이 연령대의 아이들은 아직 자신의 기억을 매개할 효율적인 내적 정신도구를 갖고 있지 않았지만, 성인들이 제공하는 외적 기억 보조물들을 효율적으로 활용할 수 있었던 것이다.

앞의 결과는 기억력의 발달이 매개되지 않은(선천적인) 기억에서 출발하여 외적 기억 보조물에 의해 매개된 기억(**외적으로 매개된 기억**)을 경유하여 내적 정신도구에 의해 매개된 기억(**내적으로 매개된 기억**)으로 나아간다는 비고츠키의 주장을 입증하였다. 이 주장에 대한 추가 입증은 앞의 실험 결과를 바탕으로 선천적 기억 단계에 속하는 아이들을 대상으로 한 수업 과정에서 이루어졌다. 이 아이들에게 외적 기억 보조물(카드)을 이용해 낱말을 기억하도록 가르쳤다. 그 뒤, 앞서 언급한 것과 비슷한 기억 과업을 내용으로 하는 실험을 다시 실시했다. 그 결과, 외적으로 매개된 기억력에서도 상당한 진전이 있었지만, 보다 중요한 결과로, 내적으로 매개된 기억력도 향상된 것으로 드러났다.

매개된 기억은 유입정보 처리에 바탕하고 있기 때문에, 정신지체의 속성 중 하나인 평균 이하의 인지기능은 기억의 매개에서 곤란을 겪을 수 있다고 생각할 수 있다. 이 가정은 레온티예프[1931]가 10~12세의 비지체 nonretarded 아동과 9~14세의 가벼운 정신지체 아동을 대상으로 두 차례에 걸쳐 실시한 연구를 통해 검증되었다. 1차 실험에서 아이들에게 기억할 10개의 낱말을 읽어주었다. 2차 실험에서는 또 다른 10개의 낱말을 읽어주면서 외적 기억 보조물(여러 가지 그림)을 이용하여 기억하게 했다.

연구 결과는 다음과 같다. 1차 실험에서 비지체 아동과 지체 아동의 회상능력은 매우 비슷했다. 비지체 아동은 4.8개의 낱말을, 지체 아동은 4.2

개의 낱말을 회상했다. 그러나 2차 실험에서는 두 집단의 낱말 회상 능력은 큰 차이를 보였다. 비지체 아동은 10개의 낱말을 모두 기억해냈는데 이는 1차 때에 비해 100% 이상 증가한 것이다. 이와 대조적으로, 지체 아동은 카드를 사용한 2차 실험에서는 과업 수행 능력이 향상된 것이 아니라 오히려 더 나빠졌다. 이들은 3.8개의 낱말만을 기억해냈다. 그 이유는 정신지체 아동은 기억할 낱말과 카드 사이에 논리적인 연결고리를 만들수 없었기 때문이다. 기억을 돕는 장치로 써야 할 카드가 오히려 불필요한 자극이 되어 기억을 방해한 셈이다. 이 연구 결과로 미루어, 가벼운 정신지체는 아이들의 선천적(매개되지 않은) 기억의 결핍과는 별 관계가 없지만, 매개된 기억에는 심각한 결함을 초래한다고 볼 수 있다.

레온티예프의 연구 결과는 선천적 기억력과 고등정신과정으로서의 기억력 발달은 그 기원이 다르며, 상이한 메커니즘과 상이한 발달법칙에 따른다는 비고츠키의 주장을 입증해주었다. 비고츠키의 주장에 대한 또 다른 입증은 루리아[1936]의 두 연령집단(5~7세 아동과 11~13세 아동)에 속한 쌍둥이들을 대상으로 한 실험을 통해 이루어졌다. 각각의 집단에는 같은 수의 일란성쌍둥이와 이란성쌍둥이가 배치되었고, 두 가지 과제가 주어졌다.

첫 번째 과제에서, 아이들에게 9개의 도형을 보여준 다음 나중에 34개의 도형 가운데서 그 9개를 찾아내도록 했다. 아이들의 수행 능력을 분석한 결과, 시각적 분별력을 평가하는 이 실험에서는 기억 보조물의 사용이 포함되지 않았기 때문에 아이들의 기억은 선천적 기억 역량을 나타내 보인다는 것을 알 수 있다. 두 집단 모두 일란성쌍둥이는 이란성쌍둥이보다 3배 더 유사하게 과제를 수행했다. 이로부터 얻을 수 있는 결론은 아동의 선천적인 기억 역량은 상당 부분 유전에 의해 결정되는데, 일란성쌍둥이에서는 그 정도가 같지만 이란성쌍둥이에서는 그렇지 않다는 것이다.

두 번째 과제에서 아이들에게 15개의 낱말을 읽어주고 기억과 회상을 시켰다. 또한 그림 카드를 제공하여 외적 기억 보조물로 활용하게 했다 (앞서 설명한 레온티예프의 연구 참조). 두 연령집단 모두 매우 비슷한 결과를 보인 첫 번째와는 달리, 이번에는 5~7세 아동과 11~13세 아동의 성과는 많이 달랐다.

5~7세 아동 가운데 몇몇은 카드를 효율적으로 활용했지만, 대부분은 그림 카드를 외적 기억 보조물로 체계적으로 이용하지 못했다. 그들의 회상 결과는 대부분 선천적 기억 역량 수준을 보여주었다. 쌍둥이별 회상 능력을 비교한 결과, 일란성쌍둥이는 이란성쌍둥이보다 2.3배 더 비슷하게 나타났다. 이러한 결과는 아이들의 선천적 기억능력이 유전에 의해 크게 결정된다는 생각을 또다시 입증해주었다.

어린 아동의 수행 결과와는 대조적으로, 11~13세 아동들은 두 번째 과제 수행에서 기억할 낱말과 그림 사이에 논리적 연관성을 찾으려고 노력했으며, 나중에 낱말을 회상해낼 때 이 연결고리를 활용했다. 이들의 회상 결과는 외적 기억 보조물을 매개체로 활용하는 능력을 의미했다. 각 쌍둥이별 아이들의 회상을 비교한 결과, 일란성쌍둥이끼리의 점수 차이는 이란성쌍둥이끼리의 점수 차이와 같았다. 따라서 매개된 기억 역량은 유전에 의해 결정되지 않는 것으로 나타났다.

루리아[1936]의 연구의 중요성은, 선천적 기억과는 달리 고등정신과정으로서의 기억은 유전에 의해 결정되는 것이 아니라 매개의 결과라는 비고츠키의 생각을 입증해주는 것 이상의 의미가 있다. 이 연구 결과로부터 비고츠키의 러시아 후학들은 아동의 발달에서 유전적으로 예정된 성숙의 의미가 중요하지 않다고 생각하기 시작했다. 이 부분은 결론 장에서 상세히 논할 것이다.

메타인지적 매개

인지적 매개와 관련한 비고츠키의 아이디어를 설명하기 위해 고등정신 과정으로서 기억의 발달에 관한 연구들이 이루어졌다. 여기서 논의될 사례는 메타인지적 매개와 관련한 비고츠키의 관점에 대한 설명이다. 메타인지적 매개를 통해 아동은 자신의 인지과정과 행동을 통제하고 조절하는 능력을 발전시킨다. 아동의 자기조절self-regulation 발달을 다룬 다음 예를 살펴보자.

비고츠키[1984]에 따르면, 자기 의도대로 행동하지 못하고 외부 자극에 의해 통제되는 점에서 어린 아동은 **자기 시각장의 노예**a slave of his visual field이다. 새롭고 흥미로운 자극이 주어지면 아동은 자동적으로 거기에 집중하게 되며 그 자극에 흥미를 잃을 때까지 자극 지향적인 활동에 빠져든다. 이런 수준의 조절은 아이가 날 때부터 지닌 하등정신과정에 해당하는데, 어린아이와 동물에게 공통된 특징이기도 하다. 여느 고등정신과정의 발달이 그러하듯, 자기조절의 발달은 매개의 결과, 즉 성인과의 면대면 소통 과정에서 아동이 정신도구를 숙달한 결과이다. 이 매개 과정은 오랜 시간 동안 여러 단계를 걸쳐 이루어진다.

비고츠키에 따르면, 자기조절 발달의 출발 지점은 양육자의 행동을 이끌어내기 위해 영아가 취하는 이른바 **지시행위**indicatory gesture이다. 지시행위의 발생에 대한 논의 과정에서 비고츠키[1983/1997]는 이러한 행위가 영아가 물체를 잡으려 하지만 그것이 너무 멀리 있는 관계로 실패할 때 일어난다는 것을 발견하였다. 아이의 엄마는 그 물체를 아이에게 건네준다. 그러나 엄마가 취하는 이 행위의 중요성은 아이가 그 물체를 손에 넣도록 도와주는 의도를 훌쩍 뛰어넘는다. 엄마는 사실상 아이가 사물을 잡으려고 취하는 손동작에 지시적indicatory 의미를 부여한다. 이는 다시 말해, 개체발생적 차원에서 최초로 타인의 행동을 이끌어내기 위한 비언어적 사회적 도구를 아이에게 제공해주는 것이다. 그 결과 아이의 잡기 동작에 변화가 일어나는데, 그 빈도수가 줄어들며 마침내 명실상부한 지시행위로의 질적 변화transformation가 이루어진다. 이 지시행위로 아이는 엄마의 행동을 이끌어내기 시작한다.[2]

그 뒤 엄마 대 아이의 비언어적 의사소통 수단은 언어 사용으로 대체된다.Vygotsky, 1934/1986 언어 사용을 통해 엄마는 아이 주변에 있는 여러 가지 사물에 이름을 부여하며, 가장 중요한 것으로는 아이의 행동을 조절한다. 이를테면 어떤 물체로 아이의 주의를 끌기 위해 "여기 봐"라고 하거나, 아이가 위험하거나 바람직하지 않은 행동을 하는 것을 막기 위해 "안돼"라고 말한다. 이렇게 함으로써 엄마는 아이의 행동 자체를 조절할 뿐만 아니라 아이에게 자기조절을 위한 언어도구를 제공한다. 이러한 도구를 습득한 아이는 이 도구를 자신의 행동에 적용하기 시작한다. 즉, 아이는 어떤 부적절한 행동을 하고픈 유혹을 극복하기 위해 스스로에게 "안돼"라고 말하곤 한다. 자신을 향해 내뱉는 아이의 이러한 말을 우리는 자기중심적 말(또는 혼잣말private speech)이라 일컫는다.

자기중심적 말은 흥미롭다. 아동발달과정의 한 현상이라는 측면에서 흥미롭고, 이와 관련하여 피아제와 비고츠키가 완전히 상반되는 해석을 하는 점이 또 흥미롭다. 피아제1923/1959는 학령기 이전 아동의 혼잣말을 인지 및 인성의 중대한 결함, 즉 자기중심성의 징후로 해석했다(그가 혼잣말을 **자기중심적 말**이라 일컬은 것은 이 때문이다). 피아제에 따르면, 자기중심적인 탓에 아동은 한편으로 아직 사회적 존재로 성장하지 못해 자폐적 사고에 매몰되어 있지만, 다른 한편으로 이미 의사소통의 사회적 수단인 언어를 숙달했다. 언어를 의사소통 수단이 아닌 자폐적 사고를 위해 사용하는 점에서 자기중심적 말은 아동의 인지발달과 인성발달의 **중간**intermediate 상태를 보여준다. 자기중심적 말은 그저 무의미하게 아동 활동

---

2. 지시행위의 기원에 대한 대안적 해석은 3장에서 논의된다.

에 수반될 뿐인 말에 지나지 않는다. 아이가 사회적 존재로 성장함에 따라 자기중심적 발화는 점점 줄어들어 7~8세 무렵에는 거의 대부분 사라진다.

앞서 언급했듯이, 비고츠키[1934/1986]에게 자기중심적 말은 성인이 자신의 행동을 조절해줄 때 사용한 언어도구를 아동이 자기화한 것이나 이 도구를 사용하여 아동이 자기조절을 꾀할 수 있게 되었음을 의미한다. 자기중심적 말은 피아제가 생각했던 것처럼 그저 무의미하게 아동 활동에 수반되는 것이 아니라, "사고의 방향설정, 즉 의식적 이해를 도우며, 이를 통해 아동은 난관을 헤쳐나간다."[Vygotsky, 1934/1986, p. 228] 비고츠키에 따르면, 자기중심적 말의 쇠퇴와 최종적인 소멸은 다른 모든 정신도구들이 그러하듯, 외적인 언어도구들이 내면화되어(내적 언어로 변한다) 새로운 고등정신과정으로서 아동의 자기조절을 매개하게 됨을 뜻한다.

아동의 활동에서 자기중심적 말의 중요성에 대한 비고츠키의 해석을 검증하기 위해, 비고츠키와 그의 동료들은 몇 가지 연구를 시도했다. 다음은 그 실험 중 하나이다.

자기중심적 말을 생겨나게 하는 것이 무엇인지 밝히기 위해… 우리는 상당 부분 피아제와 비슷한 방식으로 아동의 활동을 조직하되 좌절과 곤란을 겪게 하는 부분을 추가하였다. 이를테면 아이가 그림을 그리고자 할 때, 종이가 없거나 자신이 필요로 하는 색깔의 색연필이 없는 것을 알게 되는 식이다. 다시 말해, 우리는 아이로 하여금 자유로운 활동을 방해함으로써 문제에 봉착하게 만든 것이다.

우리는 이런 식의 곤란 상황하에서 아동의 자기중심적 발화 계수가 피아제가 설정한 상황 속의 같은 연령대의 아동이나 우리 실험에서 곤란 상황에 있지 않은 아동이 보여준 수치와 비교할 때 거의 두 배 가까이 증가한 것을 발견하였다. 아동은 스스로에게 다음과 같이 말함으로써 문제의 상황을 이해하고 문제해결을 시도하려고 애썼다. "연필이 어디 있지? 파란색 연필이 필요한데. 에이 괜찮아. 빨간색으로 그리면 되고 색연필에 물을 묻혀서 쓰면 돼. 그럼 좀 어두운 색이 될 테고 파란색과 비슷해 보일 거야." Vygotsky, 1934/1986, p. 30

이 연구를 통해 자기중심적 말이 아동의 활동에서 자기조절을 위한 외적 도구로 매우 중요한 역할을 한다는 것이 밝혀졌다.

자기중심적 말의 기원이나 아동 활동에서 그것의 역할 그리고 그것이 종국적으로 내적 말inner speech로 옮아가는 이치에 관한 비고츠키의 주장은 많은 연구와 관찰을 통해 확인되었다. 루리아1961는 자기중심적 말을 구사할 때 아동이 양육자가 자기 행동을 지시하거나 통제할 때 사용한 말을 그대로 따라 할 뿐만 아니라, 심지어 때론 양육자의 목소리를 흉내 내기까지 한다는 것을 관찰했다. 청각장애 아동에 대한 제이미슨Jamieson, 1995의 관찰은 매우 흥미 있는 사실을 밝혀주었다. 까다로운 활동에 참여할 때, 이 아이들은 자기 자신을 향해 수화를 했다. 자신을 향한 수화는 비장애 아동의 활동에서 자기중심적 말이 수행하는 것과 똑같이 청각장애 아동의 활동에서 자기조절 역할을 하는 것으로 봐도 무방할 것이다. 자기조절의 외적 도구로서의 자기중심적 말에서 자기조절의 내적 도구로서의 내적 말로 옮아가는 것에 관한 비고츠키의 주장은 여러 연구를 통해 검증되고 확인되었다.Berk & Landau, 1993; Berk & Spuhl, 1995; Bivens & Berk, 1990 Frauenglass & Diaz, 1985; and others

버크와 윈슬러1995가 지적하듯이, "아동의 혼잣말과 관련하여 오늘날의 학자들은 피아제의 이론보다 비고츠키의 이론을 더 선호한다. 그리고 혼잣말에 관한 현대의 모든 연구들은 비고츠키의 이론 틀 내에서 수행되고 있다."p. 37 이 인용문에서 결론지을 수 있는 것처럼, 현대 연구자들의 선호도는 다음과 같은 용어법에 반영되기도 한다. 아이들의 자기담화self-talk

와 관련하여 학자들은 **자기중심적 말**이라는 용어 대신 **혼잣말**이라는 용어를 사용하고 있다.

자기조절의 외적 도구로 사용되는 자기중심적 말(혼잣말)이 내적 말에 의해 매개된 자기조절로의 이행을 결정하긴 하지만, 그렇다고 이것이 이러한 이행에서 유일한 결정요인인 것은 아니다. 비고츠키 이론 분석에서 자주 간과되는 중요한 점은 내적으로 매개된 자기조절로의 이행을 가능케 하는 또 다른 결정요인으로 아동이 타인의 행동을 조절하기 위해 기호 도구를 사용한다는 것이다. 비고츠키[1981a]의 이 주장은 "기호란 본디 타인에게 영향을 미치고자 하는 사회적 목적을 위해 사용되는 도구이며, 나중에야 비로소 자기 자신에게 영향을 미치는 도구가 된다"[p. 157]는 그의 보편적인 이론적 입장을 논리적으로 정교화한 것이다. 따라서 "낱말이라는 도구를 통해 타인의 행동을 조절하는 것은 점차 자기 자신의 행동을 언어로 조절하는 습관의 발전으로 이어진다."[Vygotsky, 1981a, p. 159] 5장에서 논하겠지만, 러시아의 네오비고츠키주의자들은 사회극놀이가 학령기 이전 아동의 자기조절 역량 발달에서 결정적인 역할을 한다고 생각한다. 왜냐하면 이 역할극 놀이는 또래들끼리의 상호 조절을 위한 자연스러운 상황이기 때문이다.

결국, 아동의 자기조절 발달에 관한 비고츠키의 생각은 다음과 같이 요약된다. 주 양육자는 언어도구를 이용하여 아동의 행동을 조절한다. 아동은 이 언어도구를 자기화한 뒤, 이 도구들을 자기중심적 말(혼잣말)의 형태로 사용하기 시작한다. 나아가 아동은 이 도구들을 타인의 행동을 조절하기 위한 외적 말의 형태로 사용한다. 이 과정에서 아동은 언어도구를 숙달하게 되고, 이 도구들은 내면화되어 새로운 고등정신과정으로서 자신의 자기조절을 매개하기에 이른다. 따라서 "인간 특유의 언어 구사 능력에 말미암아 아동은 어려운 과업을 해결하기 위한 도구로 활용하거나, 자신의 충동적 행동을 극복하며, 행동으로 옮기기 앞서 문제해결 방

안을 세우거나 자신의 행동을 제어할 수 있다."Vygotsky, 1978, p. 28

정신과정의 근접발달영역 창출 도구로서의 매개

새로운 고등정신과정의 발달과 관련하여 위에 언급한 사례들은 아동발달에서 중요한 결정요인으로서 매개에 대한 비고츠키의 생각을 설명해준다. 앞서 논했듯이, 매개 과정에서 아동은 성인의 도움을 받아 새로운 문제들을 해결하기 위한 외적 정신도구의 사용으로부터 내적 정신도구를 독자적으로 사용하는 과정으로 이행해간다. 각 매개 단계에서 새로운 고등정신과정의 발달은 두 가지 측면으로 특징지어진다. 첫째는 아동이 당면한 문제를 해결하기 위해 새로운 정신도구를 독자적으로 사용할 수 있게 되는 것이다. 비고츠키[1978]가 일컬었듯이, 이 국면은 "**실제 발달수준**actual developmental level, 즉 **완결된** 특정 발달 사이클의 결과로 확립된 아동의 정신기능(정신과정) 발달수준"p. 85으로 요약된다. 새로운 고등정신과정 발달의 두 번째 국면은 당면한 문제해결을 위해 아동이 성인의 도움을 받아 새로운 정신도구를 사용할 수 있게 되는 것이다. 이 두 번째 국면은 "해당 정신과정의 **잠재적 발달수준**level of potential development으로 특징되는데"Vygotsky, 1978, p. 86 "오늘은 아동이 타인과의 협력이나 도움을 받아 할 수 있지만, 내일은(비유적인 표현으로) 독자적으로 할 수 있게 된다."Vygotsky, 1984/1998, p. 202

매개의 최종 단계(즉, 새로운 고등정신과정의 발달이 성공적으로 완결되는 순간)에 이르기까지, 이 정신과정의 실제 발달수준과 잠재적 발달수준 사이에는 분명히 거리가 있다. 비고츠키[1978]는 이 간극을 "근접발달영역 zone of proximal development, ZPD"p. 86이라 일컬었다. 이 개념에서 매개에 힘입어 아동은 특정 정신과정에서 잠재적 역량을 발휘할 수 있게 되는데,

여기서 정신과정의 근접발달영역이 창출된다.

채클린Chaiklin, 2003이 정확히 지적했듯이, "**근접발달영역**이라는 용어는 아마도 비고츠키의 과학적 결실 가운데 가장 널리 인정되고 알려진 아이디어 가운데 하나"p. 40이지만, 아직도 이 용어는 서구 사회의 학자들에 의해 제대로 이해되지 못하고, 잘못 해석되고, 충분히 활용되고 있지 않다. 이를테면 이 용어에 대한 오역과 오용의 가장 비근한 예가 브라운과 캠피언Brown and Campione, 1994과 같은 학습자공동체 내의 안내된 발견the Guided Discovery in a Community of Learners의 유명 학자들의 저작물에서 볼 수 있다.

> 근접발달영역 속에는 다양한 역량을 지닌 대중과 성인 그리고 아이들을 비롯한 인적 자원뿐만 아니라 책, 비디오, 벽면게시물, 과학기구, 학습지원을 위한 컴퓨터 환경 등의 물적 자원도 포함된다. … 교실에서 교사와 학생들은 그들이 의미 있다고 생각하는 사고와 개념의 씨앗을 뿌리고 함께 수확함으로써 근접발달영역을 만들어간다. 공동체 구성원들이 뿌린 생각들은 동료들에게 옮아갈 수 있고 긴 시간에 걸쳐 지속될 수 있다. 교실 내 구성원들은 어휘와 생각, 방법 등을 자유롭게 자기화해가는데, 이것들은 처음에 공유된 담론의 일부분으로 나타났다가 자기화를 통해 질적 변화 과정을 밟게 된다.pp. 236-237

보다시피, 이러한 학자들의 입장은 ZPD에 대한 비고츠키의 개념과는 공통점이 거의 없다. 이들은 아동의 학습에서 매개자로서의 성인의 역할을 심각하리만큼 무시하고 있으며, 심지어 아동의 발달에서 새로운 고등정신과정의 발전으로 이어질 학습의 중요한 내용으로서의 정신도구에 대한 숙달과 내면화에 대해서는 언급조차 하지 않는다. 학습자공동체 내의 안내된 발견 지지자들이 옹호하는 교육 방법이 학교교육에 대한 비고츠

키의 견해와 일치하지 않는 것은 당연하다.^{보다 상세한 논의는 6장을 보라}

비고츠키의 ZPD 개념이 중요한 이유는 이것이 아동 정신발달에 대한 평가의 문제나 교육과 발달 사이의 상호 연관의 문제 같은 발달심리학과 교육심리학의 근본적인 문제들에 대한 해결책을 응축된 형태로 담고 있는 점이다. 아동 정신발달에 대한 평가의 문제와 관련하여 ZPD 개념은 아동의 실제 발달수준뿐만 아니라 아동의 ZPD까지 평가해야만 한다는 것을 의미한다. 비고츠키[1934/1986]는 다음과 같이 썼다.

> 학교공부에 관한 대부분의 심리학 연구들은 아동에게 표준화된 시험을 치르게 하여 정신발달수준을 측정한다. 아동 스스로 풀 수 있는 문제들은 특정 시기의 아동 정신발달수준을 가리키는 것으로 간주되었다. 그러나 이런 식의 평가는 아동발달 가운데 완결된 부분만을 측정하기 때문에 아동의 전체 역량에 대해선 말해주는 바가 없다. 우리는 다른 접근법을 시도했다. 두 아이의 정신연령이 8세라 치면, 우리는 두 아이에게 혼자 힘으로 해결할 수 있는 것보다 더 어려운 문제를 제시하고선 약간의 도움도 함께 제공했다. 첫째 단계에서는 문제해결을 위한 이끎질문leading question 또는 몇몇 도움을 제공했다. 협력을 통해 한 아이는 12세 수준의 문제를 해결한 반면, 다른 아이는 9세 수준의 문제 이상 나아가지 못했다. 실제 정신연령과 도움을 받아 문제를 해결할 수 있는 연령수준 사이의 간극이 아이의 근접발달영역에 해당한다. 우리가 든 예에서, 그 간극은 첫 번째 아이의 경우는 4세, 두 번째 아이는 1세였다. 그럼에도 두 아이의 정신발달수준이 똑같다고 말할 수 있을까? 경험적으로 우리는 근접발달영역의 폭이 넓은 아동이 학교에서의 성취수준이 훨씬 높다는 것을 알았다. 이 측정치는 정신연령 수치보다 지적 성장의 역학에 훨씬 중요한 단서를 제공한다.^{pp. 186-187}

비고츠키의 ZPD 개념은 아동 정신발달 평가와 관련하여 획기적인 관점의 이론적 토대가 되었는데, 이른바 역동적 평가법dynamic assessment approach이 평가 방법에 관한 자세한 내용은 Haywood & Tzuriel, 1992; Lidz & Elliott, 2000을 보라이라는 것이다. 다만, 우리의 논점에서 보다 중요한 것은 교육과 발달 사이의 연관의 문제와 관련하여 ZPD 개념을 분석하는 것이다.

교육과 발달의 연관성 문제에 대한 자신의 관점을 설명하기 위해 비고츠키는 당대에 다른 연구자들이 제안한 대안적 관점과 자신의 관점을 비교했다. 첫 번째 비교 대상은 피아제의 초기 저작1923/1959에서 제안된 것이었다. 피아제의 이론에서 "발달은 자연법칙을 따르는 성숙의 과정이고, 교육은 발달이 만들어낸 기회의 활용으로 생각되었다."Vygotsky, 1934/1986, p. 174 피아제에 따르면, 교육은 "발달의 뒤를 절름거리며 따라간다."Vygotsky, 1934/1986, p. 175 교육은 이미 발달된 인지 구조를 더 좋게 다듬을 수는 있지만, 새로운 인지 구조의 발달을 이끌어낼 수는 없다. 피아제의 초기 저작에 대한 비고츠키의 분석은 교육과 발달의 상호 연관성에 대한 피아제의 후기 관점에 대해서도 적용할 수 있다. 한 후기 저작물에서 피아제는 아동이 새로운 사고를 익히는 것은 "오직 그 사고를 동화시킬 수 있을 때이며, 이러한 동화는 아동이 적절한 도구나 구조를 지니고 있을 때만 가능하다"고 못 박아두었다.Piaget, Gellerier, & Langer, 1970/1988, p. 14 시글러Siegler, 1991는 다음과 같이 요약했다.

피아제의 관점 가운데 논란이 많은 것 중의 하나가 훈련을 통한 인지 발달의 촉진 가능성이다. 어떤 곳에서 피아제는 훈련의 가능성을 배제하는 것처럼 보인다. 다른 곳에서는 훈련이 때론 효과가 있을 수도 있다고 주장하는데, 다만 아동이 해당 개념에 대한 이해력을 보유하고 있을 경우나, 훈련 절차가 학습 대상과의 적극적 상호작용을 포함할 때에만 가능하다고 한다.p. 53

현대 미국 심리학자들의 연구에서 피아제의 영향력이 1970년대만큼 대단하지는 않을지라도, 교육과 발달 사이의 연관성에 대한 그의 견해는 미국 심리학계에서 여전히 위력적이다. 옴로드[Ormrod, 1995]는 이 주제에 대한 미국 인지심리학자들의 견해를 다음과 같이 요약하였다.

> 한 학생의 인지발달수준은 변화 가능한 학습과 행동의 종류에 영향을 미친다. 교사는 수업 주제와 방법에 대한 계획을 세울 때 반드시 (피아제의 단계별 특성과 관련한) 학생의 인지발달수준을 고려해야 한다. 이를테면 구체적 조작 논리에 기초한 설명은 이러한 논리를 이해할 수 없는 유치원생들에게는 효율적인 방법이 될 수 없다.[p. 190]

교육은 반드시 발달 뒤에 이어져야 한다는 생각을 많은 미국 심리학자들이 수용하게 된 또 다른 이유는 아마도 아동발달에 관한 생득주의 이론의 영향 때문일 것이다. 서론에서 잠깐 언급했듯이, 생득주의자들은 유전적으로 예정된 성장을 아동발달의 주요 결정요인과 발달에서 개인차의 이유로 보고 있다. 이들의 관점에서 교육은 발달을 결정하지 못하고 발달에 의해 생겨난 잠재능력을 실현시켜줄 뿐이다. 스카[1992]가 언급하듯이, "영양 상태는 좋지만 키는 작은 아이에게 더 많이 먹인다고 해서 아이가 농구선수만큼 큰 키를 갖게 하지는 못한다. 평균 이하의 지력을 가진 아이에게 더 많은 정보를 주입한다고 해서 그 아이를 똑똑하게 만들 수 없다."[p. 16]

비고츠키[1934/1986]는 아동중기에는 교육이 매개를 위한 중요한 방법이 된다고 생각했다. 때때로 그는 교육instruction이라는 용어를 그 낱말의 가장 넓은 의미로 매개와 동의어로 사용하기도 했다. "교육과 발달이 만나는 것은 학령기가 처음은 아니다. 사실 아이의 생애 첫날부터 둘은 함께 한다."[Vygotsky, 1956, p. 445] 때문에 그는 교육이 발달을 **뒤따라야** 한다는 생각에 강력히 반발했다. 물론 비고츠키의 입장은 교육이 아동의 실제 발달 수준을 고려하지 않고 조직될 수 있다는 주장과는 거리가 멀었다. 그는 "어떤 배움에서 최소 수준의 기능(정신과정)의 성숙이 요구되기 때문에, 이를테면 산수 교육을 시작하는 최저 시점을 설정할 필요가 있다"고 지적했다.Vygotsky, 1934/1986, pp. 188-189 그러나 교육을 바르게 조직하려면 그러한 정신과정의 실제 발달수준을 목표로 해서는 안 될 것이다. 모든 종류의 매개가 그러하듯, 교육은 "발달보다 앞서가고 발달을 이끌어야 한다. 교육은 무르익은 것에 초점을 맞추기보다는 무르익어가고 있는 기능(정신과정)에 초점을 맞춰야 한다."Vygotsky, 1934/1986, p. 188

교육과 발달 사이의 연관성 문제와 관련하여 비고츠키가 분석한 두 번째 대안적 관점은 행동주의 심리학의 선구자인 손다이크가 상세히 소개한 것이다. 손다이크는 "아동의 지적 발달을 조건반사의 점진적인 축적과정으로 보며, 학습 또한 같은 방식으로 이루어지는 것으로 생각했다."Vygotsky, 1934/1986, p. 176 손다이크의 이론적 관점에서는 교육의 과정에서 이루어지는 학생의 학습과 학생의 발달과정은 동일한 것으로 생각된다. 왓슨1925과 스키너1953 등의 행동주의 심리학자들도 비슷한 견해를 피력했다. 행동주의 심리학자들의 견해는 1960년대 이후부터 미국 심리학자들 사이에서 신뢰를 잃었기 때문에, 교육과 발달 사이의 연관성 문제에 대한 이들의 해법을 지지하는 사람은 현재 별로 없는 실정이다.몇 안 되는 예외 중의 하나로 Bijou, 1976, 1992를 보라

비록 행동주의 심리학자들이 아동발달에서 교육이 수행하는 이끎leading 역할을 강조하는 것처럼 보이긴 하지만, 비고츠키가 볼 때 이들의 관점에는 중대한 결점이 있었다. 행동주의 심리학자들의 관점으로는, 학습된 지식과 기술은 어떤 것이든 아동의 발달에 기여하며, 이 기여 수준은 학습된 지식의 총량과 같다. 하지만 비고츠키의 관점은 다르다. 첫째, 교육이 학생 정신과정의 잠재적 수준이 아닌 실제 수준을 목표로 삼을 경

우, 학습은 학생의 발달을 이끌지 못한다. 둘째, 올바르게 조직된 교육 속에서 학생의 발달은 획득된 지식의 양으로 환원되지 않는다. 비고츠키[1956]가 지적했듯이, "학습에서 한 걸음이 발달에서 백 걸음을 뜻할 수도 있다."[p. 256] 앞서 살펴봤듯이, 아동의 언어 습득은 자기조절을 이끌 수 있다.

비고츠키에 따르면, 교육은 매개의 일반적인 원칙과 일치하는 방향으로 조직되어야만 한다. 교육은 아동 정신과정의 잠재적 발달수준에 초점을 맞춤으로써 발달을 이끌어야 한다. 이러한 교육은 "발달할 준비가 된 정신과정, 근접발달영역에 있는 정신과정을 일깨우고 생기를 불어넣는다."[Vygotsky, 1956, p. 278]

아동발달의 동기 요인들

방금 논한 비고츠키의 이론적 아이디어들은 대부분 사회적 매개의 산물로서 아동의 인지발달과 메타인지발달에 대한 분석일 뿐, 능동적인 발달 주체로서 아동의 역할에 대해서는 아무 언급이 없다. 그래서 서구 심리학자들 가운데 가끔 비고츠키가 아동을 사회적 영향의 수동적인 존재로 본다는 점을 들어 비고츠키를 비판하기도 한다. 쿤[Kuhn, 1992]은 다음과 같이 썼다. "사회적 상호작용에서 기인한 외적 영향을 강조함으로써, 비고츠키는 개인과 환경의 상호작용에서 양자의 상호 보완적 부분, 즉 개인의 역할을 소홀히 한다."[p. 259] 비고츠키의 글 가운데 이러한 인상을 주는 대목이 있긴 하지만(이 이슈는 다음 장에서 자세히 다룰 것이다), 비고츠키의 보편적인 이론적 입장에서 볼 때 이러한 해석은 잘못이다. 아동발달에 대해 언급할 때, 비고츠키[1984/1998]는 "아동의 습관과 정신기능(주의집중, 기억, 사고 등)만 발달하는 것이 아니라, 이러한 정신발달의 밑바탕에는 특히 아동 행동과 **흥미**(강조는 Karpov)의 진화, 즉 아동 행동 방향에서의 구조적 변화가 자리하고 있음"ᵖ⁴을 강조했다. 이것은 아동 내면에서 일어나는 새로운 흥미(즉, 동기)의 발달로서, 비고츠키에 따르면 이 발달에 힘입어 아동은 매개가 일어나는 맥락에서 사회적 상호작용에 적극적으로 참여하게 된다. 비고츠키는 교육을 아동중기의 중요한 매개 경로로 보았는데, 이와 관련하여 다음과 같은 말을 남겼다. "교육에서 흥미의 문제는 학습자가 흥미 있게 배우느냐 아니냐의 문제가 아니다. 흥미가 없으면 배움도 없다."Vygotsky, 1984, p. 35 따라서 아동에게 새로운 동기의 발달은 정신과정의 발달을 위한 필수 불가결한 전제 조건이다. 더욱이 비고츠키1966/1976는 새로운 동기의 발달에 대한 언급 없이 한 단계에서 다음 단계로 이행하는 아동발달에 대한 설명은 불가능하다는 점을 분명히 일러두었다.

> 나는 기존 이론에 내포된 오류의 상당 부분은 아동의 욕구… 아동 행위를 촉발하는 동기와 관련된 요소들을 간과한 것에 있다고 본다. 우리는 흔히 아동발달을 지적 기능의 발달로 보곤 한다. 말하자면 우리 눈에 비친 모든 아동은 이런저런 발달수준에 따라 한 발달 단계에서 다음 발달 단계로 옮아가는 이론적 존재들이다. 아동의 욕구, 성향, 의욕, 동기가 없으면 한 단계에서 다음 단계로의 진전은 이루어지지 않는다. … 한 단계에서 다음 단계로 이행하는 모든 진전은 행동을 위한 동기와 의욕의 급격한 변화와 연관되어 있다고 나는 본다.pp. 537-538

아동에게 새로운 동기의 발달을 일어나게 하는 요인은 무엇일까? 이 물음과 관련하여 비고츠키는 이를 신체 성숙의 결과로 보는 사람들이나 사회가 아동에게 새로운 동기를 주입한 결과로 보는 사람들 둘 다에 반대했다. 청소년에게 일어나는 새로운 동기의 발달에 대해 비고츠키는 다음과 같이 썼다.

생물학중심주의자들은 청소년이 생물학적이고 자연적인 존재일 뿐만 아니라 역사적 사회적 존재라는 사실을 놓치고 있다. 이들이 놓치고 있는 것은 이게 다가 아니다. 이들은 청소년이 사회적 성숙 및 성장을 통해 자신이 속한 공동체의 삶으로 진입할 때, 그의 흥미가 마치 액체가 빈 그릇으로 흘러 들어가듯이 자기경향성의 생물학적 그릇 속으로 기계적으로 흘러 들어가는 것이 아니라, 청소년이 자기 내면을 발달시키고 인성을 재구성해가는 과정에서 흥미는 자기경향성의 그릇의 질을 높이는 데 이용되며 그것을 인간적 흥미로 전환시키면서 그 그릇을 재구성하는가 하면, 그런 경향성들을 더 높은 수준으로 고양시키고 인간적 관심사로 전환시켜, 마침내 인성의 내적 구성 요소로 자리 잡는다는 사실도 간과하고 있다.p. 23

그러므로 비고츠키[1984/1998]에 따르면, 새로운 동기는 "획득되는 것이 아니라 **발달한다.**"p. 9 성숙 과정과 사회적 상호작용 과정 사이의 복잡한 연관의 산물로서 아동의 기존 동기로부터 발전해간다. 같은 맥락에서 비고츠키[1984/1998]는 아동 동기의 발달에서 신체적 요인과 사회적 요인의 상대적 중요성에 관해 논하면서, 새로운 동기의 발달은 "생물학적 형성보다는 사회-문화적 발달로부터 훨씬 많은 영향을 받는다"p. 11는 점을 강조했다. 그는 이 주장에 대해 더 심도 있게 논하지는 않았다. 그러나 비고츠키는 아동의 사회문화적 발달을 매개의 결과로 보았기 때문에, 새로운 동기의 발달은 주로 매개에 말미암는다고 보는 것이 논리적으로 타당할 것이다.

비고츠키의 단계별 아동발달모형

아동발달을 "통일된single 자기발달과정"p. 189으로 보면서, 비고츠키
1984/1998는 아동의 동기, 인지, 사회성이 통합적으로 발달한다는 의미로
매 발달 단계에 대한 전체론적holistic 모형을 제시했다. 유감스럽게도, 그
는 이 모형을 축약되고 도식적인 방식으로 제시한 까닭에 우리로선 이해
하기가 어렵다. 특히, 자신의 모형을 설명할 때 명확한 개념 규정 없이 새
로운 용어들을 구사한 것이 혼란을 준다. 하지만 우리가 앞에서 살펴본
비고츠키의 이론적 개념들의 맥락 내에서 그의 모형을 분석한다면, 이것
은 훨씬 의미 있게 다가올 것이다([그림 1.2]를 보라).

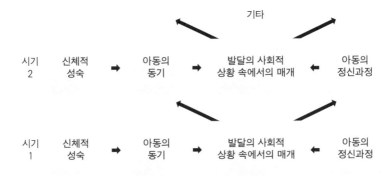

[그림 1.2] 비고츠키의 아동발달모형

비고츠키1984/1998에 따르면, 각 연령기는 "아동 의식의 구조"p. 199에 의
해 특징지어지는데, 이 구조는 현재 발달수준에서의 아동의 동기와 정신
과정을 그 구성 성분으로 삼고 있다. 연령별 아동 의식 구조는 "특정 연
령기에 고유한 아동과 현실 세계(주로 아동을 둘러싸고 있는 사회적 현실)
사이의 독특한 관계"를 결정짓는다.p. 198 비고츠키1984/1998는 이 관계를
"특정 연령기의 **발달의 사회적 상황**"이라 일컬었다.p. 198 성인이 아동을 특정

연령기에 고유한 매개적 상호작용에 참여시키는 것은 현재 발달의 사회적 상황 속에서 이루어진다. 그러므로,

> 발달의 사회적 상황은 특정 시기의 발달과정에서 일어나는 모든 역동적인 변화를 위한 새로운 계기moment를 표상한다. 발달의 사회적 상황은 아동이 전례 없이 새로운 인성적 특성들을 획득하게 되는 형식과 경로를 전체적으로 그리고 완전하게 결정짓는다. 아동은 이러한 인성적 특성들을 사회적 현실로부터 이끌어내는데, 발달의 기본 원천인 이 사회적 현실은 사회적인 것이 개인적인 것으로 변천해가는 경로이다.Vygotsky, 1984/1998, p. 198

현재 발달의 사회적 상황이라는 맥락 속에서 성인 매개에 대한 결과로, 아동은 새로운 정신과정과 새로운 동기(새로운 동기의 발달은 신체적 성숙에 의해서도 영향을 받는다)를 발달시킨다. "특정 연령기의 끝자락에 발생하는 이러한 신형성neoformations은 아동 의식 구조의 전반적인 재구성을 이끄는데, 이런 식으로 외부 세계나 자기 자신에 대한 관계 구조 전반에 변화를 일으킨다. … 이러한 사실은 발달의 사회적 상황 또한 변해야 함을 의미한다."Vygotsky, 1984/1998, p. 198 발달의 사회적 상황의 변화는 아동의 발달이 다음 단계로 이행해야 함을 시사한다. 비고츠키1984/1998에 따르면,

> 한 연령기에서 다른 연령기로의 아동발달을 추동하는 힘은 필연적으로 전체 연령의 발달 토대에 대한 거부 또는 붕괴로 이어지며, 내적 필연성으로 인해 발달의 사회적 상황의 폐기와 해당 시기 발달의 종료, 그리고 후속되는 더 높은 수준의 연령기로의 이행을 결정한다.p. 199

그리하여 아동발달의 결정요인에 대한 혁신적 관점과 발달과정에 대한

전체론적 접근에 힘입어 비고츠키는 단계별 아동발달기제에 대한 새로운 설명을 제안할 수 있게 되었다. 하지만 이 설명은 아동발달모형의 기저를 이루는 비고츠키의 보편적인 이론적 주장과 마찬가지로 결점이 내포되어 있으며 또 충분히 설명되지 않았다. 이러한 결점을 극복하는 한편 비고츠키의 관점을 내적 일관성을 지닌 아동발달이론으로 정교화하는 것은 러시아 후학들의 몫이었다. 이들의 생각에 관해서는 장을 바꾸어 논하겠다.

2

비고츠키의 아동발달이론을
정교화하기 위한
네오비고츠키주의자들의 노력

비고츠키의 이론이 러시아 동료와 후학들(Elkonin, Galperin, Leontiev, Luria, Zaporozhets 등)의 과학적 연구와 담론의 기본 이론적 바탕이 되었음에도 불구하고, 그들은 이 이론을 도그마로 간주하진 않았다. 비고츠키 사후 여러 해 동안 그들은 비고츠키 이론의 단점을 보완하는가 하면 그가 구상만 해놓고 그쳤던 아이디어를 더욱 진전시키는 노력을 꾀하였다.

네오비고츠키주의 분석의 출발점은 비고츠키 담론의 출발점과 같았다. 즉, 이들 역시 인간과 동물의 실용적 활동의 차이가 정신과정의 차이로 연결된다는 인식에서 출발했다. 비고츠키[1930]는 실용적 활동에서 인간과 동물의 차이가 인간이 활동과정에서 도구를 체계적으로 사용하는 반면 동물은 도구를 전혀 사용하지 않거나 유인원의 경우에는 그저 우발적으로 사용할 뿐이라는 사실에 있다고 보았다. 하지만 이러한 견해는 인간과 동물의 도구 사용 차이를 **양적 차이**의 문제(체계적 도구 사용 대 우발석 노구 사용)로 환원시켰을 뿐, 인간의 도구 사용이 질적으로 새로운 수준의 정신과정을 필요로 하는 **이유**에 대해서는 설명하지 못했다.[1] 반면, 네오비고츠키주의자들은 인간과 동물의 도구 사용과 활동 구조의 질적인 차이를 제시함과 아울러 이러한 차이가 인간과 동물의 정신과정의 차이로 연결되는 것을 분석했다.

인간과 동물의 도구 사용

갈페린Galperin, 1937의 연구에 의해 인간의 도구 사용과 동물 및 어린아이의 도구 사용의 중요한 차이가 드러났다. 이 연구는 동물과 어린아이 모두 손의 연장extension으로서 도구를 이용한다는 것을 보여준다. 이를테면 유인원은 가까이에 있는 과일을 낚아챌 때 손을 이용하듯이 먼 곳에 있는 과일을 얻기 위해 막대기를 사용한다. 비슷한 방식으로 유아는 손을 컵 모양으로 만들어 숟가락처럼 사용하는데, 이는 마치 숟가락 대신 손을 입으로 가져가는 것과도 같다. 두 경우 모두 도구는 구조의 변화 없이 손동작의 구성 요소가 되고, 이 손동작의 **논리**logic에 따라 사용된다.

네오비고츠키주의자들은 유인원이 가끔 인간의 도구 활용 동작을 따라 하려는 시도를 한다는 것을 부정하지 않았다. 하지만 이러한 노력의 결과는 성공적이지 않았다. 래디지나-코츠Ladygina-Kohts, 1935는 못 박기를 따라 하려는 유인원의 다양한 시도를 설명하였다. 그러나 유인원은 해당 도구의 사용 **논리**를 따를 수 없다는 것이 밝혀졌다(유인원은 벽과 수직 방향으로 못을 잡을 줄 몰랐다). 그 결과, "심도 있는 연습에도 불구하고 단 하나의 못도 박지 못했다."Ladygina-Kohts, 1935, p. 226

문화적 경험의 획득 결과로 아동은 도구를 그것의 사회적 의미에 따

---

1. 유인원과 어린아이의 도구 사용의 차이에 대해 비고츠키(1978)는 유인원과 대조적으로 아동의 도구 사용은 말하기가 수반되는데, 이를 통해 도구 매개적tool-mediated 조작활동을 조절하고 지시하는 점을 지적했다. "아동은 자신의 눈이나 손을 이용하듯이 말을 통해서도 문제를 해결한다"(p. 26). 그러나 이 분석은 도구 매개적 조작활동을 수행할 때 아동이 구사하는 말의 특징이 무엇인가 하는 물음에 대해서는 답하지 않았다.

라 사용하는 방법을 학습한다. 이를테면 숟가락을 사용할 때 아동은 숟가락을 접시에서 입으로 들어 올리는 동안, 손잡이의 끝 부분을 수평으로 잡는다. 문화적 도구로서 숟가락의 사용은 아동의 손동작 구조를 완전히 변화시켰는데, 이러한 변화는 숟가락의 **논리**를 따른 것이다. 문화적 도구의 **논리**에 손동작을 적응시키기 위해 아동은 도구 매개적 조작tool-mediated operation이라는 특별한 조절 역량을 숙달해야 한다. 구체적으로, 이 과정은 아동이 도구 사용에 대한 성인의 시범동작을 직접 관찰하는 것과 도구 사용에 대한 자기성찰, 자신의 도구 사용이 성인의 시범동작과 비슷한지 비교하는 것을 포함한다. 갈페린[1937]의 연구는 동물의 도구 사용과 달리 인간의 도구 사용은 질적으로 완전히 다른 수준의 정신과정이 요구된다는 비고츠키의 관점을 입증했다.

인간과 동물의 도구 사용 차이에 대한 갈페린[1937]의 분석은 유인원 가운데 주로 침팬지의 행동에 대한 많은 연구와 관찰을 통해 검증되고 발전되었다.이에 대한 평가나 엄선된 연구 결과 및 관찰 결과로 다음을 보라-Boesch & Tomasello, 1998; Boysen & Himes, 1999; Goodall, 1986; Inoue-Nakamura & Matsuzawa, 1997; Matsuzawa et al., 2001; Nagell, Olguin, & Tomasello, 1993; McGrew, 1992; Sumita, Kitahara-Frisch, & Norikoshi, 1985; Takeshita & van Hooff, 2001; Tomasello, 1999; Tomasello, Davis-Dasilva, Camak, & Bard, 1987 이들의 연구 결과는 야생 유인원이나 포획 후 어미의 보호하에 사육된 유인원이 일상생활에서 물리적 도구를 효율적으로 사용하는(심지어 제작까지 하는) 것에 관한 내용으로 요약된다. 유인원들은 한 쌍의 돌을 망치와 모루로 이용하여 견과를 깨뜨리는가 하면, 막대를 이용하여 투명한 튜브에 담긴 음식을 끄집어내고, 막대를 낚싯대 삼아 흙더미 속의 흰개미를 잡아 올렸다. 또한 연구자들은 어린 유인원이 어미 유인원의 도구 사용을 모방한다는 연구 결과도 발표했다. 하지만 몇몇 연구에서는 어린 유인원이 어미 유인원의 도구 사용 동작을 낱낱이 모방할 수는 있지만 도구 사용의 전체 전략을 모방하지는 못했다고 적었다.Boesch

& Tomasello, 1998; Inoue-Nakamura & Matsuzawa, 1997; Nagell et al., 1993; Sumita et al., 1985; Tomasello et al., 1987 어린 침팬지는 땅콩을 깨뜨리는 부분 동작들은 성공적으로 따라 했지만, 이 동작들을 올바른 순서에 따라 연결시키진 못했으며, 오히려 시행착오를 통한 직접적인 경험으로부터 그 순서를 익혔다.Inoue-Nakamura & Matsuzawa, 1997; Sumita et al., 1985

침팬지의 도구 사용 연구에 대해 토마셀로Tomasello, 1999가 결론지었듯이, "침팬지는 다양한 사물 이용 방법을 능숙하게 학습한다. 이들은 다른 누군가가 사물을 조작하는 것을 관찰함으로써 그 이용법을 배운다. 하지만 행동 전략 자체에 대한 학습은 제대로 이루지 못한다."p. 29 [2] 그러나 2세 유아는 성인이 시범 보이는 새로운 도구 사용의 행동 전략을 따라한다.Nagell et al., 1993 유인원과 어린아이의 모방의 차이가 생기는 이유가 뭘까? 토마셀로1999는 다음과 같이 적었다.

침팬지들은… 인간과 똑같은 방식으로 도구 사용 행동을 배우는 것 같지는 않다. 인간에게 시연자의 목적이나 의도는… 목적 달성을 위한 이런저런 수단과 분리된 무엇으로 이해된다. 목적과 수단을 분리시키는 능력에 힘입어 관찰자는 독립적인 실체로서 시연자의 도구 사용 방법이나 전략에 집중한다. … 타인의 행위에서 목적과 수단을 분리하지 못하는 침팬지 관찰자는 시연 과정에서 사물의 상태 변화(위치 변화를 포함해서)나 시연 주체의 신체적 움직임에만 집중한다.p. 30

---

2. 이 결론은 침팬지가 새로운 과업의 연속 동작을 따라할 수 있다는 화이튼(Whiten, 1998)의 발견으로 도전을 받는 것처럼 보였다. 그러나 중요한 것은, 화이튼의 연구에서는 침팬지가 도구 사용 전략을 따라 하지는 못했다는 점이다. 그들은 여러 개의 자물쇠로 잠겨 있고 속엔 음식물이 들어 있는 상자를 여는 전략을 흉내 냈다. 이것은 "과일을 먹기 위해 껍질을 까고, 찢거나, 비틀거나 하는 유인원 사이의 공통된 활동인 음식물을 얻기 위한 일련의 과정에 비유될 수 있다"(Whiten, 1998, p. 272). 또한 실험 대상은 "동종의 동물이나 인간과의 상호작용을 포함해 심도 있는 사회생활을 경험한" 침팬지였다(Whiten, 1998, p. 274). 차후 논하겠지만, 토마셀로(1999)는 화이튼(1998)의 실험 대상 동물이 포함된 문화화된 유인원이 더 나은 모방 능력을 지니고 있다고 믿는다.

토마셀로[1999]의 분석은 도구의 사용과 도구 사용 때 작동되는 정신과정에서 인간과 동물의 차이에 대한 네오비고츠키주의자들의 주장을 입증하고 보완해준다. 사실 앞서 논했듯이 물리적 도구의 사용법을 배우는 경우에도 학습과정이 촉진되려면 시연자의 도구 사용 전략에 관찰자가 주의를 기울여야 하는데, 이는 야생의 유인원이나 사육된 유인원에겐 불가능하다. 하지만, 시연자의 도구 사용 전략에 주의를 기울이지 못하는 유인원의 무능은 시행착오를 통해 독자적으로 이 전략을 발견하는 것으로 상쇄될 수 있다. 이와는 달리 인간 문화에 의해 발명된 도구의 사용 방법을 학습하는 경우, 시연자의 도구 사용 전략에 관찰자가 주의를 기울이는 것은 전략의 성공적인 학습을 위해 필수적이다. 실제로 사물의 물리적 특성과는 달리, 사물의 사회적 의미는 사물 위에 "쓰여 있지 written"[Elkonin, 1989, p. 48] 않은 까닭에 독자적인 탐구를 통해선 발견할 수 없다. 누구든 숟가락을 탁자에 내려치면 소리가 나는 것은 스스로 발견할 수 있지만, 음식을 먹기 위해 숟가락을 사용하는 방법은 독자적인 탐구로 발견할 수 없는 것이다.[3] 따라서 시연자의 도구 사용 전략에 주의를 기울이지 못하는 관계로 유인원은 인류 문화가 발명한 도구의 사용법을 학습할 수 없다. 실제로 야생 혹은 사육된 유인원이 문화적 도구의 사용을 모방하는 것에 대한 과학적인 관찰 기록은 없다.

유인원과 아동 사이에 시연자의 도구 사용 전략에 주의를 기울이는 능력의 차이가 발생하는 이유 중 하나는 어른-유아의 상호작용의 차이에 기인한다. 보클레르[Vauclair, 1993]는 다음과 같이 적었다.

우리의 연구 결과는 어미 유인원이 사물을 조작하는 과정에서 새끼

---

3. 코놀리와 달글레이시(Connolly and Dalgleish, 1993)는 자신들의 경험적 발견을 토대로 유아에게 문화적 도구로서 숟가락 사용법을 숙달하는 데는 엄마의 매개가 필요치 않다고 주장했다. 경험적 결과를 이런 식으로 해석한 것에 대한 설득력 있는 비판적 분석은 보클레르(1993)에 의해 제기되었다.

유인원의 주의를 끌려고 하는 의도를 보인 적은 거의 없었다. 반면에, 인간 어른은 사물에 대한 유아의 흥미를 끌고 행위를 자극하려는 의도로 사물을 조작한다.p. 207 [4]

이런 점에서, 이른바 문화화된enculturated 유인원, 즉 "인간사회와 유사한 환경에서 인간처럼 길러진"Tomasello, 1999, p. 35 유인원에 대한 연구는 매우 흥미롭다. 특히, 이 연구는 문화화된 유인원이 어미 밑에서 사육된 동종同種의 유인원에 비해 도구 사용 전략을 모방함에 있어 더 나은 능력을 보여주는 점을 적고 있다.Tomasello, Savage-Rumbaugh, & Kruger, 1993 이러한 결과에 대한 그럴듯한 설명으로, 토마셀로1999는 "인간 사회와 유사한 문화적 환경 속에서 유인원은 일종의 '주의집중의 사회화'를 받아들인다"p. 35고 설명했다. 다시 말해, 시연자의 시범에 대한 주의집중이 학습될 수 있다는 것이다.

문화화된 유인원의 경우에도 문화적 도구보다 물리적 도구의 사용 전략을 모방할 때 더 나은 수행을 보인다는 것을 강조할 필요가 있다. 사실 문화화된 유인원이 문화적 도구 사용의 모방을 성공적으로 했다는 일화적인anecdotal 보고가 있긴 하지만Byrne & Russon, 1998; Russon, 1999; 요약본으로는 Whiten & Ham, 1992를 보라, [5] 과학적 연구 결과는 그러한 모방이 유인원에게

---

4. 이 관찰 결과는 4장에서 논의할 유아의 사물중심행위의 발달에서 성인 매개의 중요성에 관한 네오 비고츠키주의자들의 결과와 매우 가깝다.

5. 번과 루손(Byrne and Russon, 1998)이 보고하였듯이, 문화화된 유인원이 문화적 도구 사용을 성공적으로 모방한 가장 인상적인 사례는 도구 사용에 대한 벡(Beck, 1980)의 정의와 부합하지 않는다는 점을 지적할 필요가 있다. 벡은 도구 사용에 대해 "외부 사물이나 유기체 혹은 사용자 자신의 형체나 위치, 상태를 효율적으로 변화시키기 위해 자기 환경 속의 사물을 외적으로 이용하는 행위"(Russon, 1999, p. 118 재인용)로 정의하고 있는데, 루손은 이에 동의하는 듯하다. 루손(1999)은 오랑우탄이 도끼날을 가는 것을 모방하는 것에 관해 서술한다. 오랑우탄은 돌을 물에 담가 적신 다음 도끼날의 표면을(날 끝이 아니라) 서너 차례 문지르는 식으로 도끼날 갈기와 관련된 몇몇 동작을 따라 했다(물론 녀석은 도끼날을 핥거나 돌멩이를 물어뜯는 등 과업과 무관한 행동도 보였다). 하지만 이러한 행동 속에는 오랑우탄이 사물의 형체, 위치, 상태를 효율적으로 변화시키기 위한 동작, 즉 칼날을 예리하게 만들기 위한 동작을 수행했다는 정황은 보이지 않았다. 오랑우탄의 행위들이 다른 목적(이를테면, 재밌는 소리 내기)을 향했다고 볼 수도 있지만, 그런 경우라면 오랑우탄의 행동이 문화적 도구를 모방한 것은 아무것도 없다.

매우 어려운 일이라고 적고 있다. 베링과 비오클룬드, 라간Bering. Bjorklund, and Ragan. 2000의 연구에서 문화화된 침팬지와 오랑우탄은 커다란 플라스틱 못을 미리 뚫어놓은 나무판자의 구멍 속에 넣고 플라스틱 망치로 내려치는 전략을 수행했다. 이 과업은 망치로 못을 치는 문화적 과업보다 훨씬 쉬운 것이다. 이 과업은 수행자가 도구 사용의 논리, 즉 못과 망치 위치의 협응(망치로 못 머리를 내려치는 동안 벽의 수직 방향으로 못을 잡고 있기)을 요구하지 않는다. 이 과업이 요구하는 것은 간단한 두 연속 동작이다. 즉 준비된 구멍 속에 못을 놓고(문화적 동작이 아닌) 망치로 때린다. 게다가 유인원은 전략적인 망치질(망치의 타격면으로 못의 머리 부분 치기)을 정확하게 모방하지 않아도 된다. 심지어 망치 머리가 못을 스쳐가기만 해도 유효 동작으로 매겨졌다. 이 과업 수행에서 수행자는 망치질의 목적(못 박기)을 달성할 필요가 없었던 것이다. 과업을 성공적으로 수행하기 위해 유인원이 모방해야 할 문화적인 동작은 오직 망치 머리(반드시 망치의 타격면일 필요는 없다)로 못(반드시 못의 머리 부분일 필요는 없다)을 가격하는 것이었다. 그러나 그처럼 문화적으로 빈곤한 동작조차 문화화된 유인원 4마리 중 1마리만이 성공적으로 수행한 것으로 드러났다.

결론적으로, 최근의 연구 및 관찰 결과는 동물과 인간의 도구 사용 차이에 관한 갈페린[1937]의 분석을 입증하고 보완해주었다. 특히 흥미로운 발견은 문화화된 유인원의 도구 사용 수준이 여전히 인간 아동의 수준과 질적으로 다르다 하더라도 유인원의 도구 사용은 인류 문화 환경으로부터 얻은 이득이라는 점이다.

동물 활동과 인간 활동의 구조

갈페린[1937]의 연구가 동물과 인간의 도구 사용 차이에 관한 분석임에 비해 레온티예프[1959/1964, 1975/1978, 1972/1981]는 동물과 인간의 활동 차이에 대해 파고들었다. 레온티예프[1972/1981]에 따르면 어떠한 활동도,

> 능동적인 행위자agent의 특정 욕구에 반응한다. 활동은 이 욕구의 대상object을 향하고 욕구가 충족되면 종료된다. … 활동이 향할 방향을 제시하는 것은 활동의 대상이다. 내가 제안한 용어법으로 말하자면, 활동의 대상이 진정한 동기다. … 동기가 없는 활동은 있을 수 없다. "이렇다 할 동기가 없는unmotivated" 활동은 동기가 결여된 활동이 아니라, 주관적으로나 객관적으로도 은폐된 동기를 지닌 활동이다.[p. 59]

이 분석에서 동물 활동과 인간 활동의 차이는 없지만, 동물 활동과 인간 활동의 구조를 분석하면 그 차이는 명백해진다.

동물의 모든 활동은 항상 생리적 욕구의 직접적인 만족, 즉 동물적 동기를 지향한다. 설령 이 활동이 여러 단계들로 이루어져 있다 해도 각각의 단계들은 동기를 향해 다가간다. 이를테면 늑대가 사슴을 쫓고, 잡아서, 죽이고 먹는 일련의 활동 단계들을 밟으면서 활동의 동기에 점점 가까이 다가간다[그림 2.1].

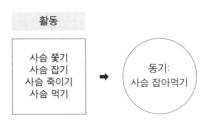

활동

사슴 쫓기
사슴 잡기
사슴 죽이기
사슴 먹기
➡ 동기:
사슴 잡아먹기

[그림 2.1] 동물 활동 구조의 예

간혹 어떤 동물의 활동이 이 규칙의 예외에 해당하는 것처럼 보이는 경우가 있다. 거미는 파리가 가까이 있지 않더라도 거미줄을 치는데, 이

활동이 생리욕구의 직접적인 만족으로 연결되는 것은 아니다. 하지만 거미줄을 치는 것은 종의 진화와 자연선택에 따라 발전한 본능이고 한 세대에서 다음 세대로 유전적으로 전달되는 것이다. 생리욕구의 직접적인 만족, 즉 동기를 목적으로 하지 않는 동물 활동의 또 다른 예는 음식을 얻기 위해 금속 막대를 누르는 스키너상자 속 쥐의 활동에서 볼 수 있다. 하지만 이 활동은 막대를 누르는 것과 음식 얻기 사이의 인위적인 연결의 발달을 의도한 조작적 조건화operant conditioning의 결과이다. 마지막으로, 앞서 살펴본 것처럼 유인원은 일상의 문제를 해결하기 위해 도구를 사용하거나 심지어 제작하기도 한다(이를테면, 짧은 두 개의 갈대를 연결해서 길게 만든 다음 우리 바깥에 있는 과일을 얻는다). 이러한 도구의 창조가 유인원의 생리욕구를 직접적으로 충족시키기 위한 활동이 아닌 것은 명백하지만, 쾰러1930가 지적했듯이 이러한 행동은 과일과 갈대가 동시에 유인원의 시각장 안에 있는 상황에서만 관찰될 수 있다. 잠재적 도구로서의 갈대와 유인원의 활동 동기로서의 과일 얻기 사이에는 지각적 연결perceptual connection이 있는데, 이것은 도구 제작 활동이 과일을 향한 활동의 자연적인 일부가 되게 한다. 이 모든 예들에서, 동기를 향하지 않은 것처럼 보이는 동물 활동의 모든 단계들 또한 유전과 조건화 그리고 잠재적 도구와 동기 사이의 지각적 결합에 의해 동기와 연결되어 있는 것이다.

인간의 도구 사용은 인간 활동 구조를 전체적으로 변화시킨다. 동물의 활동과는 대조적으로 인간 활동은 일련의 단계들(레온티예프는 이것을 행위들actions이라 일컬었다)로 이루어지는데, 각 단계들은 활동의 동기를 지향하기보다 각 단계의 목표goals를 지향한다. 레온티예프1972/1981는 다음과 같이 썼다.

목표와 그 목표에 종속된 행위가 동기로부터 동떨어짐에 따라 처음에 동기 속에서 한데 얽혀 있던 기능의 분할이 이루어진다. 물론, 동기는 활력을 불어넣는 기능을 충분히 지니고 있지만, 방향성을 지시하는 기능은 별개의 문제이다. 활동을 구성하는 행위들은 동기에 의해 활력을 얻지만, 행위들이 지향하는 것은 목표다. 음식에 동기 부여된 인간 활동에 대해 생각해보자. 음식은 동기이다. 하지만 음식에 대한 욕구를 채우기 위해 그(녀)는 음식 얻기를 직접적으로 지향하지 않은 어떤 행위들을 수행해야 한다. 이를테면 그(녀)의 목표는 사냥을 위한 도구를 만드는 따위가 될 수 있다.p. 60

레온티예프의 사례에서 인간 활동의 구조는 [그림 2.2]와 같이 제시할 수 있다. 이 활동을 구성하는 행위들 가운데 마지막 하나를 제외한 나머지는 모두 동기를 향하지 않고 있다. 뿐만 아니라 어떤 행위들은 동기와 충돌하기도 한다. 먹거리를 찾는 대신 인간은, 도구를 만들기 위한 재료를 찾고 도구를 만들거나 하면서, **의식적으로**consciously 자신의 생리적 욕구 충족을 다음 시점으로 연기한다. 따라서 인간 활동을 구성하는 행위들의 목표들은 그 목표 달성을 위해 인간 스스로가 의식적으로 중간 단계의 목표들로 수립한 것으로서 활동 과정에서 목표 달성을 위해 활용된다.[6] 이러한 활동의 수행에는 계획수립과 자기조절의 과정이 요구되는데 이것이 어떠한 동물 활동에서도 볼 수 없는 점이라는 사실은 자명하다.

인간의 도구 사용은 사회 내의 노동 분업을 이끄는데, 이는 정신과정의 발달에 필요한 자질과 관련하여 인간 활동의 정교함과 난이도를 드높인다. 레온티예프의 예에 나왔던 사냥하는 부족민에 대해 생각해보자. 그는 자신을 위해서가 아니라 미래의 사냥을 준비하는 사냥꾼과의 교역을 위해 사냥도구를 만든다. 이 경우 그는 도구를 만들 때 자신의 선호보다는 사냥꾼의 요구조건에 부합하는 방향으로 작업을 시작할 것이다. 피아제

---

6. 레온티예프(1959/1964, 1975/1978, 1972/1981)는 모든 인간 행위의 목표는 언제나 의식적이라는 점을 특별히 강조했다. 레온티예프의 주장과 관련된 문제에 대해선 후술할 것이다.

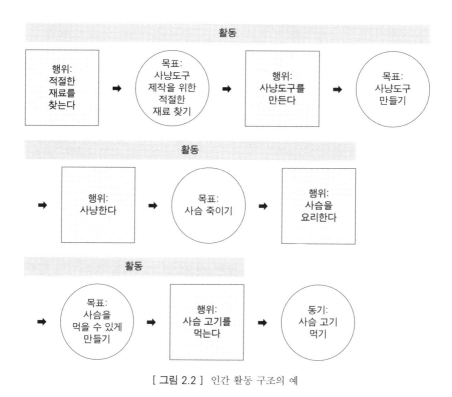

[그림 2.2] 인간 활동 구조의 예

1923/1959에 따르면, 다른 사람의 흥미와 요구조건을 고려하는 능력은 다소 높은 수준의 인간 인지구조의 발달과 연관되어 있다.

방법으로서의 정신도구

갈페린1937과 레온티예프1959/1964, 1975/1978, 1972/1981는 인간과 동물의 실용적 활동의 질적 차이가 정신과정의 질적 차이를 이끈다는 비고츠키의 생각을 정교화했다. 이 차이를 명확히 규정하기 위해 비고츠키의 러시아 후학들은 인간의 실용적 활동과 정신적 활동의 차이에 대해 비고츠키가 구사한 비유를 활용하였다. 인간의 노동이 기술적 도구technical tools에 의해 매개되는 것처럼, 인간의 정신과정은 정신도구psychological tools라는 것에 의해 매개된다. 비고츠키의 제자들은 스승의 이 정신도구 개념을 상당히 진전시켰다.

1장에서 논했듯이, 비고츠키는 인간 고등정신과정의 매개체로서 기호 도구(언어, 개념, 기호, 상징)의 중요성을 강조했다. 확신컨대 비고츠키는 새로운 낱말, 개념, 기호, 상징의 학습이 자동적으로 아동의 정신과정을 매개하는 정신도구의 발달로 연결되지는 않는다는 생각에 동의할 것이다. 학령기 아동의 정신과정을 매개하게 될 과학적 개념scientific concepts에 관해 논하면서, 비고츠키1934/1986는 "과학적 개념의 어려움은 **말잔치** verbalism에 있다"p. 148고 지적했다. 또한 비고츠키는 "과학적 개념의 발달은… 아동이 용어나 새로운 개념의 의미를 풀이하는 낱말의 의미를 터득하는 순간에, 완성되는 것이 아니라 시작될 뿐"이라고 지적했다.Vygotsky, 1934/1986, p. 159 비고츠키는 이러한 생각을 더 이상 진전시키지는 않았다. 그래서 그의 이론은 인간 정신과정의 매개체로서 기호 도구에 대한 종래의 생각한 예로 Kozulin, 1986을 보라과 맞닿아 있다.

그런데 낱말, 개념, 기호, 상징 그 자체가 인간의 정신과정을 매개하는 정신도구가 될 수 있는가? 이 질문에 답하기 위해, 실용적 도구와 정신적 도구 사이의 차이에 대해 비고츠키와 그의 후학들이 구사한 비유를 응용해보자. 비고츠키1981b의 관점에서 기호는 "정신기능의 전체 흐름과 구조를 바꾼다. 기술적 도구가 노동 행위의 형태를 결정지음으로써 자연 적응 과정을 변화시킨 것처럼 기호는 새로운 도구적 행위의 구조를 결정지음으로써 정신기능을 변화시킨다."p. 137 [7] 그러나 도구의 소유만으로 도구 사용 방법을 자동적으로 숙달하는 것은 아니기 때문에 실용적(혹은 기술

---

7. 비고츠키의 이 생각은 그의 몇몇 미국 후학들에 의해 입증되었다. 위치(Wertsch, 1998)는 다음과 같이 서술했다. "중요한 핵심은… 매개된 행위가 새로운 매개적 의미의 소개와 함께 근본적인 변화를 겪을 것이라는 것이다"(p. 45). 더 나아가 "(새로운 매개적 의미를 사용하기 위해 필요한) 기술은 매개 수단의 사용을 통해 발생한다"(p. 46).

적) 도구 자체가 인간 동작의 형태나 구조를 결정하는 것은 아니라는 사실이 중요하다. 누구나 젓가락질에 대한 첫 실패의 경험을 기억할 것이다. 도구는 주어졌지만 먹기 위한 도구 사용 방법은 주어지지 않았다. 비슷한 이치로, 갈페린[1937]의 연구가 보여주듯이 영아에게 숟가락을 준다고 해서 아이의 손동작 구조가 바뀌지 않으며, 숟가락을 주는 것만으로 이 도구의 진정한 사용법을 아이가 익히는 것은 아니다. "도구의 숙달은 단순히 도구의 소유를 의미하는 것이 아니라, 도구 사용 방법의 숙달을 의미한다."Leontiev, 1959, p. 213

정신도구도 마찬가지다. 아동은 정신도구를 숙달하기 위해 도구 사용 방법을 익혀야 한다.Elkonin, 1956; Galperin, 1957, 1966, 1969; Leontiev, 1959/1964; Zaporozhets, 1986b 이 점을 설명하기 위해, 1장에서 살펴본 레온티예프[1931]의 기억 연구를 상기해보자. 이 연구에서 7~12세 아동은 더 어린 아동과 달리 제시된 낱말 목록을 기억하고 회상하기 위해 외적 기억 보조장치(다양한 그림 카드)를 사용할 수 있었다. 이 연구 결과를 해석할 때, 비고츠키는 아동의 기억을 매개하는 외적 정신도구로서 카드의 역할을 강조하고자 했다. 비고츠키[1978]의 아래 인용문은 레온티예프의 또 다른 기억 연구에 관해 언급하고 있지만, 앞서 논의한 연구와 보편적인 정신도구의 문제에 관한 자신의 입장을 정의하는 데도 꽤 적용할 수 있다.

외적 보조 자극 체계로서 카드를 도입하면 아동 활동의 효율성이 상당히 높아진다. 이 단계에서 외적 기호는 절대적으로 중요하다. 보조 자극(카드)은 외적으로 작용하는 정신도구이다.p. 45

물론 비고츠키는 아동이 카드를 기억과 회상 수단으로 사용하려면 카드의 사용 **방법**을 알아야 하며 그럴 때 비로소 카드가 외적 기억 도구의 역할을 수행한다는 사실을 결코 부정하지 않을 것이다. 그러나 비고츠키는 이 논점에 대해 집중하지 않았다. 반면, 네오비고츠키주의자들은 기억과 회상을 매개한 카드 사용의 방법에 초점을 두었다. 아동은 기억해야 할 낱말과 선택한 카드 사이의 논리적 연결고리를 발견해야 했다. 7~12세 아동의 기억 과업 수행을 매개한 정신도구는 카드 자체가 아닌 카드 사용 방법이었다. 이러한 사실은 이들보다 더 어린 아동이 기억과 회상을 위한 도구로 카드를 사용할 수 없었던 까닭을 설명해준다. 아동은 단지 사용 방법을 알지 못했다.

정신도구를 아동 정신과정을 매개하는 방법으로 새롭게 이해함에 따라, 네오비고츠키주의자들은 정신도구의 내면화에 관한 비고츠키의 개념을 재정립했다.Galperin, 1957, 1966, 1969, Leontiev, 1959/1964 레온티예프[1931]의 기억 연구를 다시 살펴보면, 이 연구는 특히 성인에 의한 외적 기억 장치(그림 카드)의 사용이 회상에 큰 영향을 미치지 못했다는 사실을 보여준다. 비고츠키[1978]는 이 연구 결과를 다음과 같이 해석했다. "여기서 일어난 것은 우리가 내면화라 일컫는 그것이다. 학령기 이후의 아동에게 이 외적 기호(카드)는 성인이 기억 수단으로 제공하는 내적 기호로 전환된다."[p. 45]

네오비고츠키주의의 관점에서 볼 때, 레온티예프[1931]의 기억 연구에서 학령기 아동과 성인의 과업 수행 사이의 근본적인 차이점은 기억과 회상을 위해 아동은 외적 기호를 사용하고 성인은 내적 기호를 사용한다는 데 있지 않았다. 차이는 오히려 기억mnemonic 방법의 내면화 수준에 있었다. 학령기 아동의 기억 방법은 부분적으로 외재화되어 카드 형태의 시각적 지원 없이는 수행될 수 없었다. 반면에 성인의 기억은 내면화되어 시각적 지원이 필요하지 않았으므로, 네오비고츠키주의의 내면화는 기호의 내면화라기보다 방법의 내면화이다. 레온티예프[1959]가 썼듯이, "인류가 축적한 **지식과 개념 획득에 기초한**(강조는 Karpov) 정신 방법의 숙달은 반드시 외적 방법의 수행에서 벗어나 점진적인 내면화로의 전환이 요구되

는데, 이로 인해 보다 간결한 정신적 방법으로의 질적 변화가 수반된다."p. 305

코즐린Kozulin, 1986이 정확히 지적했듯이, "(네오비고츠키주의자들은) 주요 매개체로서 기호의 중요성을 폄하했다."p. 270 그러나 네오비고츠키주의자들의 이러한 "수정주의적 입장"p. 264에 대한 코즐린의 비판과 달리, 나는 이 입장이 비고츠키의 정신도구 개념을 풍성하게 보완했다고 생각한다. 정신과정의 매개체로서의 방법과 기호보다는 오히려 방법의 내면화를 강조한 네오비고츠키주의의 이 같은 개념은 학교교육에 대한 혁신적 이론 개발에 특히 중요한 의미를 지니는데, 이에 대해서는 6장에서 자세히 논할 것이다.

정신발달의 결정요인으로서
아동-성인 협응활동 상황에서의 매개

1장에서 논했듯이, 비고츠키는 매개를 두 개의 복합적 과정으로 보았다. 성인은 아동이 새로운 정신도구를 습득하고 숙달하는 것을 매개하는데, 이 정신도구는 아동에게 내면화되어 아동의 정신과정을 매개하게 된다. 정신도구를 기호 도구로 본 비고츠키의 관점은 아동의 새로운 정신도구 습득과 숙달을 돕는 성인매개 과정에 대한 이해에 영향을 미쳤다.

사실 이 동·이 새로운 낱말, 개념, 기호나 상징을 자연스럽게 익힐 수 있는 맥락은 아동과 성인이 말로 의사소통을 나누는 상황이다. 확신컨대, 비고츠키의 관점은 아동을 성인과의 의사소통 과정에서 성인이 제시하는 기호 도구를 그저 수동적으로 받아들이는 존재로 보는 것과 거리가 멀다. 워치와 툴비스테Wertsch and Tulviste, 1992가 정확하게 지적한 대로, "인간 행위에 대한 가정은… 비고츠키 이론의 전반적인 접근틀 속에 있다."p. 554 하지만 보편적인 이론적 이슈를 벗어나 각각의 발달 단계에 있는 아동의 성장이라는 구체적인 문제를 다룰 때, 비고츠키는 성인과의 상호 의사소통 과정 중에 일어나는 아동의 기호 도구 습득의 분석이라는 지점으로 자신의 논의를 한정 지었다.예를 들면, 비고츠키[1934/1986]의 학령기 아동 발달의 도구로서 과학적 개념의 습득에 대한 원칙 이러한 분석은 자연스레 "개인 의식의 발달에서 중요한 영향을 미치는 것은 무엇이든 사회적 의식과의 연관 속에서 다룬다"Leontiev & Luria, 1968, p. 353는 입장으로 연결된다.

정신도구의 습득 과정에 관한 비고츠키의 입장에 대한 이러한 해석은 미국 심리학자들의 연구에서 종종 볼 수 있다. 이 중 가장 놀랄 만한 예는 주의력결핍과잉행동장애ADHD 아동의 자기조절 발달을 촉진시키도록 고안된, 이른바 자기교육훈련self-instruction training이라 일컫는 프로그램이다.Meichenbaum & Goodman, 1971; Palkes, Stewart, & Kahana, 1968 이 프로그램을 고안한 사람들은 아동의 자기조절이 자기중심적인 대화(혼잣말)의 내면화 결과로 발달한다는 비고츠키의 생각(이 생각에 대한 논의는 1장 참조)을 바탕으로 연구를 진행했다. 그들은 만약 ADHD 아동에게 자신의 행동을 조절하기 위해 혼잣말을 사용할 수 있도록 가르치고, 혼잣말을 내면화하도록 독려한다면, 아동의 충동성은 줄어들고 자기조절은 향상될 것이라고 가정했다. 자기교육훈련은 치료사의 혼잣말 시범으로 시작한다. 치료사는 자신에게 큰 소리로 말을 하면서 과업 수행의 시범을 보인다. 그 뒤 아동도 똑같이 과업을 수행하는데, 아동이 과업을 수행하는 동안 치료사는 자기교육을 반복한다. 치료사는 아동이 스스로에게 말을 하도록 독려하는데, 자신이 시범 보인 말을 그대로 따라 하게 시킨다. 자기교육훈련의 다음 단계는 혼잣말을 내면화하기이다. 이 과업 수행에서 아동은 소리는 내지 않고 입술만 움직이며 자신을 향한 말self-addressed speech을 한다. 마지막으로, 아동은 과업 수행을 조절하기 위해 내적 말inner speech을 한다.

이 프로그램에 대한 평가 연구 결과가 보여주듯이, 자기교육훈련의 이

점은 한계가 있다.Dush, Hirt, & Schroeder, 1989; Ervin, Bankert, & DuPaul, 1996 이 훈련은 훈련 과정에서 수행한 것과 동일한 과업 수행에서는 아동의 성취수준이 좋게 나타나고 있다. 하지만 자기교육훈련의 이러한 긍정적인 결과가 계속 유지되고 또 다른 곳으로 전이될 것이라고 주장할 근거는 희박하다. 네오비고츠키주의의 관점에서 이러한 결과는 결코 놀랍지 않다. 아동으로 하여금 앵무새처럼 치료사의 말을 그대로 반복적으로 따라 하게 하는 것은 아동이 이 말을 자신의 행동을 조절하기 위해 **어떻게** 활용할 것인지를 가르쳐주지는 않는다. 다시 말해, 자기교육훈련의 상황은 젓가락은 손에 쥐어주되 이 도구를 이용하여 음식 먹는 방법은 가르쳐주지 않는 것과도 같다.

네오비고츠키주의자의 관점에 따르면, 아동은 성인과의 언어적 의사소통 상황보다는 과업 수행을 목표로 한 성인과의 협응활동의 상황에서만 정신도구의 사용 방법을 숙달할 수 있다.Elkonin, 1956; Galperin, 1957, 1966, 1969; Leontiev, 1959/1964; Zaporozhets, 1986b 그러한 활동 속에서 성인은 아동의 정신도구 사용 방법의 습득, 숙달, 내면화를 매개한다. 이 매개는 과업 수행에 필요한 새로운 정신도구 사용 방법을 성인의 **외재화**exteriorizing(시범 보이기와 설명하기)로 시작한다. 그런 다음 성인은 아동을 새로운 정신과정의 근접발달영역을 창출하는 협응활동으로 끌어들이고 이 방법을 숙달하고 내면화하도록 안내한다. 아동이 사용 방법을 능숙하게 익힐 때, 성인은 협응활동 상황에서 한발 물러서서 과업 수행에서 아동에게 점점 더 많은 책임을 부여한다. 그 결과 숙달되고 내면화된 방법이 아동의 정신과정을 매개하게 된다.

성인-아동 협응활동 과정 속에서의 매개 개념에 바탕을 두고 네오비고츠키주의자들이 개발한 교육 프로그램은 다음 장에서 서술할 것이다. 미국 교육심리학계에서 네오비고츠키주의의 매개 개념으로 구성한 교육 프로그램의 좋은 예가 독해력 증진을 목적으로 개발한 **상보적 교수**

reciprocal teaching 프로그램이다.Palincsar & Brown, 1984; Palincsar, Brown, & Campione, 1993 상보적 교수 프로그램은 문자 텍스트를 분석하고 이해하는 것을 목적으로 한 교사와 학생의 협응활동 위주로 만들어졌다. 처음에는 교사가 네 개의 독해 전략을 보여주고 설명한다−질문하기, 요약하기, 명료화하기, 예측하기. 교사는 이 전략들을 이용하여 학생들이 텍스트를 분석할 수 있도록 이끈다. 점차 토론 리더 역할은 학생들에게로 옮아가는데, 역할을 부여받은 학생들은 교사가 시범을 보인 독해 전략을 사용하고, 교사는 학생들에게 피드백과 도움을 제공한다. 학생들이 독해 전략의 사용에 익숙해지면, 교사는 한발 물러서서 학생들에게 과업 수행의 책임을 점점 더 많이 떠넘긴다.

보다시피 상보적 교수 프로그램은, 러시아 후학들의 매개 개념보다 비고츠키의 고전적 매개 개념에 영감을 받았음에도 불구하고, 네오비고츠키주의의 매개 요건을 완벽하게 충족시킨다. 상보적 교수 프로그램의 결과로 나타나는 독해력의 인상적인 성공Palincsar et al., 1993은 이 교육 프로그램의 효율성과 네오비고츠키주의의 매개 개념의 설득력을 입증한다.

새로운 활동 발달의 결정요인으로서 아동−성인 협응활동 상황에서의 매개

아동 정신과정의 발달과 함께, 협응활동 과정에서 아동이 성인의 도움을 받아 새로운 정신도구를 습득함으로써 또 다른 중요한 결과가 빚어진다. 이 결과에 힘입어 아동은 새로운 활동에 뛰어들 수 있다. 하나의 활동에서 다른 활동으로 전환되는 이러한 기제를 논하기 위해, 인간 활동에 대한 레온티예프1959/1964, 1975/1978, 1972/1981의 분석으로 돌아가자.

앞서 논했듯이, 동물의 활동이 항상 동기를 향해 있음에 반해, 인간 활동은 그 활동의 동기보다 각각의 목표를 향한 분리된 행위로 구성되어 있다. 동물과 인간 활동 구조의 이러한 차이는 활동의 발달과 관련한 다양한 전망을 이끈다.

동물 활동의 발달은 이 활동에 국한되어 이루어진다. 이를테면 우리는 조건화를 이용하여 동물 특유의 활동에 새로운 단계를 추가할 수 있다. 하지만 이런 식으로 활동 단계를 늘리더라도 활동은 여전히 동일한 생물학적 동기를 향하고 또 그 동기에 의해 **추동될** 것이다. 다시 말해, 동물에게는 활동의 양적 변화나 질적 변화가 새로운 동기의 발달을 이끌지 않는 것이다.

이런 일반 법칙은 동물 행동을 연구하는 행동주의자들에게서 많은 지지를 받았다. 울프Wolfe, 1936와 코울즈Cowles, 1937의 고전적 연구에서 침팬지에게 자판기에서 음식을 얻기 위해 포커 칩을 사용하도록 가르쳤다. 그런 다음 상황을 좀 더 복잡하게 만들었다. 침팬지는 먹이를 얻기 위해 20개의 칩을 모아야 했다. 그 후 칩은 침팬지의 새로운 기술 습득에 대한 보상으로 사용되었다. 칩을 강화물로 이용하여 학습을 성공시켰다는 것은 칩에 강화효력이 있음을 의미했다. 침팬지는 하루 종일 노력하여 칩 20개를 모았다. 이것으로 하루의 끝자락에 먹이로 바꿔 먹을 수 있다. 그러나 칩으로 먹이를 얻을 수 없다면 칩은 이내 강화 효력을 상실하고 만다. 그러므로 칩이라는 강화물에 힘입은 침팬지의 성공적인 학습을 추동하고 이끈 동기는 음식물 얻기이지 칩 얻기가 아니라고 결론 내릴 수 있다.

동물들은 새로운 동기를 만들어낼 수 없다. 레온티예프의 이론모형에서 활동들은 그 동기에 기초하여 구분되는 까닭에, 레온티예프에 따르면 동물들은 새로운 활동을 만들어낼 수 없다. 그러므로 동물 활동 내에서의 특정 단계는 결코 새로운 활동으로 전환될 수 없다. 침팬지를 대상으로 한 연구에서 보듯, 새로운 기술을 배우는 것이 새로운 활동이 될 수는 없다.

반면에 인간 활동의 발달은 새로운 동기를 만들어내므로, 새로운 활동을 만들어내는 결과를 낳는다. 이러한 결과가 빚어진 것은 행위 목표의 전환에 말미암는다. 처음에 인간 활동의 구성 요소였던 행위의 목표가 동기가 되고, 행위의 전환은 새로운 활동으로 연결된다. 레온티예프[1959]의 말을 빌리면,

> 특정 동기의 영향으로 인간은 어떤 행위를 수행하기 시작하고, (그 행위의) 목표가 동기로 전환되면 행위 수행을 끝맺는다. 이것은 행위가 활동으로 전환되었음을 의미한다.[p. 234]

목표goal가 동기motive로, 행위action가 활동activity으로 전환되는 현상은 일상생활이나 소설 작품, 과학적 관찰에서 수많은 예를 엿볼 수 있다. 한 예로 발자크의 소설 「곱세크Gobsek」를 들 수 있다. 대부업자 곱세크는 빈민가에서 살았다. 그가 죽고 난 다음 그의 초라한 아파트에 숨겨진 어마어마한 재산이 발견되었을 때 모든 사람이 깜짝 놀랐을 것은 쉽게 짐작할 수 있다. 이것을 레온티예프의 용어로 분석해보자. 대다수의 사람들에게 돈을 모으는 것은 무언가를 사거나, 노후의 안정된 경제생활이나 혹은 가장 흔한 이유로 돈을 쓰기 위해 충분한 재산을 축적하는 것을 목표로 삼는 행위이다. 그들에게 재산을 축적하는 자체가 목적end 또는 동기가 아니다. 아마도 대부업을 처음 시작했을 때는 곱세크도 그러했을 것이다. 그러나 삶의 어느 시점에서 돈을 모으는 행위의 목표가 새로운 활동의 동기로 전환되고, 돈을 모으는 행위가 새로운 활동으로 전환되었다.

이와 비슷한 또 다른 경우로 식이장애 거식증의 예를 들 수 있다. 이 장애로 고통받는 사람들에게 체중 감량은 그들의 지배적인 동기이고, 단식은 이 동기를 향해 있는 활동이다. 러시아의 유명한 임상심리학자 자이

가르닉Zeigarnik, 1986은 거식증의 원인을 목표가 동기로, 행위가 활동으로 전환된 것이라 설명했다. 그녀의 관찰에 따르면, 거식증으로 고통받는 대다수의 소녀나 젊은 여성들은 사춘기에 뚱뚱했다. 학교에서 또래들은 그들을 "살찐 게으름뱅이", "뚱뚱보"라 부르며 놀렸을 것이다. 이로 인해 그들은 기분이 상할 뿐만 아니라 또래와의 상호작용에도 장애가 되었다 (7장에서 논하겠지만, 또래와의 상호작용은 청소년기의 이끎활동이다). 소녀는 다이어트를 했고, 그 결과 체중을 감량하고 또래들로부터 칭찬을 받았을 것이다. 이 시점에서 단식은 또래와의 상호작용 활동을 위한 체중 감량이란 목표를 향한 행위였다. 하지만 어느 시점에서 체중 감량은 그 자체가 목적으로 변해버렸다. 소녀의 다이어트는 과도한 방식으로 전환했고, 이를 걱정한 부모가 음식을 먹이면 토해버렸다. 극도의 쇠약함과 이에 따른 건강 이상 증세는 살찌지 않음의 징표로 소녀에게 기쁨을 안겨주었다. 그리하여 처음에 단식 행위의 목표였던 체중 감량은 단식 활동의 동기로 전환되었다. 이 활동은 소녀의 삶을 지배하게 되어 나머지 모든 활동들(학교공부, 또래와의 상호작용 등)을 단식이라는 지배적인 활동을 위해 희생시켰다.

알코올중독 현상에서도 비슷한 해석을 할 수 있다. 술을 마시는 것이 술에 취함이라는 동기를 향한 활동으로 시작되지는 않는다. 처음에 음주는 다른 활동(사회생활이나 또래와의 상호작용 따위) 내의 행위이고, 이 활동의 동기에 의해 **추동된다.** 하지만 가끔씩 술에 취하는 것이 그 자체로 녹석이 되거나 음주의 동기가 되기도 하는데, 이것은 음주 행위가 그 사람의 활동(때론 지배적인 활동)으로 된 것을 의미한다.

비록 앞의 사례에서는 그런 면이 있다 하더라도, 목표가 동기로, 행위가 활동으로 전환되는 현상을 오직 병리학적인 동기나 활동의 발달과 연관 지어서는 안 된다. 다음의 내용은 이 현상에 대한 보다 긍정적인 사례로서 레온티예프가 학생들에게 설명할 때 자주 인용했던 것이다.

한 젊은이가 선원으로 몇 년간 일을 하면서 은퇴 후에 여유 있는 삶을 즐기기 위해 돈을 모으기로 결심했다. 그는 계획의 첫 부분을 성공적으로 수행했다. 보수 조건이 좋은 뱃일을 찾았고, 선원으로 몇 년간 일하면서 은퇴를 위한 충분한 돈을 모았다. 하지만 그 시점에서, 그는 선원으로서의 삶을 사랑하고 있음을 깨닫고선 은퇴에 대한 생각을 접었다. 대신 그는 선원의 전문성을 신장하고자 해양학교에 입학하여, 졸업 후 계속해서 오랫동안 배에서 일을 계속했다.

목표가 동기로, 행위가 활동으로 전환된다는 레온티예프 관점에 비추어 이 이야기를 어떻게 해석해야 할까? 이야기 주인공의 초기 활동([그림 2.3])에서, 선원의 직업을 유지하기 위해 필요한 모든 책임을 완수하는 것은 선원의 직업을 지키는 목표를 향한 행위였다. 이 목표는 그 자체가 목적으로 변하였고, 다시 말해, 초기 활동을 대신하는 새로운 활동([그림 2.4])의 동기로 전환되었다. 주인공의 초기 활동 안에서 행위로 존재하던 것이 새로운 활동으로 보강되고 전환되었다.

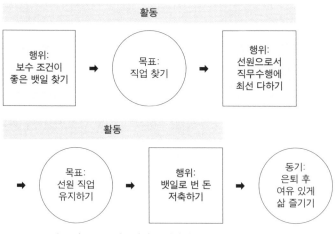

[그림 2.3] 레온티예프 이야기 주인공의 초기 활동

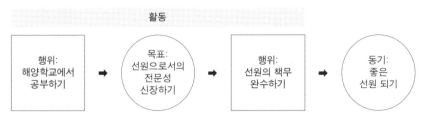

[그림 2.4] 목표-동기, 행위-활동의 전환을 보여주는
레온티예프 이야기 초기 활동에서 발전한 주인공의 새로운 활동

이러한 예는 인간 발달의 법칙이 동물 발달법칙과 전혀 다르지 않다고 생각하는 행동주의자의 관점에서는 설명하기 어렵다. 볼드윈Baldwin, 1967 이 지적한 것처럼,

어떤 가치가 물질적 유용성에 좌우되지 않는 사람이나 대상이 있다. 이를테면 어머니, 국가, 도덕적 행동과 높은 성취와 연관된 가치들은 그들이 자율적인 방식으로 획득하는 것들이다. 이 가치들은 강화를 필요로 하지 않는다. 이 가치들은 아동발달에 관한 (행동주의)학습이론에 곤혹스러운 질문을 제기한다.p. 404

따라서 레온티예프의 이론모형으로 행동주의이론에 적용되지 않는 인간 발달 현상을 해석할 수 있다.

인간에게 일어나는 새로운 활동의 발달에 대한 이전의 모든 사례들은 새로운 활동이 그 사람의 초기 활동 안에서 무르익어서 **일어난** 상황에 대해 다루었다. 확실한 것은, 이 각각의 경우에서 목표가 동기로, 행위가 활동으로 전환되도록 이끈 (생리적, 심리적 또는 사회적) 요인이 있었다는 것이다. 하지만 그 결과들이 그 사람의 초기 활동 시기에 미리 결정되지 않는다. 술을 마시는 모든 사람이 알코올중독이 되는 것은 아니고, 실용적인 이유로 직업을 선택한 모든 사람이 자신의 직업을 사랑하는 것은 아

니지만, 네오비고츠키주의자들의 관점에 따르면, 매개는 목표를 동기로, 행위를 활동으로 전환시킴으로써 아동을 새로운 활동의 발달로 이끄는 최선이자 직접적인 방법이다.Elkonin, 1971/1972, 1989; Leontiev, 1959/1964, 1975/1978, 1972/1981; Zaporozhets, 1978/1997; Zaporozhets & Elkonin, 1964/1971 양육자와의 정서적 의사소통 활동에서 협응 사물중심활동joint object-centered activity(다음 장에서 자세히 다룰 것이다)으로 발달해가는 유아의 이행transition을 생각해보자.

네오비고츠키주의자들에 따르면, 어린 유아가 사물중심 조작활동에 적극적으로 참여하고 있지만, 이러한 조작활동은 양육자와의 정서적 상호작용 활동 내에서의 행위에 불과하다.Elkonin, 1989; Lisina, 1974, 1986; Zaporozhets & Lisina, 1974 초기에 유아를 협응 사물중심행위에 참여시키고 정서적 상호작용 활동 맥락 속에서 이러한 행위를 매개하는 사람은 양육자이다. 이 매개의 결과로 1세 말 무렵 협응 사물중심행위는 그 자체가 목적이 된다. 즉, 이러한 행위가 아동-양육자 협응 사물중심활동으로 전환되는 것이다.

성인의 매개가 어떻게 이 새로운 협응 사물중심활동의 발달을 이끄는가? 네오비고츠키주의자들이 명시적으로 구분하지 않았지만, 아동의 이런저런 새로운 활동의 발달을 이끄는 매개가 빚어내는 두 가지 결과를 지적할 수 있다.

첫째, 매개 과정에서 성인은 아동의 관심이 현재 활동의 동기에서 그 활동 내의 여러 행위 목표 가운데 하나로 이동하도록 자극한다. 양육자와의 정서적 상호작용 과정에서 일어나는 영아의 사물중심활동 동기 발달에 대해 논하면서, 리시나Lisina, 1974는 다음과 같이 썼다. "사물 조작활동과 이 활동에 대한 아동 관심의 유도를 통해, 성인은 양육자를 향해 품은 아동의 관심과 능동적인 정서를 사물에게로 전이시킬 수 있다."p. 67 이것은 사물중심행위의 목표가 아동의 새로운 사물중심활동 동기로 전환되도록 이끈다.[8]

둘째, 매개 과정에서 아동은 새로운 정신도구를 습득하고 숙달하는데, 이것은 새로운 정신과정의 발달로 연결된다. 이러한 정신과정은 아동의 현재 활동 수준을 넘어서게 되는데, 이것은 새로운 활동으로의 전환을 위한 토대를 창출한다. 양육자가 정서적 상호작용 상황에서 영아의 사물중심행위를 매개하는 것은 영아가 사물중심의 몸짓 의사소통 수단을 숙달하게 만든다. 다음 장에서 논하겠지만, 이러한 수단의 숙달은 영아의 정신과정에서 중요한 질적 변화를 이끈다. 이 변화에 힘입어 1세 말 무렵이면 성인과의 사물중심의 협응활동이 가능해진다.

네오비고츠키주의의 관점에서 볼 때, 이러한 분석은 매개가 새로운 정신과정의 근접발달영역을 창출할 뿐만 아니라, 목표가 동기로, 행위가 활동으로 전환되는 과정을 통해 새로운 아동 활동의 근접발달영역을 창출해낸다. 성인은 이 새로운 아동 활동을 매개하게 되는데, 이것은 다시 새로운 동기와 새로운 정신과정의 발달을 낳는다. 그리하여 새로운 아동 활동의 근접발달영역이 창출되는 것이다.

---

8. 앞서 논했듯이, 레온티예프(1959/1964, 1975/1978, 1972/1981)는 모든 인간 행위의 목표는 항상 의식적이라고 했다. 성인 활동에서는 그의 이론적 분석틀이 맞아떨어지기 때문에 이 주장이 타당한 것처럼 보인다. 사실, 행위는 행위자의 활동 동기를 향하지 않는다. 따라서 어떤 행위를 수행할 필요성을 입증하기 위해, 행위자는 수행해야 할 활동 동기와 부합하는 행위의 목표를 의식적으로 만들어낸다. 하지만 아동 활동에 레온티예프의 분석틀을 적용해보면, 인간 행위의 목표가 항상 의식적이라는 주장은 논란의 여지가 많다. 논의된 예를 들자면, 사실 그 누구도 유아 스스로가 수행해야 할 사물중심행위의 목표를 의식적으로 만들어냈다고 강변하지 않을 것이다. 놀랍게도 레온티예프나 그의 후학들 중 누구도 어린 아동의 새로운 활동의 발달을 설명함에 있어 레온티예프의 이론모형을 적용할 때의 이러한 모순에 대해 이야기한 사람이 없었다. 그러나 네오비고츠키주의자들(Elkonin, 1989; Lisina, 1974, 1986; Zaporozhets & Lisina, 1974)의 글들을 토대로, 이 문제에 대해 다음과 같은 해법을 제시할 수 있다. 어린 아동의 주된 활동은 성인과의 협응활동이기 때문에, 성인이 아동을 참여시키는 행위들에 대한 의식적인 목표를 갖고 있으면 충분하다. 후술하겠지만 출생 직후의 아동은 모든 면에서 양육자에게 절대적으로 의존하므로, 영아가 새로운 행위들(사물중심행위 따위의)에 참여하게 되는 것은 이 행위들이 성인의 안내를 받았기 때문이고, 이 행위들이 성인과의 협응행위이기 때문이라고 말할 수 있다.

아동발달의 활동이론

발달에서 성인에 의해 매개된 아동 활동의 중요성을 강조하면서, 레온티예프[1959/1964]는 연령기에 따라 아동이 빠져드는 다양한 활동들이 아동발달에 미치는 중요성에 대해서도 언급했다. 이 모든 활동 가운데 특정 연령기의 아동발달에서 가장 중요한 역할을 하며 아동으로 하여금 다음 발달 단계로의 이행을 준비하게 하는 하나의 활동이라는 개념으로 레온티예프는 **이끎활동**leading activity이라는 것을 제안했다. 특정 연령기에서 어떤 활동이 이끎을 수행하는지는 아동이 자신을 발견해가는 사회에 의해 결정된다. 산업사회에서 아동은 아동중기에 교육적 환경에서 배우도록 요구받기 때문에, 취학 전 아동의 이끎활동은 취학 전 시기가 끝날 무렵에 아동의 학교공부 준비와 연결되는 활동 가운데 하나가 될 것이다. 레온티예프[1959/1964]에 따르면, 사회극놀이는 이 요건에 가장 잘 부합한다. 그래서 그는 사회극놀이를 산업사회에서 취학 전 아동의 이끎활동으로 규정한다.

취학 전 아동의 놀이와 관련하여 **이끎활동**이라는 용어는 맨 처음에 비고츠키[1966/1976, p. 537]가 소개했다는 점에 주목할 필요가 있다. 비고츠키에게 이 용어는 정교하게 정의된 개념이라기보다는 비유적 표현이었다. 같은 페이지에서 아동의 놀이에 이 용어를 적용하면서, 비고츠키는 "취학 전 아동발달의 이끎원인leading source"으로 언급했다.[p. 537] 대조적으로, 레온티예프[1959/1964, 1975/1978]와 다른 네오비고츠키주의자들[Elkonin, 1971/1972, 1989; Zaporozhets, 1978/1997; Zaporozhets & Elkonin, 1964/1971]에게 이끎활동의 개념은 아동발달에 대한 그들의 **활동이론**의 토대가 되었다. 그들은 산업사회에서 아동발달의 각 시기들을 이끎활동의 용어로 분석하고 설명했다. 그리고 한 시기에서 다음 시기로 넘어가는 아동의 이행을 한 이끎활동이 다음 이끎활동으로 옮아가는 것으로 설명하였다.

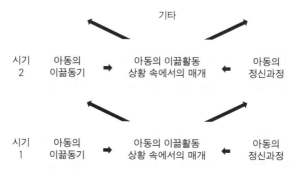

[그림 2.5] 네오비고츠키주의 아동발달모형

활동이론에서 정교화된 아동발달모형은 그림과 같이 나타낼 수 있다 ([그림 2.5]). 발달의 각 시기마다 아동은 특정 문화 속에서 해당 연령기에 고유한 이끎활동에 뛰어든다. 이 활동은 아동의 **이끎동기**leading motive 즉, 해당 연령기의 아동 동기의 위계 내에서 가장 중요한 동기에 의해 추동된다. 아동의 현재 **정신과정**은 이 활동을 돕지만, 아동이 독자적으로 수행하기에는 어려움이 있다. 그러므로 이 활동은 반드시 매개자의 역할을 하는 성인의 아동–성인 협응활동으로서 수행되어야 한다. 아동의 이끎활동 상황에서 매개의 결과로서, 이 활동 내의 행위들 중 하나의 목표는 동기로 전환되며, 이는 아동의 새로운 이끎동기가 된다. 매개의 또 다른 결실은 새로운 정신도구의 습득과 숙달인데, 이는 새로운 정신과정의 발달을 야기한다. 이 정신과정의 숙달은 이러한 활동을 독자적으로 수행할 수 있게 할 뿐만 아니라, 이 정신과정 또한 아동의 현재 이끎활동을 능가한다. 아동의 이끎활동의 맥락에서 매개의 결과는 다음 연령기에 해당하는 새로운 이끎활동으로의 이행을 위한 토대를 마련한다.

활동이론은 비고츠키 이론의 결점을 효율적으로 극복하면서 아동발달에 관한 비고츠키의 중요한 개념들을 보완해준다. 비고츠키[1978, 1981a, 1934/1986] 이론에서 가장 중요한 개념은 아동발달에서 사회적 환경의 역할

을 강조한 것이었다. 그의 이론에서 성인의 매개(즉, 아동에게 새로운 정신
도구를 제공하고 이러한 도구의 습득, 숙달 및 내면화 과정을 조직하는 것)는
아동발달의 주요 결정요인으로 간주된다. 하지만 비고츠키는 정신도구를
정신 방법이 아닌 기호학적 수단으로 규정했다. 또한 비고츠키는 발달에
서 아동 활동이 차지하는 중요성에 대해 일관된 관점을 보이지 않았는데,
이는 아동발달을 "통일된 **자기발달과정**"Vygotsky, 1984/1988, p. 189, 강조는 Karpov
으로 본 그의 개념과 상충된다. 때때로 그는 매개를 성인-아동의 의사
소통 과정에서 성인이 제시한 기호 도구를 아동이 동화해가는 과정으로
설명했다.Vygotsky, 1934/1986 그의 글에서는 심지어 "아동발달을 움직이는
힘"Vygotsky, 1984/1998, p. 199이란 표현을 찾을 수 있는데, 이것은 아동을 자
기 발달의 능동적인 주체로 보는 관점과 맞지 않는다.

비고츠키와 비슷하게, 러시아 후학들Elkonin, 1971/1972, 1989; Leontiev,
1959/1964, 1975/1978; Zaporozhets, 1978/1997; Zaporozhets & Elkonin, 1964/1971은 매개가
아동발달의 주요 결정요인이라는 입장을 견지했다. 하지만, 이들의 접근
에서 매개는 아동-성인의 의사소통 상황보다는 특별히 조직된 아동 활
동 속에서 일어난다. 또한 매개는 기호 도구보다는 정신 방법에 대한 아
동의 습득, 숙달, 내면화를 포함한다. 아동의 활동과 매개라는 두 개념을
아동발달의 활동이론 속에 종합synthesis한 것은 네오비고츠키주의자들의
중요한 성과다. 아동발달의 결정요인에 대한 이들의 혁신적인 관점은 단
계별 발달기제에 대한 철저한 설명을 가능케 했는데, 이런 점은 비고츠키
의 설명에서는 볼 수 없었던 것이다.

앞서 논했듯이 비고츠키1984/1988는 최초로 아동의 인지와 동기, 사회성
발달을 단계별 발달의 전체론적 모형으로 통합하여 아동발달기제에 대
한 설명을 시도하였다. 이 모형에서 아동의 현재 동기와 정신과정은 특정
연령기의 발달의 사회적 상황social situation of development(즉, 아동이 외부 세계와
맺는 관계)을 결정한다. 발달의 사회적 상황이란 성인이 연령별 매개적 상

호작용에 아동을 참여시키는 맥락이다. 이러한 매개의 결과로, 아동은 새로운 정신과정과 새로운 동기를 발달시킨다(이 두 가지 발달은 신체적 성숙에 의해서도 영향을 받는다). 이러한 신형성은 발달의 사회적 상황과 다음 단계로의 발달의 이행을 이끈다.

그런데 비고츠키[1984/1998]가 제안한 아동발달기제는 몇 가지 면에서 결함이 있다. 첫째, 비고츠키는 발달의 사회적 상황에 대한 생각을 정교화하지 않았다. 그의 저서에서 이 개념은 아동발달을 연령기별로 참신하게 정의한 분석 단위가 아닌 모호한 이론적 형태로 제시된다. 특히, 비고츠키는 연령에 따른 발달의 사회적 상황의 형성에서 아동의 동기와 정신과정의 중요성을 명확하게 구분하지 않았다. 둘째, 아동이 한 단계에서 다음 단계로 이행해가는 이유에 대해 비고츠키는 설명하기보다는 선언하는 식이었다. 다시 말해, 그의 이론모형은 아동의 동기와 정신과정의 변화가 어떻게 발달의 사회적 상황의 변화와 다음 발달 단계로의 전이를 이끄는지 설명하지 못한다.

활동이론에서 발달 시기의 특징인 발달의 사회적 상황에 관한 비고츠키의 모호한 개념은 이끎활동 개념으로 대체되었다. 네오비고츠키주의자들은 각각의 발달 시기들이 그 시기의 특정 외부 세계와의 관계성(비고츠키의 용어로, 발달의 사회적 상황)과 연관되어 있다는 비고츠키의 생각에는 반론을 제기하지 않는다. 다만 그들은 아동이 자신과 관계를 맺고 있는 외부 세계를 탐구하는 것을 목적으로 수행하는 활동(이것이 이끎활동이다) 속에서 특정 연령기의 아동이 외부 세계와 맺는 관계성을 엿볼 수 있다는 것을 강조한다. 하지만 아동은 이러한 탐구에 필요한 모든 수단을 지니고 있지 않으므로, 아동의 이끎활동에 대한 성인의 매개가 이러한 활동의 필수조건이다.

발달 시기를 특징짓는 이끎활동 개념은 발달의 사회적 상황에 관한 비고츠키의 개념과 비교할 때 중요한 이점을 갖는다. 첫째, 발달에서 아동

활동의 중요성을 강조한다. 둘째, 그것은 특정 연령기의 이끎활동에 영향을 미치는 동기적·인지적·사회적 요인을 설득력 있는 방법으로 통합한다. 이끎동기는 아동의 현재 정신과정의 도움을 받아 아동의 이끎활동을 추동하며, 사회적 매개는 현재 아동에게 결핍된 이끎활동에 필요한 정신도구를 제공한다. 마지막으로, 이끎활동 개념은 한 시기에서 다음 시기로 아동이 이행하는 이유를 설명한다. 아동의 이끎활동 상황에서 이루어진 매개의 결과로서, 이 활동 내의 행위들 중 하나의 목표가 하나의 동기로 전환되는데, 이것이 아동의 새로운 이끎동기가 된다. 이 매개의 또 다른 결과는 아동의 현재 이끎활동을 뛰어넘는 새로운 정신과정의 발달이다. 이러한 아동의 이끎활동 상황 속 매개의 결과는 다음 연령기에 조응하는 새로운 이끎활동으로 이행하는 토대를 마련한다. 따라서 활동이론은 아동발달기제에 대해 비고츠키 이론보다 훨씬 정교한 설명을 제시한다.

앞의 논의에서 알 수 있듯이, 비고츠키의 아동발달이론을 활동이론으로 정교화함으로써 러시아 후학들은 비고츠키Vygotsky, 1984/1998가 정립한 목표를 달성할 수 있었다-아동발달의 과정을 "통일된 자기발달과정 a single process of self-development"p. 189으로 제시하고 분석하기. 그러나 네오비고츠키주의자들은 아동의 새로운 동기의 발달에서 신체적 성숙이 차지하는 중요성에 대한 비고츠키1984/1998의 생각은 거부했다. 앞으로 논하겠지만, 때때로 이것은 아동발달에 대한 네오비고츠키주의 분석의 약점으로 작용하기도 한다. 산업사회에서의 다양한 아동발달 시기에 대한 네오비고츠키주의자들의 분석은 앞으로 여러 장에서 소개할 것이다.

3

생후 1세(영아기)의 이끎활동:
양육자와의 정서적인 상호작용

다양한 이론체계 내에서 활동하는 아동심리학자들(피아제주의 학자들은 제외)은 **애착**attachment(주 양육자에 대한 영아의 정서적 유대 확립)이 영아에게 중요한 신형성neo-formations 중의 하나라는 점에 동의할 것이다. 이 점에서 영아기에 대한 네오비고츠키주의자들의 관점은, 프로이트[1940/1964], 에릭슨[1963], 보울비Bowlby, 1969/1982의 관점과 다르지 않다. 그러나 네오비고츠키주의자들은 애착의 뿌리와 애착 발달기제, 그리고 후속 발달에서 애착의 중요성에 관한 혁신적인 설명을 제시해왔다.

애착의 뿌리: 대안적 관점

생후 1세 영아에 대해 논할 때, 비고츠키[1984/1998]는 영아의 무기력함, 즉 혼자 힘으로는 필수적인 생리욕구조차 충족시킬 능력이 없음을 강조했다. 사실 동물의 새끼들과 대조적으로 인간 아기는 생존을 위한 몇몇 반사기능들만 지니고 태어나는데, 그조차 완전히 발달한 수준이 아니다. 이를테면 빨기 반사와 같은 기본적인 신생아의 반사기능조차 매우 불완전해서 영아들은 빠는 방법을 학습해야만 한다.

영아는 어느 하나의 필수적인 욕구조차 스스로 충족시키지 못한다. 가장 기본적이고 초보적인 영아의 필수 욕구들은 성인의 도움으로만 충족될 수 있다. 음식을 섭취하고 기저귀를 가는 것은 물론, 심지어 몸을 뒤집는 것조차 성인의 협력으로만 가능하다.Vygotsky, 1984/1998, p. 215

영아의 이러한 "생물학적 무기력"Vygotsky, 1984/1998, p. 215은 일견 큰 약점으로 보이는데, 특히 환경의 요구와 도전에 손쉽게 대처하는 조건을 갖고 태어난 동물 새끼와 비교할 때 그러하다. 그러나 성인에 대한 의존성을 낳는 영아의 이 약점은 주 양육자에 대한 영아의 정서적 유대 발달을 위한 토대가 된다. "확신컨대, 어린아이가 사람에게 적극적인 관심을 갖는 것은 성인이 자신의 모든 욕구를 충족시켜주는 것과 관계있다고 말할 수 있다."Vygotsky, 1984/1998, p. 230

애착의 뿌리에 관한 비고츠키의 설명은 1960년대까지 미국 심리학의 지배적인 이론체계였던 정신분석학Freud, 1940/1964과 행동주의이론Sears, Maccoby, & Levin, 1957이 제시한 설명과 놀라울 만큼 비슷하다. 이들 이론에서 애착은 주로 영아의 식욕을 엄마가 충족시켜주는 것에 기인한다. 1960년대 이후 심리학자들이 수집해온 실증적 연구 결과와 관찰 결과는 애착의 뿌리에 대한 이런 식의 실용주의적 설명의 한계를 보여주었다. 이를테면 영아는 자신의 생리욕구를 충족시켜주지 않는 양육자에게도 애착을 형성해가는 모습을 보였다.Schaffer & Emerson, 1964 새끼 원숭이에게 두 가짜 어미(하나는 철사로 만든 것이지만 젖병이 딸려 있는 인형이었고, 다른 하나는 부드러운 테리 직물로 만든 인형) 가운데 어느 하나를 고르게 했더니 젖은 제공하지 않지만 촉감이 좋은 어미를 선호하여 거기에 달라붙는 모습이 관찰되었다.Harlow, 1959, 1961; Harlow & Harlow, 1966 이러한 연구 결과들로부터 대부분의 미국 심리학자들은 보울비1969/1982가 비교행동학 이론에서 제시한 설명 방식에 찬동하여 애착을 생리욕구 충족의 결과로 보는 관점에 반대하게 되었다.

비고츠키와 마찬가지로 보울비[1969/1982]도 영아의 무기력함을 강조했고, 그 무기력함 때문에 영아가 자신의 생리욕구를 충족시켜주는 양육자에게 절대적으로 의존하게 된다고 강조했다. 하지만 보울비는 애착의 뿌리를 양육자가 영아의 생리욕구를 충족시킨 결과로 설명하기보다는 인간 진화의 역사 속에서 찾아냈다. 몇몇 동물 종의 새끼와 마찬가지로 인간 아기도 진화와 자연선택의 결과로 (울기, 웃음 짓기, 따라 하기와 같은) 어떤 선천적 행동들을 지니고 태어난다. 이런 선천적 행동은 보호 반응을 이끌어내서 아기의 생존 가능성을 증가시킨다. 이 행동의 대상인 양육자(대부분 엄마일 것임)는 아기를 먹이고 돌보며, 위험에서 보호하도록 **유전적으로 예정되어**programmed 있다. 결과적으로 영아는 다른 성인들을 대하는 것과 대조적으로 엄마에 대한 반응을 차별화해가는데, 시간이 흐르면서 이 차별적 반응이 애착으로 발전한다.

서론에서 논했듯이, "선천성innateness 개념을 들먹이는 것은 발달에 대한 설명 책임을 회피하는 것이나 마찬가지다."[Johnston, 1994, p. 721] 애착에 대한 보울비의 설명의 장점은 어려운 질문들에 대해 간명한 답을 준다는 것이다. 무엇이 아기로 하여금 웃음 짓기를 시작하도록 하는 것일까? 아기의 웃음 짓기는 보호본능을 유발하는 선천적인 행동이다! 스피츠[Spitz, 1945, 1946]가 관찰한 것처럼, 왜 고아원의 아기들은 성인을 향해 웃음 짓지 않는 것일까? 그것은 모성애 박탈로 인해 웃음 짓기라는 선천적 행동이 억압되었기 때문이다! 왜 주 양육자는 보호본능을 유발하는 아기의 행동에 반응하여 아이를 돌보고, 보호하고, 먹을 것을 제공하게 되는가? 주 양육자가 그렇게 반응하도록 유전적으로 예정되었기 때문이다! 결론적으로, 애착에 대한 초기 보울비의 생각에 대해 "관찰 가능한 사실을 은폐하거나, 지나치게 단순화하거나, 관찰된 현상을 더 잘 이해하기 위한 아무런 기여도 못한 것"[Meins, 1997, p. 13 재인용]이라고 한 스피츠[1960]의 평가는 보울비[1969/1982]의 후기 애착이론에도 그대로 적용할 수 있을 것 같다.

애착의 뿌리에 대한 러시아 네오비고츠키주의자들[Elkonin, 1989; Lisina, 1986; Zaporozhets & Lisina, 1974]의 설명은, 내가 보기에 대안적 설명들이 지닌 한계를 상당히 극복한 듯하다. 앞서 논했듯이, 네오비고츠키주의자들은 동물과 인간 발달의 결정요인이 근본적으로 다르다고 주장한다. 네오비고츠키주의자들은 아동발달에서 사회적 환경의 절대적인 중요성을 강조한다. 네오비고츠키주의자들의 관점에서 볼 때, 생후 1세의 발달에서 중요한 신형성인 애착은 보울비[1969/1982]의 믿음과는 달리 인류 진화의 역사에 뿌리를 두고 있지 않다.[1] 애착의 뿌리는 영아와 주 양육자 간 초기 상호작용에서 찾아야만 한다.

영아와 양육자 간 초기 상호작용은 양육자가 아기의 생리욕구를 충족시키는 것이 주를 이룬다. 그러나 이것은 비고츠키[1984/1998]를 비롯하여 프로이트[1940/1964]와 행동주의자들[Sears et al., 1957]이 믿었던 것처럼, 애착이 아기의 생리욕구 충족에 따른 직접적이고 필연적인 결과라는 의미는 아니다. 오히려 주 양육자는 아기를 정서적 상호작용으로 끌어들이기 위해 아기의 생리욕구를 충족시키는 상황을 활용한다. 네오비고츠키주의자들은 애착의 발달을 이러한 영아와 양육자 간 정서적 상호작용의 직접적인 산물로 본다. 애착은 "어떤 동물 종의 경우처럼 선천적으로 예정되어 있는 것이 아니라, 성인에 의해 구축되어야만 하는 것"이다.[Elkonin, 1989, pp. 95-96] 이어지는 내용은 영아와 양육자 간 정서적 상호작용의 발달과 이 발달이 애착의 발달로 이어지는 원리에 대한 네오비고츠키주의자들의 분석이다.

---

1. 이러한 일반론적 입장에 따라 러시아 네오비고츠키주의자들은 할로우(Harlow)의 연구를 비롯한 여러 연구에서 애착(일반적인 인간 발달뿐만 아니라)을 설명하기 위해 동물 연구를 활용하는 것의 타당성을 부정할 것이다. 러시아의 네오비고츠키주의자들 관점에서 인간 행동과 동물 행동이 외양상으로 비슷하다고 해서 본질적으로 유사하다는 의미는 아닌 것이다. 따라서 새끼 원숭이의 애착 발달에서 강조하는 "신체 접촉과 신체 접촉이 주는 즉각적인 편안함"(Harlow, 1950, p. 70)이 인간 영아의 애착 발달을 설명하는 데에 적용될 수는 없다.

영아와 양육자 간 정서적 상호작용의 발달

러시아 연구자들의 관찰과 연구는 영아와 양육자 간 정서적 상호작용의 발달이 여러 단계에 걸쳐 진행된다는 것을 보여준다.[Figurin & Denisova, 1949; Lisina, 1986; Zaporozhets & Lisina, 1974; Rozengard-Pupko, 1948]

첫 번째 단계: 출생~생후 1개월[2]

생후 한 달 동안, 영아는 일반적으로 양육자나 외부 세계를 향해 어떠한 긍정적인 정서 반응도 보이지 않는다. (울음, 얼굴 표정, 그리고 몸동작과 같은) 영아의 정서 반응은 대부분 부정적이며, 이러한 정서 반응은 영아의 생리욕구에 기인한다. 양육자는 (기저귀가 젖었거나, 춥거나, 배고픈 것과 같이) 영아가 불편해하는 이유를 판단하고, 영아의 생리욕구를 충족시켜줌으로써 영아의 정서 반응에 응답한다. 그러나 생리욕구가 충족되었다고 해서 영아가 양육자를 향해 긍정적인 정서 반응을 보이는 것은 아니다. 아이는 그저 편히 쉬거나 잠들 뿐이다. 이 시기에 영아의 행동은 영아가 양육자에게 애착을 형성하도록 선천적으로 예정되어 있다는 보울비[1969/1982]의 견해를 뒷받침할 근거는 전혀 없다. 오히려 그 반대로 봐야 하는데, "생후 1개월 동안에는 양육자가 영아와 눈을 마주치고 의사소통하는 것조차 매우 어렵기"[Rogengard-Pupko, 1948, p. 15] 때문이다. 만약 양육자가 영아와의 상호작용을 (주로 고아원에서 행하듯이) 단순히 생리욕구를 충족시키는 정도로 제한한다면, 아동은 이후 그 양육자를 향해 어떠한 긍정적인 태도도 진전시키지 않을 것이다.[Kistyakovskaya, 1970][3] 그러나 정상적인 양육자는 먹이거나 기저귀를 갈아입히는 상황에서 아이에게 말을 걸고, 쓰다듬고, 미소를 지어준다. 즉, **정서적 접촉을 먼저 시도하는 쪽은 양육자인**

---

2. 지금부터 언급되는 모든 기간은 대략적인 기간이다.
3. 이런 연구 결과들은 일부분 스피츠의 관찰 결과와 부합한다.

것이다. 양육자의 이러한 시도의 결과로 영아는 양육자의 정서적 행동에 반응하기 시작한다. 그리고 아이의 이러한 반응은 영아와 양육자 간 정서적 상호작용 발달의 두 번째 단계가 시작되었음을 알린다.

두 번째 단계: 생후 1개월~2.5개월

생후 2개월 초, 먹여주고 기저귀를 갈아입히는 상황에서 자신에게 말을 걸고, 쓰다듬고, 미소 짓는 양육자에 반응하여 영아가 미소 짓기 시작할 때, 양육자를 향한 영아의 최초의 긍정적인 정서적 반응이 관찰된다. 러시아의 연구자들은 양육자의 엄청난 노력이 영아의 첫 미소를 끌어낸다고 강조한다. "최초의 미소를 끌어내는 것은 어렵다. 당신은 오랫동안 끈질기게 영아에게 말을 걸어야만 하고 영아가 당신의 얼굴에 집중하도록 만들어야 한다."Figurin & Denisova, 1949, p. 14 생후 2개월 중반까지도 여전히 어렵긴 하지만, 이때쯤엔 생리적 욕구 충족과 무관한 상황에서 영아의 미소를 끌어낼 수 있다.Rogengard-Pupko, 1948 이 같은 양육자의 노력의 결과로, 영아는 양육자의 미소, 말소리, 쓰다듬기에 웃는 얼굴로 더 잘 반응하게 된다. 마침내 영아와 양육자 간 정서적 상호작용의 발달 단계에서 중요한 변화가 일어난다. 영아는 단지 자신이 좋아하는 행동에 반응하여 웃어 보이는 게 아니라, 자신이 양육자를 향해 먼저 웃어 보이기 시작한다. 이런 변화는 영아와 양육자 간 정서적 상호작용의 세 번째 발달 단계가 시작되었음을 알려준다.

앞서 보울비1969/1982가 영아의 웃음 짓기를 선천적 행동이라고 해석한 것에 대한 문제점을 지적했다. 보울비는 웃음 짓기가 진화의 산물로 발달하는 것이며 양육자의 보호반응을 불러일으키는 역할을 한다고 해석했다. 영아가 웃음을 짓게 되는 과정의 역동성에 대한 종래의 분석들은 영아의 웃음이 자연적인 반응이라기보다는 영아를 정서적 상호작용에 참여시키려는 목적으로 양육자가 사용한 전략의 산물이라고 보는 네오비고츠키주의자들의 생각과 부합한다. 이러한 입장을 추가적으로 뒷받침해주는 자료는 러시아와 미국의 시각장애 영아 연구Fraiberg, 1974와 청각 및 시각 장애 영아 연구Sokoliansky, 1962에서 볼 수 있다. 양육자가 그런 장애 영아들을 정서적 상호작용에 참여시키려고 특별히 의도한 기법을 사용해 노력한 경우를 제외하고는, 영아들은 스스로 양육자를 향해 먼저 웃음 짓는 단계로 발달하지 못할 위험에 처해 있었다.

세 번째 단계: 생후 2.5개월~6개월

방금 말했듯이, 영아와 양육자의 정서적 상호작용 발달과정에서 세 번째 단계로의 변화를 알리는 중요한 지표는 영아가 단지 자신이 좋아하는 행위에만 반응을 보이는 것이 아니라, 양육자를 향해 먼저 웃어 보이기 시작하는 것이다. 미국 연구자들은 이런 미소를 "사회적 미소"Cole & Cole, 1993라고 부른다. 그러나 사회적 미소는 영아가 양육자를 향해 보이는 복잡하고 강렬한 긍정적인 정서적 반응, 즉 러시아 연구자들이 **흥분상태**the state of excitement Figurin & Denisova, 1949라 일컫은 반응의 일부분에 지나지 않는다. **흥분상태**는 미소 짓기 외에도, 몸짓과 행복한 목소리 내기를 포함한다. 영아는 양육자가 근처에 있다는 것을 알아채자마자 웃음 짓거나 목소리를 내며, "가능한 모든 몸짓으로 자신의 기쁨을 표현하기"Rogengard-Pupko, 1948, p. 22 시작한다. 만약 양육자가 영아의 이런 반응에 미소 짓거나 말을 걸며 응답하면, 영아는 더 큰 쾌감과 즐거움으로 반응한다. 양육자와의 정서적 상호작용에 대한 영아의 관심이 생리욕구보다 훨씬 더 강렬할지도 모른다는 사실은 흥미롭다. 영아는 엄마에게 웃어 보이려고 젖 빠는 것을 멈출지도 모른다.Rogengard & Pupko, 1948 양육자는 종종 그 존재만으로도 영아가 우는 것을 멈추게 하고 **흥분상태**를 표현하도록 만든다.

이와 같은 영아의 행동분석으로부터, "생후 3개월에는 영아가 성인과의 관계를 주도해나간다"Rogengard-Pupko, 1948, p. 25고 결론지을 수 있다. 이것은 영아의 새로운 동기가 발달한다는 뜻이며, 이 동기는 양육자와의 정서적 상호작용 동기이다. 2장에서 논했듯이, 새로운 동기의 발달은 새로운 활동의 발달이라는 활동이론과 관련이 있다. 따라서 양육자와의 정서적 상호작용 **동기** 발달은 영아 속에서 양육자와의 정서적 상호작용 **활동**이 새로운 활동으로 발전해왔다는 것을 보여준다.[4]

이 시기에 영아와 양육자와의 정서적 상호작용 활동의 발달은 두 방향으로 이어진다.Rogengard-Pupko, 1948 첫째, 양육자를 향한 영아의 반응이 덜 포괄적인 양상으로 발달한다. 영아는 양육자의 눈앞에서 기쁨과 행복함을 표현하기 위해 (미소 짓기, 목소리 내기, 그리고 몸짓하기와 같은) 모든 수단을 다 사용하기보다는, 행복한 목소리 내기와 같은 것으로 자신의 반응을 제한할지도 모른다. 둘째, 영아는 낯선 사람과 대비하여 주 양육자에게는 차별적인 반응을 보인다. 이 연령기 초기에는 양육자를 향한 영아의 긍정적인 반응이 낯선 사람을 향한 반응과 크게 다르지 않다. 그러나 점차 주 양육자를 향해서는 기쁘게 반응하는 한편, 낯선 사람에게는 중립적이거나 때로는 (울음을 동반하며) 보다 부정적으로 반응하기 시작한다. 양육자와 낯선 사람을 향한 영아의 이러한 반응 차이는 생후 6개월 말까지 점점 더 뚜렷해지는데, 이러한 변화는 영아가 주 양육자와의 애착을 발달시켜왔음을 보여준다. 애착의 발달은 영아가 양육자와의 정서적 상호작용 활동의 발달 단계에서 다음 단계로 넘어가고 있음을 보여준다.

---

4. 양육자와의 정서적 상호작용 동기를 향한 영아 활동의 발달은 2장에서 논한, 목표가 동기로 전환되고 행위가 활동으로 전환된 개체발생적 현상의 첫 사례로 볼 수 있다. 생리욕구 충족을 목표로 한 영아와의 협응활동에서 양육자는 이 활동을 매개한다. 즉, 양육자는 정서적 상호작용의 행위와 목표를 통해 협응활동을 풍성하게 한다. 이 매개의 결과로, 영아는 자신을 위해 양육자와의 정서적 상호작용에 대한 흥미를 키워가는데, 이것은 정서적 상호작용의 목표가 새로운 동기로 전환된 것을 의미한다. 즉, 생리욕구 충족을 목표로 했던 영아-양육자의 정서적 상호작용 행위가 새로운 성격의 상호작용 활동으로 전환된다.

네 번째 단계: 생후 6개월~12개월

러시아의 네오비고츠키주의자들은 이 시기를 영아와 양육자 간 정서적 상호작용 활동의 중요한 질적 변화transformations와 연결 짓는데, 이러한 변화는 생후 12개월 말 새로운 활동의 발달로 이어진다. 이 활동은 이른바 영아와 양육자 간 협응 사물중심활동joint object-centered activity이다.Elkonin, 1971/1972, 1989; Lisina, 1986; Zaporozhets & Lisina, 1974 이 변화에 대해 지금부터 자세히 살펴보기로 하자.

양육자가 영아와의 상호작용 상황에 사물이나 장난감을 도입하기 시작한 시기는 앞의 영아-양육자 정서적 상호작용 단계에서부터이다. 그러나 그때는 장난감이 단지 "영아와 성인 사이의 의사소통 수단"Elkonin, 1989, p. 277일 뿐이었다. 다시 말해, 영아가 사물을 가지고 펼치는 행위는 양육자와의 정서적 상호작용 동기에 의해 추동되었다. 심지어 생후 6개월 된 영아는 장난감을 가지고 놀다가도 양육자가 자신에게 말을 걸고, 쓰다듬고, 자신을 보고 미소 짓거나 하면 정서적 상호작용으로 모든 관심을 옮겨 갔다. 그러나 양육자를 향한 영아의 애착이 발달하면서 영아는 사물과 장난감을 포함하여, 정서적 상호작용의 맥락 안에서 양육자가 자신에게 소개하는 모든 것에 쉽게 영향을 받게 된다. "성인이 사물을 조작하면 이러한 조작활동에 아동의 관심이 끌리고, 성인은 아동의 관심과 능동적인 정서를 성인 자신에게서 사물로 옮길 수 있다."Zaporozhets & Lisina, 1974, p. 67 이런 양육자의 노력 덕분에 생후 1세 말 영아는 양육자와의 정서적 상호작용보다 사물 조작에 훨씬 더 강렬한 관심을 갖게 된다. 심지어 영아는 자신이 몰입하고 있는 사물중심 조작과 관련 없는 "한가한 신체 접촉"Lisina, 1986, p. 53에는 짜증을 낼지도 모른다. 따라서 생후 1세 말 무렵의 영아는 양육자와의 정서적 상호작용 동기를 자신의 새로운 이끎동기leading motive인 사물중심활동 동기로 대체한다.

영아 속에서 사물중심활동에 대한 새로운 동기가 형성되는 과정은 영아의 삶에서 양육자의 역할에 중대한 변화가 일어난 것과 관계있다. 양육자는 정서적 상호작용에서 영아의 파트너 역할을 계속 수행하지 않고, 생후 1세 말 영아의 사물중심활동에서 매개자 역할을 수행하게 된다.Elkonin, 1971/1972, 1989; Lisina, 1985, 1986; Rozengard-Pupko, 1948, Zaporozhets & Lisina, 1974 영아의 애착 발달과 더불어 영아와의 상호작용을 정서적 상호작용에서 사물중심 상호작용으로 바꾸기 위해 양육자가 들인 노력을 통해 양육자는 영아에게 새로운 역할로 자리 잡게 된다. 그리하여 사물중심활동은 영아-양육자 **협응** 사물중심활동으로 발전해간다.

정서적 상호작용 활동에서 협응 사물중심활동으로 변화를 겪으면서 영아는 양육자와의 새로운 의사소통 수단이 필요하다. 웃음 짓기, 만지기, 소리 내기가 정서적 상호작용에서는 유용한 의사소통 수단이었지만, 사물중심활동에서는 이런 의사소통만으로 충분하지 않다. 그래서 영아는 양육자와의 협응 사물중심활동을 수행하기 위한 새로운 의사소통 수단을 익힌다.

그리하여 네오비고츠키주의자들은 생후 6개월에서 1년까지의 시기를 영아의 삶에 일어나는 중요한 변화들과 연관 짓는다. 우선, 영아는 사물중심활동의 동기를 발달시킨다. 그리고 이러한 사물중심활동 동기는 정서적 상호작용 동기를 대신하여 서서히 영아의 이끎동기로 자리 잡게 된다. 또한 양육자는 영아의 사물중심활동의 매개자 역할을 맡게 된다. 마지막으로, 영아는 양육자와의 협응 사물중심활동을 수행하기 위한 새로운 의사소통 수단을 숙달한다. 앞으로 소개할 내용은 이러한 변화들에 대한 분석이다.

영아의 사물중심활동의 발달

앞서 언급했듯이, 러시아의 네오비고츠키주의자들은 사물중심활동의 동기가 정서적 상호작용 활동의 맥락 내에서 협응 사물중심행위에 영아를 참여시키려는 목적 아래 주 양육자가 시도한 노력의 결과로서 영아의 내부에서 발달한다고 주장한다. 이러한 양육자의 노력 덕분에 영아는 양육자를 향해 보이던 능동적인 태도를 서서히 양육자가 자신에게 소개한 사물중심행위로 옮기게 된다. 결과적으로, 생후 1세 말 영아의 사물중심행위의 목표는 외부 사물을 향하는 새로운 활동 동기로 변한다.[Elkonin, 1971/1972, 1989; Lisina, 1986; Rogengard & Pupko, 1948; Zaporozhets & Lisina, 1974]

우리는 영아의 사물중심활동 동기의 기원에 관한 이러한 해석이 "아동과 세계와의 관계는 아동이 성인과 맺는 가장 직접적이고 구체적인 관계에 달려 있고, 대부분 그 관계에서 파생된다"[Vygotsky, 1984/1998, p. 231]고 본 비고츠키의 이론적 입장을 그대로 반영하고 있음을 쉽게 알 수 있다. 동시에, 네오비고츠키주의의 이러한 관점은 피아제[1936/1962] 발달이론의 기본 가정과는 첨예하게 대립한다.

피아제에 따르면, 영아의 사물중심행위는 선천적인 반사작용에서 시작된다. 이러한 반사작용은 생존이 목적이라고 하지만, 생후 1개월에 이미 생존을 위해서는 필요 없어 보이는(식사 이후에 손가락 빨기를 하는 것처럼) 상황에서도 영아의 활동이 나타난다. 생후 1개월에서 4개월 사이에 이러한 반사작용들은 신체중심활동(영아가 엄지손가락을 빨기 시작하는)으로 발달한다. 생후 4개월에서 8개월 사이에는 영아의 움직임이 외부 사물을 향한다. 사물중심활동의 발달이 시작되는 시점은 영아의 행동이 우연히 (팔을 움직이다가 딸랑이가 딸랑딸랑 소리를 내게 되는 것과 같은) 새롭고 흥미로운 결과를 발견하게 되는 때부터이다. 영아는 자신의 행위와 이런 흥미로운 결과 사이의 연관성을 안 뒤 이 행위를 거듭 반복한다. 학습된 사물중심행위는 생후 8개월에서 12개월 사이에 점점 더 발달한다. 둘 혹은 서너 가지의 행위가 하나의 행동 유형으로 결합되는 것이 이 발달의 주된 방향이다. 이를테면 아이는 딸랑이를 잡기 위해 쿠션을 치운 다음 딸랑이를 흔들기 시작한다.

피아제는 영아의 선천적 반사작용이 사물중심행위로 발달하는 이유가 무엇이라고 설명하는가? 새로운 사물을 접할 때 영아가 처음에는 선천적 반사작용을 확장시켜가다가 나중엔 학습된 행위를 확장시켜가는 이유는 무엇이라고 하는가? 이 질문에 대해 피아제[1936/1952]는 다음과 같이 답한다. 영아는 태어나면서부터 적극적으로 새로운 자극을 좇는데, 이러한 자극을 자신의 기존 행동 유형과 잘 맞아떨어지지 않는 새로운 사물에서 발견한다. 그런 사물을 만날 때, 영아는 기존 행동 유형으로 그 사물을 동화시켜 본 뒤 자신의 행동 유형을 새로운 사물에 조절해간다. 그 결과 이러한 사물은 영아의 행동 유형에 잘 맞게 된다. 다시 말해, 그 사물은 영아에게 더 이상 새로운 자극을 제공하지 않는 것이다. 그러면 영아는 새로운 자극을 받을 수 있는 사물을 다시 탐색하기 시작한다. 피아제[1936/1952]는 영아의 선천적인 호기심, 즉 새로운 자극을 찾는 성향이 영아의 사물중심행위 참여를 이끈다고 주장한다. 활동이론의 맥락에서 볼 때, 피아제의 주장은 바로 첫 순간부터 영아의 사물중심행위는 그것의 동기를 향하는 활동인 셈이다.

영아의 사물중심활동 동기의 발달에 대하여 피아제와 네오비고츠키주의자 둘 다 실증적인 연구 결과와 관찰 결과를 근거로 제시할 수 있겠지만, 네오비고츠키주의자들의 설명에 더 끌린다. 확신컨대, 네오비고츠키주의자들은 신생아가 선천적으로 새로운 자극에 반응한다는 피아제[1936/1952]나 뮤어와 필드[Muir & Field, 1979]와 같은 연구자들이 모은 수많은 실증적 연구 결과들을 무시하지는 않을 것이다. 네오비고츠키주의자들은 영아가 새로운 자극에 대한 선천적 욕구를 가지고 있어서 그런 선천적 반사작용이 엄지손가락 빨기와 같은 신체중심활동으로 발달하게 된다는 피아제주의의 주장에 대해서도 역시 반론을 제기하지 않을 것이다. 다만, 네오비고츠키주의자들이 반박하고자 하는 것은 새로운 자극에 대한 영아의 선천적 생리욕구가 외부 사물을 향한 활동 동기가 된다는 피아제주의의 주장이다.Galerin & Elkonin, 1967 영아의 사물중심활동 동기 발달에 대한 네오비고츠키주의의 설명을 뒷받침해주는 것으로 간주되는 실증적 연구 결과들과 관찰 결과들은 다음과 같이 요약된다.

첫째, 앞서 논했듯이 사물중심 조작활동에 대한 영아의 관심은 양육자를 향한 능동적인 태도보다 나중에 발달한다. 물론 영아의 사물중심활동이 양육자와의 정서적 상호작용 때문에 일어난다는 뜻은 아니다. 하지만 이 계열성sequence은 영아의 사물중심활동 동기가 양육자를 향한 적극적 태도에서 사물중심행위로 전이된 결과라는 네오비고츠키주의의 생각과 완전히 일치한다. 네오비고츠키주의자들은 이러한 전이로부터 사물중심행위들의 목표가 사물중심활동의 새로운 동기로 전환된다고 본다.

둘째, 영아에게 장난감은 순전히 "성인과의 의사소통 수단"p. 277이라는 엘코닌Elkonin, 1989의 설명을 뒷받침해줄 많은 관찰 결과들이 있다. 이 점에 대해서는 영아들을 관찰해온 연구자들이라면 누구에게나 익숙한 다음 상황이 좋은 설명이 된다-한 아이가 엄마를 보고 미소 지으며 딸랑이를 흔들고 행복한 목소리를 내고 있다. 그 아이가 마주한 상황의 중심은 자신의 엄마임이 분명하고, 딸랑이를 흔드는 것은 단순히 아이와 엄마의 정서적 상호작용 활동 맥락에서 나온 행위임이 분명하다. 사물중심행위를 수행하는 영아는 종종 양육자가 방을 떠나면 행위를 멈췄다가 양육자가 돌아오면 다시 하기도 한다.Leontiev 1959/1964에서 인용된 Fayans의 연구 결과

영아의 사물중심활동 동기의 기원에 대한 네오비고츠키주의의 설명을 뒷받침해주는 것으로 간주되는 세 번째 연구는 고아원에서 수행되었다. 양육자에 대한 애착이 발달하지 않았던 고아원 영아들은 사물중심

행위가 심각하게 지체되어 있거나 전혀 불가능해 보였다.[Kistyakoskaya, 1970; Rogengard-Pupko, 1948; Spitz, 1945, 1946] 로젠가르드-품코[Rogengard-Pupko, 1948]는 생후 1년 6개월쯤 된 아이들을 대상으로 한 관찰 결과를 다음과 같이 요약했다.

성인과의 정서적 유대관계가 없는 아이들은 기뻐하지 않고, 시선에 초점도 없고, 움직임도 없으며, 종종 울기도 한다. 모든 아이들의 행동은 자기 신체를 중심으로 이루어진다. 이러한 행동들은 자기 손을 만지고 깨끗이 씻기, 자기 몸, 셔츠 혹은 담요 만지작거리기, 그리고 엄지손가락이나 주먹 빨기 등이다.[p. 21]

따라서 영아와 양육자 간의 정서적 유대의 부재는 영아의 신체중심활동 결핍과는 관련이 없다고 하더라도, 환경 내의 사물에 대한 영아의 흥미가 결핍되는 것과 매우 밀접한 관계가 있다.

이 주제와 관련된 네 번째 연구 결과는 일주일에 한 번씩 부모들이 보러 오는 그룹홈[group home 부모와 떨어져 있는 아이들이나 정신질환을 앓고 있는 성인 또는 노인들을 돌보는 보호시설]에서 생후 2.5개월 된 영아들을 대상으로 실시한 리시나의 연구에서 나왔다.[Lisina, 1986; Zaporozhets & Lisina, 1974] 연구자는 실험군에 속한 영아들에게 미소 지어주기, 말 걸어주기, 쓰다듬어주기, 토닥거려주기와 같이 특별히 의도된 정서적 상호작용 30회기를 회기당 8분에 걸쳐 격일로 제공했다. 이 정서적 상호작용에는 어떤 사물이나 장난감의 사용도 포함되지 않았다. 실험군에게 정서적 상호작용의 회기를 모두 진행한 두 달 뒤, 영아들의 행동에서 두 가지 측면을 점검해보았다. 먼저 영아들의 **흥분상태**(즉, 양육자를 향한 영아의 긍정적인 정서적 반응)를 측정했다. 이어서 연구자가 몇 개의 장난감(딸랑이, 장난감 차 등)을 주고 영아에게 나타나는 사물중심행위를 살펴보았다. 우선 실험군의 영아들은 통제군과 달리 훨씬 더 강렬하고, 능동적인 정서적 상호작용을 성인을 향해 보여준 것으로 밝혀졌다. 또한 실험군의 영아들은 통제군의 영아들보다 장난감 조작과 같은 활동에서 더 높은 관심과 더 나은 모습을 보여주었다. 따라서 성인을 향한 영아의 적극적 태도가 고취된 것은 사물중심행위에 대한 영아의 관심이 증가한 것과 관련이 있는 것으로 드러났다.

결론적으로, 여기서 제시된 연구 결과들과 관찰 결과들은 네오비고츠키주의의 관점과 매우 잘 맞아떨어진다. 영아의 사물중심활동 동기가 양육자를 향한 적극적 태도에서 사물중심활동을 향한 적극적 태도로 전이된 결과로 발달한다는 것이다. 물론, 이 연구 결과들은 다르게 해석될 여지가 있다. 이를테면 성인을 향한 영아의 능동적인 정서적 태도가 외부 환경 안에 있는 사물에 대한 관심을 만들어내기보다는, 선천적인 호기심을 성공적으로 펼쳐내는 것을 가능하게 했다고 볼 수도 있다. 마찬가지로, 모성 결핍이 영아의 선척적인 호기심을 억누르고 있다고 주장할 수도 있다. 그러나 영아와 양육자 사이의 정서적 상호작용이 사물중심활동 동기 발달에 중요한 역할을 하고 있음을 반박할 수는 없을 것이다.

사물중심활동의 매개자로서 양육자의 역할 확립

네오비고츠키주의자들은 생후 1세 말 양육자와의 정서적 상호작용 동기가 사물중심활동 동기로 완전히 바뀌는 것을 영아의 삶에서 양육자 역할이 크게 바뀌는 깃과 연결 싯는다.Elkonin, 1960, 1971/1972, 1989; Lisina, 1986; Rogengard-Pupko, 1948, Zaporozhets & Lisina, 1974 양육자는 정서적 상호작용에서 영아의 협력자 역할을 계속해나가기보다는 사물중심활동의 매개자 역할을 수행한다. 비록 네오비고츠키주의자들이 명시적으로 구분해두진 않았지만, 생후 1세 말 양육자의 새로운 역할을 확립하는 데 가장 크게 기여하는 두 가지 요소가 있다.

첫째 요소는 양육자를 "영아가 겪는 모든 상황에서 심리적 중심"Vygotsky. 1984/1998. p. 231으로 만드는 양육자에 대한 영아의 애착 발달이다. 리시나1985는 다음과 같이 썼다.

> 아동은 자신이 애착을 품는 사람이 눈앞에 있을 때 덜 긴장하게 되고, 자유롭게 자신의 환경을 탐색할 것이라고 가정할 수 있다. … 이러한 가정의 구체적인 근거로, 메셰리아코바Mescheryakova, 1975의 연구 결과는 1세 말 영아들이 혼자 있거나 낯선 사람이 눈앞에 있을 때보다 양육자가 눈앞에 있을 때 더 적극적으로 주변 환경을 탐색했음을 보여주었다.p. 22

그러나 애착만으로 영아가 양육자를 사물중심활동의 매개자로 받아들이기엔 충분하지 않다. 리시나1985가 적고 있듯이, "성인과 사물중심 협력 경험을 즐기지 못했던 1세 아이들은 사물중심활동에서 성인의 애정만 구하고 있고… 협응활동엔 참여할 수 없었다."p. 23 그러므로 양육자의 역할을 사물중심활동의 매개자로 확립하는 데 기여하는 중요한 둘째 요소는 양육자와 영아 사이의 상호작용의 의미를 정서적인 것에서 사물중심으로 변화시키려는 목적을 지닌 양육자의 노력이다.

앞서 논했듯이, 영아가 생후 4개월에 접어들면 양육자는 사물중심행위들을 통해 영아와의 정서적 상호작용을 발전시켜간다. 엘코닌1989은 다음과 같이 썼다.

> 영아와 상호작용할 때 성인은 종종 잡기 능력 발달에 도움이 되는 협응활동에 영아를 참여시키고 있다는 생각을 품지 못할 수도 있다. 성인은 영아를 사물에 집중하게 하고, 사물을 영아가 잡을 수 있는 거리로

가져갔다가 다시 멀리 옮겨둔 뒤, 영아가 그것을 향해 손을 뻗게 만든
다. … 그리고 사물을 쥔 영아의 손을 만져준다.p. 125

영아가 자발적인 잡기 기술을 충분히 숙달하면, 양육자는 영아에게 사
물마다 적합한 동작을 시범 보이고 영아 스스로 그 행동들을 시도하도록
독려한다. 이를테면 영아를 정서적 상호작용에 참여시킨 한 엄마가 딸랑
이를 집어 영아의 손에 올려둔 다음, 영아에게 동작을 반복하도록 부추기
면서 영아의 손을 잡고 딸랑이를 흔든다. 영아는 이 행동을 반복하면서
물리적 특성에 맞게 사물을 조작해간다. 엄밀히 말해, 양육자의 개입이
영아의 조작활동 성공을 위한 필수조건은 아니다. 영아는 딸랑이를 흔들
면 딸랑이가 소리를 낸다는 것을 스스로 찾아낼 수 있다. 하지만 이런 행
동들에 양육자가 참여함으로써 (앞에서 논한) 동기가 고취될 뿐만 아니
라, 영아의 사물중심행위에서 매개자라는 새로운 역할이 확립되는 효과
가 있다.

양육자의 이 새로운 역할은 생후 11~12개월의 영아가 사물이나 장난감
을 가지고 사회적 의미(이를테면, 인형에게 밥을 먹이기)에 따른 양육자의
동작을 모방하기 시작할 때 특히 중요해진다. 2장에서 논했듯이, 사물의
물리적 특성과는 달리 사물의 사회적 의미는 영아 스스로 발견할 수 없
다. 그러므로 양육자가 사물중심행위를 매개하는 것은 영아가 사물을 성
공적으로 조작하기 위해 반드시 필요하다. 리시나가 관찰하였듯이,

단순한 시범(사물중심행위)만으로도 영아는 성인과 성인이 시범 보인
사물에 더 많이 주목했다. 성인이 시범 보이고 그 행동을 반복하라고
한 뒤, 영아의 성공적인 시도에 칭찬했을 때 영아는 성인의 동작에 훨씬
주의집중을 잘했고, 동작을 따라 하려고 훨씬 더 열심히 노력하며… 성
공에 대해 칭찬을 받았을 때 환호했다.Zaporozhets & Lisina, 1974, p. 145

양육자의 이러한 노력의 결과는 영아가 새로운 사물중심행위를 성공적으로 습득하는 것에 그치지 않는다.Elkonin, 1960, 1989; Lisina, 1986; Zaporozhets & Lisina, 1974 더 중요한 것은 생후 1세 말 사물중심활동 동기가 발달할 때, 영아가 앞장서서 양육자를 사물중심활동에 참여시키려고 하는 것이다. 영아는 "성인의 동작을 반복하며 지속적으로 장난감을 성인 쪽으로 옮기거나 성인의 손 위에 두려고"Zaporozhets & Lisina, 1974, p. 145 노력한다. 다시 말해, 정서적 상호작용에서 영아의 협력자 역할을 하던 양육자가 영아의 사물중심활동에서는 매개자라는 새로운 역할을 맡게 된 것이다. 이러한 사물중심활동은 영아와 양육자 간의 협응활동으로 발전한다.

사물중심활동에서 양육자의 역할과 영아의 애착 발달에 대한 네오비고츠키주의의 관점은 현대 서구 심리학계의 지배적 대안 이론의 관점과는 부합하지 않는다. 하지만 미국과 러시아 심리학자들의 많은 실증적 연구 결과들과 일치한다. 아래에서 소개할 내용은 이런 이론적 관점과 관련된 연구 결과에 대한 간략한 분석이다.

앞서 논했듯이, 피아제1936/1952는 사물중심활동의 발달을 독립적 탐구 과정에서 영아의 선천적 반사작용이 새로운 사물로 확장된 결과로 보았다. 특히 피아제는 자발적 잡기 기술이 영아의 선천적 잡기 반사작용으로부터 발달한다고 주장한다. 피아제는 영아의 사물중심활동 발달에서 양육자의 역할을 영아에게 환경을 탐구할 기회를 제공하는 것으로 제한했다. 이런 이론적 입장은 영아의 사물중심활동 발달에서 양육자 혹은 양육자에 대한 애착 발달의 중요성을 인정할 여지를 남겨두지 않는다. 사실 피아제는 영아가 양육자를 보고 미소 짓는 것이 그저 익숙한 이미지에 대한 반응이며 그 반응은 익숙한 장난감이나 사물에 미소 짓는 것과 별로 다르지 않다고 주장했다.

피아제의 관점과 가까운 몇몇 실험 연구 결과들과 관찰 결과들을 앞에서 다루었다. 특히 "모성의 결핍"Kistyakovskaya, 1970; Rogengard-Pupko, 1948; Spitz,

1945, 1946이 영아의 사물중심 조작에 심각한 지체를 초래하거나 완전히 조작을 못하는 것과 관련이 있다고 보았다. 이와 대조적으로, 영아와 양육자 사이의 풍부한 정서적 상호작용은 어린 아동의 사물중심행위의 수준이 향상되는 결과를 낳았다.Lisina, 1986; Zaporozhet & Lisina, 1974

자발적 잡기 기술이 선천적 잡기 반사작용에서 발달한다는 피아제 1936/1952의 생각을 브루너Bruner, 1973; Bruner & Koslowski, 1972와 비고츠카야 VygotskayaZaporozhets, 1986a에서 재인용는 비판해왔다. 브루너와 비고츠카야는 자발적 잡기 기술이 시범을 보고 따라 하는 영아의 초기 운동 경험의 결과로 발달한다고 결론지었다. 이 결론으로부터 성인이 영아의 초기 운동 기능을 매개하는 것이 자발적 잡기 기술의 발달을 용이하게 만들 것이라고 가정할 수 있다. 실제로, 생후 3~5개월 된 영아들을 대상으로 한 비고츠카야의 연구에서 영아가 보고 따라 하도록 운동기능을 조직하고 풍부하게 했을 때 영아는 독립적으로나 자발적으로 잡기 기술을 더 빨리 숙달하였다.Zaporozhets, 1986a 재인용

영아의 사물중심 탐구 능력이 발달하는 과정에서 영아-양육자 관계의 중요성은 미국의 몇몇 연구들을 통해 재확인되었다.Frankel & Bates, 1990; Main, 1983; Matas, Arend. & Sroufe, 1978 이 연구들은 생후 12~18개월 때 측정된 애착의 수준이 2세 말 무렵의 진전된 도구 사용과 탐색활동, 장난감놀이로 연결된다는 것을 보여주었다. 1세 아동에게도 이 연구를 수행했는데, 결과는 매우 비슷하게 나타났다. 이러한 결론으로부터 사물중심 탐구 발달과정에서 영아가 양육자에게 품는 애착의 중요성에 대한 보울비1969/1982의 관심은 이 문제에 대한 피아제 관점의 한계를 극복하는 것처럼 보인다.

피아제1936/1952와 유사하게, 보울비1969/1982도 영아기의 사물중심 탐구 행동을 동물과 사람에게서 공통적으로 엿볼 수 있는 자연적인 현상이라고 주장했다.

탐구행동은 흔히 새롭고 복잡한 자극에 의해 도출되는 무엇이다. 원숭이든 박쥐든 코뿔소든, 어떤 동물이 들어 있는 우리 속에 새로운 사물을 남겨두었다고 치자. 얼마 지나지 않아 그 동물은 사물에 대한 관찰과 탐구를 시도할 것이다. … 인간, 특히 어린 영아들도 그와 똑같이 행동한다. … 실로 새로운 무엇이 영아에게 미치는 효과가 바로 이런 것이다. 주변의 어떤 물체에 완전히 몰입한 상태를 묘사하는 "새 장난감을 얻은 어린아이처럼"이란 표현이 이를 말하는 것이리라.p. 238

피아제와는 달리, 보울비1969/1982는 탐구행동이 "친근한 사람이 눈앞에 있을 때 매우 증가하는데, 어린아이의 경우 특히 엄마가 눈앞에 있을 때 눈에 띄게 늘어난다"p. 239고 강조했다. 그러나 양육자가 자신의 눈앞에 있다는 사실이 영아의 탐구활동에 긍정적인 영향을 끼칠 수 있는 것은 오로지 양육자에 대한 애착이 발달되었을 때에만 가능하다. 애착이 잘 발달한 영아는 탐구를 위한 **든든한 기반**으로 양육자를 활용한다. 반면 애착이 잘 발달하지 않은 영아는 "엄마가 있을 때조차 탐색하지 않는다."Bowlby, 1969/1982, p. 337 보울비에 따르면 양육자에 대한 영아의 애착은 자신을 지지하는 안전한 환경이라는 느낌으로 발전하고, 이 느낌은 영아의 사물중심 탐구행동을 촉진한다.

영아가 양육자를 탐구활동의 든든한 기반으로 활용하는 것에 대한 보울비1969/1982의 생각은 미국 학자들의 연구에서 풍부한 실험적 근거를 찾을 수 있다. 생후 9개월 무렵부터 영아는 새롭고 낯선 사태에 대해 어떻게 느낄지 결정하기 위해 양육자의 표정, 몸짓신호와 행동을 활용한다는 것이 밝혀졌다(이런 현상을 **사회적 참조**social referencing라 일컫는다.Ainsworth, 1992; Campos&Stenberg, 1981; Emde, 1992, Feinman & Lewis, 1983; Walden & Baxter, 1989).영아의 사회적 참조는 낯선 사람을 향하기보다는 영아의 애착이 발달한 대상을 향한다는 것도 밝혀졌다.Zarbatany & Lamb, 1985[5]

그런데 보울비의 주장처럼, 영아의 사물중심 탐구행동에서 양육자의 역할이 영아에게 단지 탐구를 위한 튼튼한 기반을 제공하는 것 정도로 축소되어야 할까? 최근 미국 연구자들은 영아기의 사회적 참조가 "어떻게 느낄 것인지를 규정하는 정서적인 메시지"뿐만 아니라 "무엇을 할 것인지를 규정하는 도구적 메시지"도 포함한다는 것을 발견했다.Feinman, Roberts, Hsieh, Sawyer, & Swanson, 1992, p. 28 영아가 "어떻게 느낄 것인가"에 대한 메시지를 활용하는 것은 **정서적 참조**emotional referencing라고 하며, "무엇을 할 것인가"에 대한 메시지를 활용하는 것은 **도구적 참조**instrumental referencing라고 한다.Feinman et al., 1992

도구적 참조는 생후 1세 말에 발달하는데, "수행할 행동을 배우기 위해 다른 사람들을 관찰하는"Parrit, Mangelsdorf, & Gunnar, 1992, p. 209 상황을 말한다. 이를테면 엄마가 토끼를 쓰다듬고 그 행동에 대해 설명하는 것을 듣고 나서, 영아도 토끼를 쓰다듬었다.Parritz et al., 1992 영아가 자신이 원하는 사물중심행위를 성인이 시범 보이도록 만드는 상황이 도구적 참조에 해당한다. 이를테면 "11개월 영아가 처음 보는 성인에게 잭인더박스jack-in-the-box 뚜껑을 열면 용수철에 달린 인형이 튀어나오게 만들어진 장난감에서 토끼인형이 튀어나오도록 도와주기를 바라고 있었고, 아이는 그 성인에게 초대의 의미로 장난감을 건네면서 자신이 원하는 것을 성인이 해주기를 알게 하려고 애썼다."Rogoff, Mistry, Radziszewska, & Germond, 1992, p. 325

영아기의 도구적 참조 현상에 관해 보울비의 애착이론으로는 거의 설명할 수 없지만Ainsworth, 1992, p. 365, 네오비고츠키주의의 영아기 설명에는 매우 잘 맞아떨어진다. 사물과 장난감을 어린 영아에게 소개하고 영아의 사물중심행위를 매개하여, 영아와의 상호작용의 중심을 정서적 상호작용에서 사물중심 상호작용으로 바꾸는 사람이 바로 양육자이다. 그러므로

---

5. 이 진술을 반박하는 듯한 연구 결과의 분석으로 Ainsworth 1992, p. 362를 보라.

영아는 생후 1세 말까지 사물중심행위의 동기를 발전시키면서 사물과 장난감을 다룸에 있어 도움이 필요할 때마다 양육자를 부른다.

그러나 이 시점에서 양육자는 영아와 외부 세계와의 관계를 매개하는 자신의 배타적인 권리를 상실한다. "친숙한 낯선 사람보다는 오로지 엄마에게만 향하는"Ainsworth, 1992, p. 362 정서적 참조와 달리, 도구적 참조는 낯선 사람에게도 향할 수 있다.Rogoff et al., 1992 네오비고츠키주의자들은 이 현상을 두고, 생후 1세 말 영아의 동기가 양육자와의 정서적 상호작용에서 사물중심활동으로 전환됨에 따른 자연스러운 결과로 해석할 것이다. 리시나1986가 지적했듯이, "영아-성인의 상호작용의 주된 이유가 이제는 영아의 협응 사물중심활동joint object-centered activity이다."p. 85 그러나 반 더 비어와 반 이젠둠van der Veer & van Ijzendoom, 1998이 지적하듯이, "어떤 엄마들은 완벽한 교육자는 아닐지라도 매우 좋은 정서적 분위기를 제공한다."p. 224 이런 경우에 혹 영아가 낯선 사람을 자신의 사물중심활동 매개자로 **수용**할 가능성도 있다.[6]

결론적으로, 양육자가 생후 1세 말 영아의 사물중심활동에서 매개자의 역할을 하게 된다는 네오비고츠키주의자들의 생각은 피아제와 보울비의 영아기에 대한 관점보다 더 설득력 있어 보인다. 양육자의 새로운 역할 확립에 대한 이유를 양육자를 향한 영아의 애착과 함께 영아의 의사소통 활동을 정서적 상호작용에서 사물중심 상호작용으로 전환시키기 위한 양육자의 노력의 결과로 설명하는 네오비고츠키주의자들의 관점은 앞서 논했던 미국 연구자들의 최근 실험 결과와도 일치한다.

---

6. 이론적 가치와 더불어, 이러한 관찰은 용어상의 결실도 자아낸다. 4장부터 나는 아동이 관계를 맺거나 협응활동을 나누는 대상으로 보다 성숙한 세대를 대표하는 사람을 칭할 때, 양육자caregiver라는 용어 대신 성인adults이라는 용어를 사용하고자 한다.

양육자와 협응 사물중심활동을 위한
의사소통 수단의 숙달

어떤 협응활동에서든지 참여자들 사이에 적절한 의사소통 수단이 필요하고, 한 활동에서 다른 활동으로 발전해갈 때는 의사소통의 수단도 바뀌어야 한다.

앞서 논했듯이, 개체발생상 최초의 영아-양육자의 활동은 양육자가 영아의 생리욕구를 충족시켜주는 것에 목표를 둔다. 이 활동에서 영아의 주된 **역할**은 생리욕구를 표현하기 위해 선천적인 의사소통수단(울기, 얼굴표정, 혹은 몸짓)을 활용하는 것인데, 양육자는 이것을 해석하고 영아의 욕구를 만족시켜준다. 그러나 양육자는 영아와의 상호작용을 생리욕구를 충족시키는 것에 국한하지 않고 먹이고 기저귀 갈아주는 상황을 영아와의 정서적 상호작용을 위한 방법으로 활용한다. 이러한 상호작용에 참여하기 위해 영아는 양육자와의 새로운 의사소통 수단, 즉 미소 짓기나 목소리 내기, 몸짓을 사용해야 한다. 확신컨대, 이런 의사소통 수단은 태어나면서부터 지닌 것이긴 하지만, 영아가 이런 수단을 최초로 사용하는 것은 자발적이지 않고, 앞서 논했듯이 양육자의 막중한 노력을 통해 이루어진다. 네오비고츠키주의자들이 묘사한 **흥분상태**에서 영아는 정서적 의사소통 수단을 숙달하며, 이런 의사소통 수단을 이용하여 양육자와 새로운 정서적 상호작용 활동을 시작하고 참여하게 된다. 그런 다음, 양육자는 영아에게 자신과의 새로운 협응활동으로 전환시키는 매개를 제공한다. 이때 '양육자는 영아를 사물중심 협응활동에 참여시키기 위해 영아와의 정서적 상호작용을 활용한다. 이러한 양육자의 노력으로 영아는 생후 1세 말 사물중심 협응활동에 참여하게 된다. 영아-양육자의 정서적 상호작용을 돕던 미소 짓기, 목소리 내기, 몸짓과 같은 훌륭한 의사소통 수단들은 협응 사물중심활동을 돕기에는 부족하다. 그러므로 영아는 양육자와의 정서적 의사소통 수단을 활용하는 것에서 사물중심(혹은 네오비고츠키주의자들이 **과업 지향**business-oriented이라고 일컫는)Zaporozhets & Lisina, 1974, p. 147 의사소통 수단을 활용하는 것으로 나아가야만 한다. 이어지는 내용은 영아의 사물중심 의사소통 수단의 발달에 관한 네오비고츠키주의의 분석에 관한 것이다.

개체발생상 최초로 이루어지는 사물중심 의사소통은 몸짓 의사소통이다. 비고츠키1983/1997는 생후 9개월 영아가 자신의 환경에서 양육자의 관심을 사물로 끌기 위해 사용하는 몸짓 의사소통의 주요 수단을 지시적 몸짓indicatory gesture으로 묘사했다. 1장에서 간단히 다루었듯이, 비고츠키는 영아가 어떤 물건을 잡으려고 시도하고, 그 물건이 너무 멀리 있어서 실패하는 상황에서 지시적 몸짓의 기원을 발견했다. 엄마는 이런 움직임을 지시적 몸짓으로 해석하고 아이에게 그 물건을 가져다준다. 그리하여 엄마는 그 몸짓의 **지시적 의미**를 영아가 잡으려다가 실패한 움직임으로 이해한다. 엄마가 영아의 잡기 움직임을 잡으려다가 실패한 것으로 이해하고 계속 반응하자 그 움직임은 변형되고 줄어들다가 마침내 영아는 그것을 진정한 지시적 의미의 몸짓으로 사용하기 시작한다. 비고츠키에 따르면, 영아는 사물중심 상호작용 맥락에서 양육자로부터 몸짓 의사소통 수단을 배운다. 그리고 그 몸짓 의사소통 수단은 사물중심 상호작용을 돕게 된다.

지시적 몸짓에 대한 비고츠키1983/1997의 분석을 계승하여, 네오비고츠키주의자들은 몸짓 의사소통의 주된 역할은 "성인과의 (사물중심) 상호작용에 대한 아이의 준비상태를 표현하는 것과 어떤 상호작용에 성인이 참여해주기를 원하는지 가리키는 것"Lisina, 1986, p. 61이라고 주장한다. 지시적 몸짓 외에도 네오비고츠키주의자들은 영아가 사용하는 몸짓 의사소통의 다른 방법을 설명했다. 성인에게 장난감이나 다른 물건을 들어 보이는 것조차도 사물중심 몸짓 의사소통 수단이 된다. 그것은 "어떤 면에서는 아이가 하고 싶은 협응 행동을 묘사하고 있는 중이고, 아이는 이 행동을 함께 할 성인에 참여를 요청하는 초대의 의미로 이 물건이나 장난감을 사용하기 때문이다."Lisina, 1986, p. 61

네오비고츠키주의자들은 사물중심 상호작용 과정에서 영아에게 몸짓 의사소통의 수단을 제공하는 사람이 바로 양육자라는 비고츠키의 견해를 강력히 지지한다. 네오비고츠키주의자들은 그 의사소통 수단을 영아에게 제공하는 두 가지 주요 방법을 설명하는데, 이들은 이 둘을 딱히 구분하지 않았다.Elkonin, 1960; Lisina, 1986; Zaporozhets & Lisina, 1974 첫 번째는 영아의 **자연적인**natural 움직임에서 새로운 의미를 찾도록 이끄는 것이다. 앞서 설명한 지시적 몸짓을 영아가 숙달하는 경우가 그 좋은 예이다. 두 번째는 새로운 사물중심활동을 영아에게 시범 보이는 것이다. 그러면 아이는 이 행동의 협응수행joint performance에 양육자를 참여시키려는 욕구를 표현하려고 축약적이거나 대략적인 형태로 성인이 시범 보인 행동을 재현한다.Lisina, 1986, p. 61 이 두 방법에서 영아가 사용한 사물중심 몸짓 의사소통 수단의 공통점은 "아동이 **학습을 통해**(강조는 Karpov) 익힌 것을 의도적으로 표출한 것이다."Lisina, 1986, p. 63

정서적 의사소통의 수단과는 달리, 몸짓 의사소통 수단은 영아와 양육자 간 사물중심 상호작용을 성공적으로 돕는다. 그러나 영아-양육자 사물중심 상호작용이 진전되고 점점 더 정교해짐에 따라 몸짓 의사소통 수단은 사물중심 상호작용들을 돕기에 충분하지 않게 된다.Elkonin, 1960; Lisina, 1986 그래서 생후 1세 말 영아는 질적으로 새로운 사물중심 의사소통 수단, 즉 언어적 의사소통을 시작한다. 언어적 의사소통은 생후 2세 무렵 양육자와의 사물중심 상호작용을 돕는다. 언어적 의사소통 수단의 숙달은 다음 장에서 다룰 것이다.

생후 9개월 된 영아는 양육자와의 몸짓 의사소통에 참여하게 되고 이 의사소통이 영아의 사물중심행위 발달에 중요한 역할을 한다는 네오비고츠키주의자들의 생각은 피아제와 입장을 달리하는 서구 연구자들의 생각 및 연구들과 일치한다.이를테면 Feinman, 1992; Gauvain, 2001; Newson, 1979; Rogoff, Malkin, & Gilbride, 1984, Snow, de Blauw, & van Roosmalen, 1979; Tomasello, 1999; Travarthen, 1979, 1980, 1988 이 연구자들 중 몇몇은 비고츠키와 러시아 후학들과 마찬가지로, 영아의 의사소통에서 사물중심 수단의 발달을 양육자 매개의 직접적인 결과물로 본다.Newson, 1979; Rogoff et al., 1984; Tomasello, 1999 이런 측면에서, 사물중심 몸짓 의사소통 수단으로서 영아가 보이는 지시적 몸짓의 기원에 대한 토마셀로Tomasello, 1999의 분석은 흥미를 끈다.

토마셀로1999는 지시적 몸짓의 기원을 설명하기 위해 두 가지 가설을 제시한다. 다음은 그 첫 번째 가설이다.

> 많은 영아들이 자신의 주의를 사물을 향해 집중시키고자 팔과 검지를 쭉 뻗는다. 만약 성인이 적절히 반응하면 이러한 지시행위는 반복될 것이다. 이 시나리오대로라면 영아는 다른 사물들을 향해서도 손을 뻗을 것인데, 아직도 지시적 몸짓의 의미를 이해하지 못한 상태이다. … 반복 행위를 통해 가리킴을 학습한 영아는 이 행위를 그저 타인으로 하여금 어떤 것을 하도록 만드는 효과적인 방법 정도로 이해할 것이다.Tomasello, 1999, pp. 87-88

계속해서 토마셀로1999의 또 다른 가설은 다음과 같다.

> 영아는 성인이 자신에게 손짓하는 것을 보면서 성인이 무엇에 대한 집중력을 공유하고자 자신을 이끈다는 것을 알아차린다. 다시 말해, 영아는 몸짓 의사소통의 목적을 알게 된다. 그리고 자신 또한 동일한 목적을 달성하기 위해 동일한 방법을 쓸 수 있다는 것을 알게 되면서 그 몸짓을 모방 학습해간다.p. 88

토마셀로의 두 가지 가설은 영아의 잡기 동작에 기초한 지시적 몸짓에 대한 비고츠키[1983/1997]의 설명과는 다르지만, 이 가설들은 비고츠키 이론의 전반적 입장과 매우 닮아 있다. 토마셀로의 첫째 가설 상황에서 양육자는 영아의 **자연적이고 자발적인 가리킴**에서 지시적 의미를 이끌어내고자 했는데, 이는 비고츠키의 이론에서 양육자가 영아의 잡기 동작에서 지시적 의미를 이끌고자 한 것과 매우 유사하다. 토마셀로의 둘째 가설 상황에서 양육자가 지시적 몸짓을 새로운 의사소통 수단으로 영아에게 안내하면, 영아는 그 수단을 터득하고선 양육자의 주의를 끌기 위해 그것을 사용하기 시작한다. 두 경우 모두 사물중심 상호작용 과정에서 영아에게 몸짓 의사소통 수단을 제공하는 사람은 바로 양육자이다.

그러나 새로운 사물중심 의사소통 수단의 숙달 과정에서 양육자의 역할이 절대적이라는 생각에 모든 연구자들이 동의하지는 않을 것이다. 이러한 반대론의 대표적인 예가 트레바덴[Trevarthen, 1979, 1980, 1988]의 연구이다. 트레바덴의 주장은 현대 서구 심리학자들 사이에서 꽤 유명하다.

네오비고츠키주의자들과 비슷하게 트레바덴[1979, 1980, 1988]은 생후 2개월에 시작된 양육자와의 정서적 의사소통이 생후 9개월 말 사물중심 의사소통으로 전환되는 것에 관해 논했다. 그러나 네오비고츠키주의자들과는 대조적으로 트레바덴은 영아-양육자 의사소통 발달에서 양육자의 역할을 상당히 평가절하 한다. 트레바덴은 "인간은 협상과 협력을 통해 지식을 획득하는 자기조절 전략을 가지고 태어나며"[1988, p. 39], 태어날 때부터 영아는 "의도적인 의사소통에 분명한 헌신적인 태도를 지니며"[1979, p. 331], "의식적이고 식섭석인personal 참여자로서"[1980, p. 530] 양육자와의 의사소통에 뛰어든다고 주장한다. 트레바덴에 따르면, 영아의 의사소통 발달은 "보다 성숙한 사람이 자신의 의사소통적 표현에 화답하는 반응의 영향을 받긴 하지만"[Trevarthen, 1988, p. 39], 이 영향이 필수적인 것은 아니다. "아기 속에는 인간의 방식으로 표현하려는 내재적 능력이 있기 때문에"[Trevarthen,

1988, p. 44-45, 양육자와의 의사소통은 "처음에 엄마가 보여준 행동에 의존하지 않으며, 주변 환경이 충분히 양호하다면 영아기를 경과하면서 자동적으로 발달할 것이다."Trevarthen, 1988, p. 45 구체적으로 영아의 사물중심 몸짓 의사소통을 언급하면서 트레바덴1988은 "몸짓 속에는 어떤 표현적 가치가 있는데, 이 가치는 몸짓 의사소통을 시작하기 위해서가 아니라 몸짓 의사소통을 무르익게 하고자 상대방의 반응을 요청한다"p. 80고 지적했다.

여기서 언급한 트레바덴의 주장은 다분히 논쟁의 여지가 많아 보인다. 앞서 논했듯이 정서적 의사소통 수단들(미소 짓기, 목소리 내기와 몸짓행동)이 진정 선천적인 것이라 하더라도, 이러한 수단은 자발적으로 사용되기보다는 양육자의 상당한 노력을 통해 발현되는 것이다. 그러므로 "인간은 타인에게 민감하며 마땅히 인간답게 무엇을 스스로 표출하는 속성을 갖고 태어난다"p. 321는 트레바덴1979의 주장에는 동의하기 어렵다. 트레바덴이 이 주장을 입증하기 위해 사용했던 관찰들과 실험 결과들은 설득력이 없다. 트레바덴의 연구 중 한 곳에서,

2개월 된 영아는 다른 사람들과의 사회적 상호작용에서 우연히 일어난 일에 대해 정교한 감수성을 보여주는 듯했는데, 트레바덴은 이것을 영아가 타자의 주관성subjectivity을 이해한 증거로 해석한다. 그러나 최근 이 결과를 똑같이 재현하려고 시도했던 많은 연구들 가운데 성공 사례는 들쭉날쭉했다.Tomasello, 1999, p. 66

논란의 여지가 더욱 심한 부분은 영아의 사물중심 몸짓 의사소통의 수단이 학습되는 것이 아니라 선천적인 것이며, 이러한 수단의 "표현적 가치는… 의사소통을 시작하기 위해서가 아니라 의사소통을 무르익게 하기 위해 상대방의 반응을 요청한다"Trevarthen, 1988, p. 80는 트레바덴1980, 1988의

주장이다. 이런 관점을 비판하며 토마셀로[1999]는 생후 5개월 된 영아가 지시적 몸짓 사용에 필요한 운동기능 일체를 이미 가지고 있다는 점을 지적했다. 영아는 "물건에 닿기도 하고, 검지를 꽤 자주 뻗기도 한다."[p. 66] 그러나 영아는 생후 약 9개월까지는 지시적 몸짓을 사용하지 않을 것이다. 그러므로 운동기능의 한계 때문에 영아가 양육자와의 사물중심 의사소통에 참여하지 못하는 것은 아니다.

끝으로, 트레바덴 관점의 중대한 한계는 영아의 의사소통이 정서적인 것에서 사물중심으로 전환되는 까닭을 설명하지 못하는 점이다. 트레바덴[1980]은 이러한 전환에 대한 분석을 다음과 같은 진술로 한정 지어버렸다. "생후 1세 전에 이미 영아 정신의 질적 변화를 위한 무엇이 일어나고… 인간 특유의 경험에 대한 공유가 시작된다."[p. 561] 이 전환에 대한 네오비고츠키주의자들의 설명은 트레바덴의 진술보다 훨씬 더 설득력 있어 보인다.

결론적으로, 영아기 사물중심 의사소통 수단의 발달에서 양육자의 역할에 대한 네오비고츠키주의자들의 설명이 트레바덴의 생득주의적 시각보다 더 안정돼 보인다. 네오비고츠키주의자들의 분석은 여러 실험 연구 결과와 관찰 결과들에 부합할 뿐만 아니라, 트레바덴이 설명하지 못한 의사소통의 전환에 대해서도 설명해준다.

양육자와의 정서적 상호작용 활동이 영아기의 이끎활동인 까닭

앞서 논했듯이, 생후 1세 말 양육자의 매개와 영아-양육자 정서적 상호작용의 발전이 낳은 결과는 다음과 같다. 첫째, 영아는 사물중심활동 동기를 발달시켜왔다. 둘째, 영아는 양육자를 사물중심활동의 매개자로 받아들였고, 사물중심 의사소통을 위한 몸짓 수단을 터득했다. 영아가 몸짓 의사소통 수단을 터득한 것은 **의사소통**을 위한 가치 외에도 영아의 정신 과정에 중요한 변화를 이끄는 의의가 있다. 정신과정의 변화에 대해서는 따로 다룰 것이다.

1장에서 언급했듯이, 비고츠키[1984/1998]는 영아가 지시적 몸짓을 습득 하는 것에 대한 초인지적 가치를 강조했다. 비고츠키는 지시적 몸짓의 터 득을 통해 영아가 다른 사람의 주의를 이끌 수 있게 되는데, 이것이 영아 의 인지과정과 영아의 행동 전반을 통제하고 조절하는 능력의 출발점이 된다고 주장했다. 이와 유사하게, 여러 미국 연구자들은 영아가 사물중심 의사소통을 위해 몸짓 수단을 숙달하는 것을 영아-양육자 **협응 주의력**[joint attention] 발달과 연결 지어 표현하고 있다.[Bruner, 1996; Gauvain, 2001; Tomasello, 1999] 협응 주의력이란 "협응 당사자들이 공통의 참조 사항[reference]에 집중 하려는 경향성인데, 이 참조 사항은 사물, 사람 혹은 사건이 될 수도 있 다. 그리고 이 외부의 실체에 대해 **서로의 주의를 모니터하려는 경향**(강조는 Karpov)이다."[Gauvain, 2001, p. 86] 비록 영아-양육자 상호 간에 주의를 모니 터하는 것이 영아의 자기조절의 발달을 용이하게 한다는 비고츠키의 생 각이 실증적으로 입증되지는 않았지만, 협응 주의 경험에 영아가 참여하 는 것은 "여러 영역들, 특히 언어 역량의 추후 발달을 예측해주는 것으로 드러났다."[Gauvain, 2001, p. 86] 토마셀로[1999] 또한 영아의 협응 주의 행동 참 여가 추후 발달에 중요하다고 강조했는데, 그는 이런 행동의 발현을 "생 후 9개월째의 혁명[the nine-month revolution]"이라고 불렀다.[p. 61]

양육자와 협응 주의에 참여하는 영아의 능력 발달이 아무리 중요하다 할지라도 그것은 사물중심 의사소통 수단의 숙달에서 **가장 중요한** 발달적 성과는 아니다. 앞 장에서 논했듯이, 비고츠키와 러시아 후학들은 영아의 정신과정 발달이 정신도구를 습득한 결과이며, 이것이 이런 정신과정의 근접발달영역을 만들어낸다고 주장한다. 영아가 성인이 제공한 새로운 정신도구를 숙달하고 내면화하기까지 이 도구는 영아의 의식에 속하지 않고 오직 **개인 간의 정신적**interpsychological 수준에서만 사용될 수 있다. 브루너Bruner, 1985는 비고츠키의 이러한 관점을 통찰력 있게 다음과 같이 표현했다.

> 만약 아동이 성인이나 유능한 또래의 가르침으로 발전해간다면 그 스승이나 도움을 준 또래는 아동이 스스로의 의식과 통제로 스스로의 행동을 숙달할 수 있을 때까지 의식의 대리자a vicarious form of consciousness로서 아이를 돕는 셈이다.p. 24, 강조는 Karpov

하지만 이 **의식의 대리자**를 만날 기회를 얻기 위해 아동은 성인과의 적절한 의사소통 수단을 습득해야만 한다. 영아가 사물중심 의사소통에서 몸짓 수단을 습득하는 것은 자기의식의 경계를 뛰어넘고 정신과정의 근접발달영역을 만드는 첫걸음이 된다.

앞의 분석에서 생후 1세 말 양육자와의 정서적 상호작용 활동 상황 속의 매개가 영아의 동기와 정신과정 그리고 전반적 행동의 중요한 질적 변화를 일으킨다는 것을 보여주었다. 이러한 변화는 영아가 성인과의 사물중심 협응활동으로 넘어가는 기반을 만든다. 다음 장에서 다루겠지만, 이것은 후속 연령기의 아동발달에서 이끎역할leading role 을 한다. 따라서 양육자와의 정서적 상호작용 활동은 이끎활동의 모든 조건을 만족시킨다.

4

2~3세(걸음마기)의 이끎활동: 성인과의 사물중심 협응활동

피아제[1936/1952]에 따르면, 아기의 출생 시점부터 2년 동안에 이루어지는 사물 조작 능력의 발달은 영아기의 조작 능력 발달의 단순한 연속선상에 있다. 피아제는 생후 1세 아동과 2세 아동의 사물중심활동 사이에는 그다지 중요한 질적 차이가 있지 않다고 보았다. 피아제가 생후 첫 2년의 시기를 한데 묶어서 감각동작기sensorimotor로 분류한 것은 이런 맥락이다. 피아제와 달리, 네오비고츠키주의자들은 비고츠키[1984/1998]의 관점을 계승하여 생후 1세 아동과 2세 아동의 사물중심활동 사이에 중요한 차이점이 있음을 강조했다.Elkonin, 1978, 1989; Lekhtman-Abramovich & Fradkina, 1949; Zaporozhets & Lisina, 1974

생후 1세 말까지, 영아는 사물이 지닌 물리적 특성에 따라 그것을 조작한다-딸랑이 흔들기, 공 밀기 등. 물론 러시아의 네오비고츠키주의자들도 사물의 물리적 특성에 따른 독자적인 사물 조작활동이 2세나 심지어 3세 아동에게서도 종종 발견된다는 사실을 부인하지 않을 것이다. 뿐만 아니라 그들은 서로 다른 물리적 속성을 지닌 사물과 환경을 아동이 학습함에 있어 이러한 조작 능력의 중요성에 대해서도 과소평가하지 않을 것이다. 그러나 네오비고츠키주의자들의 주된 강조점은 2~3세가 되면 더욱 많이 볼 수 있는 또 다른 형태의 사물중심활동에 있다. 이것은 사물을 그것의 사회적 의미에 따라 갖고 노는 활동인데, 이 속엔 다양한 장난감을 갖고 노는 놀이활동이 포함되지만 이것이 전부는 아니다. 네오비고츠키주의자들의 이러한 입장을 이해하려면 아동발달의 주된 결정요인인 매개에 대한 비고츠키의 개념을 살펴볼 필요가 있다.

엄밀히 말해, 아동이 사물을 그 물리적 특성에 따라 만지고 놀 때 성인이 곁에 있을 필요는 없다. 어떤 사물에 대한 물리적인 특성은 시각적으로 읽히기도 하고 아동이 독자적으로 탐구하는 과정에서 밝혀질 수도 있다. 이를테면 공을 밀면 공이 굴러가고 딸랑이를 흔들면 소리가 난다는 사실을 아동 스스로 발견할 수 있는 것이다. 그러나 아동이 이러한 활동을 독자적으로 수행할 때 그 사고력이 **근접발달수준**이 아닌 **실제 발달수준**에 놓여 있기 때문에 정신발달과 관련하여 별 도움이 못 된다._{실제 발달수준}과 근접발달수준에 대해서는 1장을 보라

그런데 앞에서 여러 번 논했듯이, 이런저런 사회적 의미에 따라 사물을 갖고 놀 때 아동은 성인의 도움을 필요로 한다. 왜냐하면 사물의 물리적 특성과는 달리 사회적 의미는 사물에 "쓰여 있지"_{Elkonin, 1989, p. 48} 않기 때문이다. 따라서 아동 스스로 사물에 내재된 사회적 의미를 발견하기는 쉽지 않다. 아동이 사회적 사물_{social objects}을 갖고 놀 때 성인이 함께 하게 되면 아동 정신과정에 성인매개가 이루어진다. 아동-성인의 사물중심 협응활동은 아동의 사회적 사물 활용 방법 습득을 위한 필수조건일 뿐만 아니라 아동 정신과정의 근접발달영역을 창출하도록 이끈다.

3장에서 논했듯이, 생후 1세 말 무렵의 영아에겐 사물중심활동_{object-centered activity}에 대한 동기가 발달한다. 아동은 사물중심활동의 매개자로서 성인을 **받아들이고**, 사물이 갖는 사회적 의미에 따라 물건이나 장난감을 이용하여 성인의 행위를 흉내 내기 시작한다. 마침내 아동은 몸짓으로 하는 사물중심 의사소통의 표현 방법을 터득하게 된다. 이는 **의사소통** 역량 외에 영아-성인 협응 주의력_{joint attention} 발달로 이어져 더 높은 차

원의 아동 정신과정 발달을 위한 토대를 확보하게 된다.

네오비고츠키주의자들에 따르면, 성인-아동의 사물중심 협응활동 object-centered joint activity 은 해당 연령기의 발달에 영향을 미치는데, 이 협응활동이 가능한 것은 이전 시기에 이루어진 발달에 힘입은 결과이기도 하다. 성인-아동의 사물중심 협응활동에 대한 이해를 바탕으로 러시아 네오비고츠키주의자들은 이 활동이 2~3세 아동의 이끎활동이라고 주장하였다. 이들 연구의 주요 목적은 이 활동이 어떻게 발달해가며 이 활동으로부터 어떤 발달 결과가 도출되는지를 분석하는 것이다.

성인-아동의 사물중심 협응활동의 발달

네오비고츠키주의자들의 주요 연구 결과들 Elkonin, 1978, 1989; Fradkina, 1946; Lekhtman-Abramovich & Pradkina, 1949; Mikhailenko, 1975; Zaporozhets & Lisina, 1974 을 요약해보면, 성인-아동의 사물중심활동의 발달이 다음 두 단계를 통해 진행된다는 것을 알 수 있다.

첫 번째 단계: 1~2세

이 단계에 접어들었을 때 아동은 사회적 의미(예를 들면, 인형에게 밥 먹이기)에 따라 사물과 장난감을 가지고 성인의 행동을 모방하는데, 이것은 영아기의 끝 무렵부터 시작되었다. 이러한 모방은 성인이 적절한 시범을 보여준 다음 아동에게 그 행위를 흉내 내노록 유도할 때만 나타난다. 성인에 의한 이러한 노력의 결과, 아동의 무의미한 사물 조작활동(흔들기, 두드리기)의 빈도는 줄어들고, 주의를 집중하여 성인 행위를 모방하려 한다. 그러나 아이의 이러한 행위들은 성인-아동 협응활동에서 성인이 시범 보였던 그 장난감과 사물을 갖고 똑같이 따라 하는 한계를 지닌다. 이를

테면 1세 여아는,

> 양육자가 시범 보인 동물 모양의 장난감에게만 잠재우고 먹여주는 행위를 한다. 이 단계의 아동들에게 장난감이 실물을 닮았느냐 안 닮았느냐는 중요하지 않다. 중요한 것은 이 장난감이 성인과의 협응활동에서 사용한 것과 동일한 것이냐 하는 것이다.Elkonin, 1978, p. 162

새로운 행위를 익히는 과정에서 아동은 자기 동작의 정확성 여부를 확인하기 위해 끊임없이 성인에게 검증을 요청하며, 혹 새로운 행위의 모방에서 어려움이 생기면 적극적으로 도움을 구한다.

그 뒤, 아동은 성인과의 협응활동 과정에서 터득한 행위들을 새로운 사물과 환경에 전이시키기 시작한다(숟가락으로 인형에게 밥 먹이던 행위가 숟가락을 이용해 장난감 개나 말에게 먹이 주는 행위로 전이됨). 기존 사물중심행위가 새로운 사물과 상황으로 전이되는 것은 매우 중요한데, 이로부터 이러한 행위들의 일반화가 이루어지기 때문이다. 이 일반화를 통해 아동은 자신이 최초에 품었던 특정 사물에 대한 집착으로부터 탈피해 간다. 그러나 특정 사물로부터 탈피해가는 행위들에서 중요한 단계는 대체사물object substitutes의 사용과 관계있다. 대체사물 사용 능력은 2세 말 무렵에 급격히 증가하는데, 이는 성인과의 사물중심 협응활동이 두 번째 단계로 나아갔음을 의미한다.

두 번째 단계: 2~3세

엘코닌Elkonin, 1978이 지적했듯이, 사물대체object substitution는 아동이 놀이활동에 필요한 사물을 갈구하는 상황에서 일어난다. 인형에게 밥을 먹일 때 숟가락 대신 막대기를 사용하거나, 인형의 손을 씻겨줄 때 비누 대신 돌멩이를 사용할 수 있다. 러시아 네오비고츠키주의자들의 관찰과 연구에 따르면, 최초의 사물대체는 협응 놀이 상황에서 성인이 아동에게 실제 사물 대신 다른 사물을 사용할 것을 제안한 뒤에야 가능하다고 한다.Bugrimenko & Smirnova, 1994; Elkonin, 1978; Fradkina, 1946; Lekhtman-Abramovich & Fradkina, 1949; Mikhailenko, 1975 아동–성인 사이에 이루어지는 이러한 협응 놀이 경험은 장차 어른이 시범 보인 사물대체를 아동이 독자적으로 흉내 내도록 하며, 그 후에는 아동 나름의 창의적인 사물대체로 발전해간다. 3세 말 무렵이면 아동의 사물대체는 높은 수준에 이르는데, 이러한 양상은 특히 하나의 사물로 이런저런 가상사물을 대체해야 하는 놀이 상황에서 두드러지게 나타난다. 논리적 연계성을 띠는 어떤 놀이활동(인형 손 씻기기, 인형 밥 먹이기, 인형 침대 놓기)에서 아동은 똑같은 돌멩이에 이런저런 이름을 지어준다. 인형에게 손 씻길 때 비누 대용으로 쓴 돌멩이를 사과 먹일 때는 사과 대용으로 쓰기도 한다. 즉, 사물이 무엇(비누 또는 사과)을 나타내는지에 따라 돌멩이의 호칭을 바꿔가는 것이다. 여기서 중요한 것은 아동이 최초의 가상사물에 해당하는 대체사물의 이름을 재명명하는 것은 성인이 이 사물을 재명명한 결과라는 점이다.

피아제1945/1962와 서구의 많은 심리학자들자세한 내용은 Fein, 1981을 보라은 사물대체를 새로운 활동 수준으로의 도약으로 보았는데, 여러 연구자들은 이를 다양한 상징적 놀이(환상놀이, 창의놀이, 상상놀이, 극놀이, 가장놀이)로 규정하였다. 비고츠키1966/1976; 1984/1998와 네오비고츠키주의자들Elkonin, 1978; Slavina, 1948 등은 대체사물을 이용하는 아동 활동을 넓은 의미에서의 놀이play로 규정하는 것에 동의하지만, 이들은 놀이라는 말의 의미를 아동이 어떤 역할을 떠맡고 그 역할에 따라 연기하는 활동으로 규정하는 것을 선호하는 편이다. 이런 활동은 3세 무렵에 나타나며, 이 시기에 아동은 스스로를 연기자action performers로 명명하기 시작한다. 처음에 아동은 자신의 실제 이름을 명명한다(예를 들면, 장난감 말의 입에 컵을 갖다 대면서 "바비가 먹이를 주고 있어"라고 말한다).Elkonin, 1978 3세 말 무렵 아동은 자신이 흉내 내고 있는 성인의 호칭을 사용하기 시작하는데(예를 들면, 엄마), 이는 아동의 활동 수준이 역할놀이role-play 단계로 발전했음을 의미한다.[1] 아동이 역할놀이를 인식하기 시작한 것은 사회적 역할과 관계의 세계로 아동을 인도하는 성인 매개의 결과이다(이 매개에 대해서는 다음 절에서 논할 것이다).Elkonin, 1978; Mikhailenko, 1975; Slavina, 1948; Sokolova, 1973

네오비고츠키주의자들에 따르면, 이러한 분석은 성인 매개가 2세 초 사물중심 조작 시기에서 3세 말 역할놀이 시기로의 이행에 중요한 결정요인이라는 것을 보여준다. 이러한 이론적 관점은 다음과 같은 점을 놀이의 중요한 특성으로 강조한 피아제의 입장과 정반대이다.

아동은 성인 세계나 일상의 현실 세계가 자기 놀이에 개입되는 것을 거부하는데, 이는 자신의 개인적인 현실private reality을 즐기기 위해서이다. 아동은 별로 힘들이지 않고 자신의 현실을 추구할 수 있다. 이것이 가능한 것은 간단하다. 자아의 세계universe가 원래 그러하며, 놀이가 이 세계를 일상 현실에의 강압적인 조절forced accommodation로부터 지켜주기 때문이다.Piaget, 1945/1962, p. 168

페인Fein, 1981이 지적한 바와 같이, 1970년대 초 "피아제의 연구 결과는 서구의 연구자들에게 가장놀이pretend play에 대한 체계적 연구의 기초가 되었다."p. 1097 버크와 윈슬러Berk & Winsler, 1995에 따르면, "피아제의 관점이 널리 받아들여져 왔기 때문에 최근까지 서구 연구자들은 아동 놀이 경험의 사회적 맥락에 대해 심도 있게 검토하지 않았다"p. 62고 지적했다. 놀이를 아동의 독자적인 활동으로 보는 피아제의 관점은 1970년대 서구 심리학자들이 수행한 놀이 연구에 많은 영향력을 끼쳤을 뿐만 아니라, 심지어

---

1. 몇몇 서구 심리학자들(Dunn & Dale, 1984; Huttenlocher & Higgins, 1978; Miller & Garvey, 1984)도 아동이 자신이 떠맡은 역할에 자기 이름을 일컫는 것을 역할놀이의 표지로 간주하였다.

아동 놀이에서 성인 역할이 중요하지 않다는 것을 입증하는 데 실패한 몇몇 연구자들의 그릇된 해석을 초래하기도 했다. 페인[1981]은 연구 결과를 요약하면서 다음과 같은 결론을 내렸다.

> 부모가 자녀와 함께 가장놀이에 참여하거나 놀이의 시범을 보이는 경우는 드물다. … 가정에서 가장 이야기를 지어내는 쪽은 엄마보다는 아동일 가능성이 많으며, 아동이 지어낸 이야기의 설정이 그럴듯하다고 인정하거나 혹은 구술 제안을 할지언정 엄마가 놀이에 참여하거나 놀이를 확장해가는 일은 흔치 않다.[p. 1106]

이러한 결론을 지지하기 위해 페인[1981]은 구체적으로 던과 우딩Dunn and Wooding, 1977의 연구에 대해 언급했다. 루빈, 페인, 반덴버그Rubin, Fein, Vandenberg, 1983도 이 연구에 대해 비슷한 해석을 내렸다. 스몰루차Smolucha, 1992가 정확히 지적했듯이, 던과 우딩의 연구를 그런 식으로 해석한 것은 잘못이다.

> 놀이 연구를 검토한 뒤 루빈, 페인, 반덴버그[1983]는 관찰연구가 아동이 엄마와의 상호작용을 통해 놀이하는 방법을 배우게 된다는 사실을 입증하지 못했다고 결론지었다. 그런 다음 그 결론을 뒷받침하는 사례로 던과 우딩[1977]의 연구를 그릇되게 인용했다.[1983, pp. 728-729] 사실을 말하자면, 던과 우딩[1977]은 18~24개월 아동을 둔 엄마가 가장 이야기의 39%를 만들고, 아동이 지은 이야기의 대부분은 엄마와의 상호작용에 의해 만들어졌다는 사실을 발견했다.[p. 72][2]

---

2. 이어지는 절에서 우리는 던과 우딩(1977)의 연구 결과에서 놀이에 대한 네오비고츠키주의의 관점을 반박하는 근거보다 지지하는 근거를 더 많이 발견할 수 있을 것이다.

놀이를 아동의 독자적인 활동으로 여기는 피아제의 견해에 대한 새로운 비판적 시각은 서구의 연구자들이 1980년대와 그 이후에 걸쳐 축적해 놓은 실증적 발견과 관찰에 의해 제안되었다. 오코넬과 브레더턴O'Connell & Bretherton, 1984은 1970년대 말과 1980년대 초의 연구 결과를 종합하여 다음과 같이 썼다. "자발적인spontaneous 놀이 상황과 의도된elicited 놀이 상황에서 이루어지는 아동 행동 사이에 중대한 차이가 있다는 사실은 유능한 조력자의 도움을 받을 때 아동은 홀로 할 수 있는 것보다 더 많은 것을 성취할 수 있다는 비고츠키의 주장을 어느 정도 뒷받침해준다."p. 343 또한 이들은 성인 매개가 효과를 발휘하려면 아동의 "근접발달영역 내에 있어야 함"p. 365. 이러한 전제 조건은 성인의 참여를 통해 아동의 놀이를 진전시키려는 몇몇 연구자들의 실패를 설명해준다을 강조했다.

1980년대 말과 1990년대 초에 이루어진 실증적 발견과 관찰은 아동 놀이에서 성인의 역할에 관한 비고츠키의 입장을 더욱 강력히 뒷받침했다. 이들 연구 결과를 요약하면서 왁스Wachs, 1993는 양육자의 매개와 아동 놀이 발달 사이에 정적 연관이 있다고 결론지었다. 오라일리와 본스타인 O'Reilly and Bornstein, 1993은 또 다른 연구 분석을 통해 다음과 같은 결론을 내렸다.

> 엄마가 참여하는 놀이는 아동 혼자 하는 놀이에 비해 놀이 지속 시간이나 놀이 수준이 더욱 정교하며 놀이의 형태도 다양하다. … 아동이 가장 높은 수준의 놀이 행위를 보이는 경우는 엄마의 시범과 권유에 직접적으로 반응할 때이다. 엄마가 자극을 가할 때 아동의 놀이는 아동의 자발적인 놀이나 혼자 하는 놀이에 비해 훨씬 정교한 모습을 보인다.p. 58

이들의 관찰 결과에 대해 논하면서 헤이트와 밀러Haight & Miller, 1993도 비슷한 결론을 내렸다.

가정에서 어린 아동을 관찰함으로써 우리는 가장 행위가 압도적으로 사회적이라는 사실뿐만 아니라, 1세부터 3세까지는 엄마가 주된 놀이 파트너 역할을 한다는 사실을 발견했다. 엄마는 아동이 늘어놓는 이야기에 귀 기울이고 맞장구를 쳐주는 동안 아동의 말을 고쳐주고 자극을 줌으로써 아동의 놀이를 확장시킨다.pp. 6-7

서구 학자들의 이러한 연구 결과들은 아동의 장난감 활용 능력 발달이 양육자의 매개에 말미암는다는 비고츠키의 관점에 대한 강력한 실증적 근거를 제공한다. 이러한 비고츠키의 관점은 아동 놀이에 관한 서구 학자들의 연구뿐만 아니라 교육 현장에까지도 영향을 미쳤다고 말해도 과언이 아닐 것이다. 웰터로스의 연구Welteroth, 2002에서 다룬 주된 문제는 조기 헤드 스타트Early Head Start 미국의 저소득층 가정의 자녀를 위해 무료 혹은 저렴한 교육비로 조기 유아교육을 제공하는 프로그램 가정교사들이 사회적으로나 경제적으로 불우한 처지에 있는 부모들에게 자녀의 놀이 역량을 향상시키기 위해 놀이를 매개하고 자극하는 방법을 전수해주는 것이었다.

그러나 장난감놀이에 성인이 매개한 결과로 단지 놀이 역량만 발달하는 것은 아니다. 성인 매개는 아동의 동기적 차원과 정신적 차원에서 중요한 변화를 이끈다. 성인 매개로 인한 이러한 발달 결과는 절을 바꾸어 논하겠다.

역할놀이에 대한 아동의 동기 발날

아동의 사물중심활동에서 성인 매개가 미치는 중요한 발달 성과 중 하나는 역할놀이 동기의 발달인데, 3세 말 무렵 이 동기는 기존 사물중심 활동 동기를 대체한다.Elkonin, 1978, 1989; Fradkina, 1946; Lekhtman-Abramovich &

Fradkina, 1949; Leontiev, 1959/1964; Slavina, 1948; Usova, 1976 아동 동기의 이러한 전환은, 앞 장에서 살펴본 양육자와의 정서적 상호작용 동기가 사물중심활동 동기로 전환될 때처럼 선명한 양상을 보이는 것은 아니다. 사실 2~3세 여아는 똑같은 인형과 장난감을 사용해서 예전처럼 엄마-딸 놀이를 할지도 모른다. 그러나 자세히 살펴보면 이때의 놀이 특성은 매우 다양하다는 것을 확인할 수 있는데, 이러한 사실은 아이들의 놀이 동기 또한 매우 다양함을 시사한다.[3]

네오비고츠키주의자들의 연구 결과와 관찰에 따르면, 아동의 역할놀이 동기 발달은 몇 단계에 걸쳐 이루어진다.Elkonin, 1978, Fradkina, 1946; Lekhtman-Abramovich & Fradkina, 1949; Slavina, 1948; Usova, 1976 생후 2년 동안 아동의 주요 관심사는 성인이 시범 보인 사물중심활동의 모방에 있다. 앞서 논했듯이, 성인이 아동에게 장난감(예를 들면, 인형과 숟가락)을 건네준 뒤, 이 장난감을 다루는 시범(숟가락으로 인형에게 밥 먹이기)을 보인 다음 아동에게 이 행동을 흉내 내도록 독려한다. 그러면 아동은 기꺼이 이 행동을 수행하게 된다.

성인이 대체사물을 아동에게 소개하고 이 대체사물을 이용한 협응 놀이활동(인형에게 밥을 먹이기 위해 숟가락의 대체사물로 막대를 사용하는 것)에 참여시키는 것은 아동으로 하여금 사물로부터 행위를 분리하도록 돕는데, 이것은 아동 흥미의 전환으로 이어진다. 엘코닌[1978]은 이러한 전환을 다음과 같이 묘사했다. "예전에는 아동 행위의 초점이 숟가락이나 머리빗에 있었지만 지금은 인형에 있다. ⋯ 이에 따라 숟가락이나 머리빗은 인형에게 밥을 먹이거나 머리를 빗겨주는 행위를 수행하는 수단으로 바뀌었다."p. 186

---

3. 서구 심리학계에서 아동 동기의 측정을 위해 사물중심놀이와 탐구놀이의 질적 특성을 이용한 학자로는 제닝스, 하먼, 모건, 게이터, 야로우(Jennings, Harmon, Morgan, Gaiter & Yarrow, 1979), 벨스키와 모스트(Belsky & Most, 1981)가 있다.

새로운 역할놀이 동기 발달의 마지막 단계는 사회적 역할과 관계망에 대해 관심 갖기이다. 성인 세계는 아동에게 큰 매력으로 다가오는데, 아동은 이 세계의 일원이 되기를 고대한다. 그러나 아동은 이 욕구를 곧바로 채울 수는 없다. 엄마, 의사, 소방관이 될 수 없기 때문에 사회적 역할과 관계로 얽힌 세계 속에서 역할놀이를 통해 성인의 역할과 관계들을 흉내를 내봄으로써 자신의 흥미를 충족시켜간다. 비고츠키[1966/1976]가 언급했듯이, "모든 역할놀이는 실현 불가능한 욕구를 상상과 환상의 세계에서 구현하는 행위로 해석되어야 한다."[p. 539] 따라서 역할놀이의 동기는 "성인처럼 행동하기"[Elkonin, 1978, p. 150]이다.

　역할놀이 동기에 대해 설명함에 있어 비고츠키주의자들은 문화기술지 문헌을 통해 중요한 근거를 확보했다. 문자 사용 이전 단계의 사회에서는 3세밖에 안 된 아동이 수렵 채집 따위의 성인 활동에 참여할 수도 있을 것이다.[한 예로, Lancy, 2002 참고] 따라서 비고츠키주의의 관점에서 이들은 놀이를 통해 성인 역할을 흉내 낼 필요가 없다. 미드[1930]의 뉴기니 아동 관찰을 필두로 수많은 연구 결과가 수집되었는데, 문자 사용 이전 단계 사회의 아동은 역할놀이를 전혀 안 하거나[Feitelson, 1997 참고], 브라질 토착민 아동의 결혼놀이처럼 자신의 실제 삶에서는 이룰 수 없는 성인 생활을 모방하는 역할놀이를 한다.[Gregor, 1977]

　역할놀이에 대한 아동의 동기는 역할을 떠맡고 그 역할에 따라 행동할 때 생겨난다. 3세 미만의 여자아이는 엄마 역할에 대한 성인의 제안에 응하지 않는 반면(이 아이는 아기에게 우유 주기 역할에 대한 제안은 수락할 수도 있다), 3세 아이는 이 역할을 흔쾌히 받아들이고 행할 것이다. "너는 누구니?"라고 묻는다면, 아이는 자신이 맡은 역할의 이름을 대답할 것이다("나는 엄마예요"). 엄마놀이에서 중요한 측면은 엄마-딸 관계의 모방에 있으며(사랑, 돌봄 등), 이는 아동이 떠맡은 엄마 역할을 상징한다. 물론 아이는 자신이 1년 전에 했던 놀이(인형 먹이 주기, 인형 빗질하기)와 비숫한 사물중심활동을 수행할지도 모른다. 그러나 아이에게 이 행위의 의미는 이전의 행위와 사뭇 다르다. 엘코닌[1978]은 다음과 같이 썼다.

예전에 아동은 인형을 목욕시키고 밥 먹이고 침대에 눕혔다. 지금도 얼핏 봐서는 똑같은 인형에게 똑같은 행위들을 되풀이하는 듯하다. 무엇이 달라졌을까? 이 모든 사물과 행위는 이제 아동이 세상과 맺는 새로운 관계 방식, 즉 새로운 정서적 매력을 지닌 활동 속으로 녹아든다. 따라서 이러한 행위와 사물은 아동에게 새로운 의미를 가지게 된다. 아동이 엄마가 되고 인형이 아기가 됨에 따라 아기를 목욕시키고 먹여주고 요리하는 행위가 아기를 돌보는 행위로 전환된다. 이러한 행위들은 이제 아기에 대한 엄마의 관계, 즉 모성애와 자애로움을 상징한다.[p. 276][4]

그리하여 사물중심활동의 모방은 더 이상 아동 놀이의 주된 양상이 아니다.

놀이 과정에서 아동이 수행하는 행위[action 이러한 문맥에서 action은 역할놀이에서 펼치는 연기행위를 뜻한다]는 놀이의 줄거리와 자신이 맡은 역할에 종속되어 있다. 이러한 행위 자체가 목적은 아니다. 행위는 항상 역할의 구현을 추구한다. 행위는 일반화되고 축약되며, 아동의 나이가 많을수록 놀이 행위는 더욱 축약된다.[Elkonin, 1978, p. 176]

사물중심활동 자체가 목적이던 것이 놀이 역할을 구현하기 위해 축약

---

4. 엘코닌의 이 관찰은 스밀란스키와 셰파타의 연구 결과(Smilansky & Shefatya, 1990)와 매우 일치한다. 이들은 낮은 SES(사회경제적 지위) 가정의 3~6세 아동의 놀이가 미숙하다는 사실을 관찰하고선 다음과 같이 지적하였다. "낮은 SES 가정 아동의 만족도는 성인의 활동을 그대로 모방하는 것에서 비롯된다. 자신의 행위가 성인의 활동과 비슷하다고 느낄수록 아동은 그 행위를 더 잘 즐긴다"(p. 58). 대조적으로, 같은 나이의 높은 SES 가정 아동은 성숙한 역할놀이를 하는데, "성인의 활동을 그대로 따라 하는 것을 벗어나 성인답게 행위하고 성인처럼 감정을 느끼고자 한다"(p. 58).

된 형태의 행위를 수행하는 것으로 전환된 것은 역할놀이 동기가 발전하여 기존 사물중심활동 동기를 대체한 것에 대한 또 다른 증거다.

그러나 아동의 역할놀이 동기가 저절로 발달하는 것은 아니다. 이 동기가 발달하려면 아동은 먼저 사회적 역할과 관계로 이루어진 세계의 존재를 **발견**해야 한다. 그러나 엘코닌[1978]이 통찰력 있게 지적했듯이, 걸음마기 아동에게 "역할, 책임, 관계…로 점철되는 성인 세계는 사물중심 행위 뒤에 숨겨져 있다."[pp. 275-276] 따라서 역할놀이 동기 발달을 촉진하기 위해 성인은 아동으로 하여금 사물중심행위 뒤에 **숨어 있는** 사회적 역할과 관계로 이루어진 세계를 **발견**하도록 도와주어야 한다. 러시아 네오비고츠키주의자들의 연구에 힘입어 이러한 **발견**을 촉진할 수 있는 두 가지 중요한 요소가 밝혀졌다.[Elkonin, 1978; Mikhailenko, 1975; Slavina, 1948; Sokolova, 1973]

첫째, 성인은 사회적 역할과 연관된 **다양한** 협응활동에 아동을 참여시켜야 한다. 아동이 아기에게 우유 주기 놀이(즉, 엄마의 역할과 관련된 행위 수행)를 하면, 성인은 이 역할과 관계있는 다른 협응활동(즉, 아기 목욕시키기, 침대에 아기 눕히기, 아기랑 산책하기 등)에 아동을 참여시켜야 한다. 둘째, 아동이 별생각 없이 수행하고 있는 역할을 명확히 인식하도록 성인이 적절한 언급을 해줘야 한다(이를테면, "너는 **엄마처럼** 아기 목욕을 잘 시키고 있구나"). 이런 식으로 아동의 사물중심활동을 심화시켜 사회적 역할 및 관계 모방을 지향하게 함으로써 아동의 관심을 사물중심활동의 모방으로부터 사회적 역할과 관계의 모방으로 전이되도록 이끈다. 이러한 전이를 네오비고츠키주의의 용어로 묘사하자면, 사회적 역할과 관계 모방의 목표가 이 모방을 지향하는 새로운 활동 동기, 즉 역할놀이 동기로 전환되는 것이다.

역할놀이 동기는 아동이 자발적으로 발달시키는 것이 아니라 성인 매개의 결과이다. 엘코닌[1978]이 지적했듯이, "역할놀이의 발달이 아동 내부에서 자발적으로 이루어진다는 사고는 그 발달이 사실상 어른이 아이를 이끈 결과라는 사실을 어른들이 간과하는 것에 기인한다."p. 187

　서구 심리학계에서는 아동 역할놀이의 동기 발달 문제를 쉽게 지나쳤는데, 그 이유는 놀이를 "자연발생적이고 자율적인 활동"으로 간주했기 때문이다.Bondioli, 2001, p. 111 그러나 몇몇 서구 심리학자들의 실증적 연구 결과는 아동 역할놀이의 동기 발달에 성인 매개가 중요하다고 분석한 네오비고츠키주의자들의 의견과 일치한다.

　헤이트와 밀러1993는 가정 내 상황에서 어린 아동을 관찰한 결과, 엄마-아동 가장놀이의 이야기 짓기에서 12개월 아동의 몫은 단 1%였던 반면, 24개월 아동과 36개월 아동은 각각 41%와 58%를 차지한 것으로 나타났다. 이 연구 결과를 놀이 동기의 역동성과 관련지어 해석한다면, 가장놀이는 처음부터 자율적 활동에서 비롯된 것이 아니라는 결론이 된다. 아동의 놀이 동기는 나중에 점진적으로 발달해간다. 24개월과 36개월 아동의 놀이에서 혼자 하는 가장놀이보다 엄마와 함께 하는 가장놀이의 지속 시간이 2배 정도 길며, 이러한 관찰 결과는 자녀의 놀이에 엄마가 참여하는 것이 아동의 흥미를 증가시키는 것으로 해석할 수 있다.

　던과 우딩1977이 관찰했듯이, 엄마의 존재 자체만으로도 18~24개월 아동의 가장놀이 시간은 증가했다. 아동 놀이가 "성인의 관심과 함께 할 때 놀이시간이 상당 부분 증가한다는 사실은 성인 매개가 아동의 흥미와 동기에 영향을 미쳤음을 강력히 시사한다."Dunn & Wooding, 1997, p. 50 이 시사점은 역할놀이 동기보다 사물중심놀이 동기의 발달에 관한 언급이지만, 놀이 동기의 발달에서 성인 역할의 중요성에 대한 생각은 네오비고츠키주의자들의 일반적인 관점과 일치한다.

　밀러와 가비Miller & Garvey, 1984는 엄마놀이에 참여한 2~3세 아동을 대상으로 종단 연구를 실시했다. 이 연구에서, 2.5세 된 아동과 놀이를 할 때는 양육자가 "'네가 엄마야'라는 식의 말로 아동에게 엄마의 역할을 일러준 반면"[p. 119], 23개월 여아를 대상으로는,

> 엄마인 사람이 아기에게 무엇을 줘야 하며 어떤 점들을 신경 써야 하는지, 또 어떻게 행동해야 하는지 직접 시범을 보이며 아이 행위를 이끌어낸다. 이 가르침은 트림시키기, 기저귀 채우기, 우유 먹이기 따위의 행위에 대한 단순한 설명에 그치는 것이 아니라, 아기에게 호감이나 애정을 적절히 표현하는 방법 같은 내적 속성에 대한 실감나는 시범을 포함한다.[Miller & Garvey, 1984, p. 128]

또한 밀러와 가비[1984]는 "아동과 양육자 간의 초창기 엄마놀이가 그 후 또래와의 사회적 역할극으로 이어지는 연속성"[p. 128]을 발견했다. 던과 데일[Dunn & Dale, 1984]이 결론 내렸듯이, 이러한 실험 결과는 "가장놀이에 등장하는 역할의 정체성을 완전히 익히기 몇 달 전부터 아동이 이러한 능력과 밀접히 연관된 사회적 상호작용이나 놀이활동에 참여했다"[p. 133]는 사실을 강조했다.

끝으로 스밀란스키와 셰파타[1990]가 관찰했듯이, 아동의 역할놀이 참여는 부모가 "마치 놀이 파트너인 것처럼, 장난감을 갖고 노는 아이에게 다음과 같이 반응할 때 촉진된다. '오늘 아기 기분은 어때요? 아기가 많이 울고 있나요? 아기 우유는 먹였어요? 오늘 쇼핑 다녀왔어요?'"[p. 130] 이렇듯 서구 연구자들의 관찰과 연구 결과는 아동이 놀이 역할을 인지하는 것은 아동이 별생각 없이 수행한 역할에 대해 성인이 일깨워준 결과라는 네오비고츠키주의자들의 주장에 강력한 근거를 제공하고 있다.

사물대체와 상징적 사고의 발달

비고츠키[1984/1998]와 피아제[1945/1962] 둘 다 상징적 사고 능력을 2세 말 무렵 나타나기 시작하는 중요한 신형성으로 보았다. 이 능력이 발달하기 전까지 아동은 현실 세계에 **갇혀** 눈앞에 존재하지 않는 사물이나 사건에 대해 생각을 품지 못한다. 심지어 아동은 자신이 지각하는 현실과 모순되는 진술을 하지도 못한다. 비고츠키[1984/1998]는 아동 사고의 이러한 한계를 "지각에 종속된"[p. 263] 상태로 정의하였다.

> 2세 아동은 "닭이 걸어가고 있어", "코코가 걸어가", "개가 달리고 있어"와 같은 말을 별 어려움 없이 따라 한다. 그러나 자기 앞에 타냐라는 아이가 의자에 앉아 있을 때, 아이는 "타냐가 걸어가고 있어"라고 말할 수 없다. 이 말에 대해 아동은 "타냐는 앉아 있잖아"라는 반응을 보일 것이다. … 3세 말 무렵에야 비로소 아동은 실제와 다른 어떤 것을 말할 수 있는 극히 초보적인 능력이 길러질 뿐이다.[pp. 262-263]

또한 피아제와 비고츠키 둘 다 상징적 사고 능력의 발현을 가장놀이에서의 대체사물 사용 능력과 연관 지었다. 그러나 상징적 사고의 발달과 대체사물 사용 사이의 관계에 대한 두 사람의 설명은 대조를 이룬다.

피아제[1936/1952, 1945/1962]에 따르면 상징적 사고는 대체사물을 사용할 수 있는 감각운동적 스키마가 성숙한 결과인데, 사물대체는 상징적 사고 발달의 원인이라기보다 결과에 해당한다. 피아제는 다음과 같이 썼다.

> 상징 놀이가 일어나는 인과관계가 지금 명확히 밝혀지고 있는 바, 그것은 본질적으로 아동 사고의 구조로부터 파생된다. 상징 놀이는 사고 속에서 동화가 이루어진 한 측면, 즉 아동이 현실을 자유롭게 동화시킬

수 있음을 의미하는 표지이다. … 상징 놀이는 이론적 차원의 그 속성을 말하자면 자기중심적일 뿐이다.Piaget, p. 166

피아제와 달리 비고츠키1966/1976는 상징적 사고의 발달이 자발적이고 자연스러운 과정이 아니라고 주장했다. 상징적 사고는 아동의 대체사물 사용 능력에 절대적으로 영향을 받는데, 이로부터 아동은 자신이 지각한 사물 혹은 사건과 자신의 사고를 분리시킬 수 있게 된다. "사물과 낱말을 분리시키기 위해선 전환축pivot이 필요하다."p. 547 이 이치를 설명하기 위해 비고츠키1978는 막대를 말로 이용하여 말타기 놀이를 하는 아동의 예를 들었다.

막대가 말의 의미를 실제 말에서 분리시키는 전환축으로 쓰인다는 것은 아동이 하나의 사물을 다른 사물에 의미론적으로 영향을 주게 되었음을 뜻한다. 아동은 오직 다른 어떤 것에서 전환축을 발견할 때만 사물로부터 의미를 분리시키거나 낱말을 사물로부터 분리시킬 수 있다. 의미의 전이는 아동이 낱말을 사물의 속성으로 받아들일 때 촉진된다. 이때 아이는 낱말을 보는 것이 아니라 낱말이 지칭하는 사물을 보는 것이다. 아동의 입장에서 막대기에 부여된 말이라는 낱말은 "말이 있다"는 것을 의미한다. 즉, 아동은 정신의 힘으로 낱말의 이면에 존재하는 사물을 볼 수 있게 된 것이다. 의미를 조작할 수 있는 단계로의 결정적인 이행은 아동이 의미를 사물처럼 다루며 놀기 시작할 때(막대가 마치 말인 것처럼 갖고 놀 때) 일어난다.pp. 98-99

러시아 네오비고츠키주의자들은 상징적 사고의 발달에서 사물대체의 중요성에 대한 비고츠키의 관점을 열렬히 받아들였다. 엘코닌1978은 다음과 같이 썼다.

아이들의 놀이 모습을 자세히 살펴보면, 아이가 이미 사물의 의미를 잘 이해하고 있지만 여전히 장난감을 대체사물로 이용하는 것을 볼 수 있다. 놀이 행위의 발달과정을 분석해보면 대체사물을 다루는 아동의 행위가 점점 축약된 형태로 이루어지고 있음을 알 수 있다. 초기에는 다소 늘어진extended 행위로 대체사물을 다루던 것이… 나중에는 이름을 붙인 대체사물이 사물의 상징 역할을 하게 되며, 아동의 행위는 언어가 수반된 축약된 몸짓으로 질적 변화를 이룬다. 따라서 놀이활동은 본질적으로 과도기적 속성이다. 놀이활동은 점진적으로 사물의 의미를 수용하는 정신 활동으로 전환되는데, 이 정신 활동은 축약된 약간의 몸짓을 곁들인 언어의 사용을 통해 수행된다. 진정 흥미로운 것은, 놀이 과정에서 아동의 화법 또한 축약되는 점이다. 이를테면, 저녁식사 놀이에서 아동은 벽을 향해 걸어가 한두 차례 손 씻는 시늉을 하고선 "다 씻었다 have washed"고 말한다. 그러고선 숟가락을 의미하는 막대를 이용해 몇 번 떠먹는 시늉을 하고는 "다 먹었다have had a dinner"고 말한다. 이처럼 사물로부터 의미를 분리시킨 행위를 수행할 수 있게 된 것은 상징적 사고 발달의 준비가 되었음을 뜻한다.p. 284

이미 언급했듯이, 네오비고츠키주의자들의 연구는 아동의 대체사물 사용 능력의 발달은 절대적으로 성인 매개에 힘입은 결과임을 보여주었다. 특히, 아동이 최초로 사물대체를 시도하는 것은 협응 놀이 과정에서 성인이 가상사물 대신 특정 사물을 사용하고선 이 사물의 이름을 가상사물에 따라 지을 것을 제안한 뒤에야 가능하다.Bugrimenko & Smirnova, 1994; Elkonin, 1978; Fradkina, 1946; Lekhtman-Abramovich & Fradkina, 1949; Mikhailenko, 1975

1970년대 서구 심리학자들이 수행한 여러 연구 결과들은 아동의 사물대체 수행 능력의 발현에 미치는 성인 매개의 중요성과 관련하여 비고츠키의 관점보다는 피아제의 관점을 지지하는 듯했다. 연구자들은 아동이 사물대체를 단독적으로 수행하는 것을 관찰했으며[Fein, 1975; McCune-Nicolich, 1977; Sinclair, 1970], 성인의 대체사물 사용 시범이 아동의 사물대체 능력의 진전으로 이어지지 않는다고 보고하였다.[Fein, 1975] 그러나 스몰루차와 스몰루차[Smolucha & Smolucha, 1998]는 이 연구들을 주의 깊게 분석한 뒤 "그들이 내세우는 가장놀이의 단독적 속성에 대한 확실한 증거를 제시하지 못했다[p. 38]"라고 밝혔다. 구체적으로, 스몰루차와 스몰루차[1998]는 분석 대상 연구들 중 어느 것도 "연구의 매개변수 밖에서 발생하는 놀이 상호작용으로 인해 그들의 연구가 잘못될 가능성이 있다는 사실을 염두에 두지 않았다[p. 39]"고 결론지었다. 스몰루차와 스몰루차[1998]는 또한 페인[1975]의 연구에서 실험자가 단지 사물대체를 시범 보이고선 아동이 그대로 따라 하도록 했다는 점을 정확히 지적하였다. 한편 네오비고츠키주의자들이 주장하는 매개는,

아동 앞에서 놀이 행위를 단순히 연기하는 게 아니라, 성인이 사물대체를 시범 보인 다음 성인의 행동을 아동 스스로 재현하도록 돕는 놀이 상호작용에 아동을 참여시키는 것을 의미한다.[p. 41]

페인[1975]의 연구는 아동의 사물대체가 성인 매개에 의해 결정되는 것이 아니라는 점을 밝혔다기보다는 성인과 함께 한 협응활동에 아동이 능동적으로 참여해야지만 효과적인 매개가 가능하다는 네오비고츠키주의자들의 일반적인 주장을 확인시켜주었을 뿐이다.

1980년대와 그 후 서구 심리학자들에 의해 수집된 실증적 발견과 관찰 자료는 아동의 상징 조작 능력 발달에서 아동의 대체사물 사용에 성인 매개가 미치는 중요성과 관련하여 피아제의 관점보다 비고츠키의 관점과 훨씬 많이 부합한다. 이러한 연구 결과와 관찰 자료들은 세 가지로 나눌 수 있다.

첫째, 18~30개월의 아동이 혼자 놀 때는 상징 놀이와 아무 관련이 없거나 상징 놀이의 수준이 미숙한 것으로 나타났다. 그에 반해, 엄마들의 참여는 아동의 상징 놀이 수준을 현저히 높여준다.Beizer & Howes, 1992; Fiese, 1990; Haight & Miller, 1993; O'Reilly & Bornstein, 1993; Slade, 1987 특히 오라일리와 본스타인O'Reilly & Bornstein, 1993은 "2세 아동이 집에서 놀 때, 비상징적 탐구 놀이는 아동 혼자서 수행하는 특징이 있으며, 엄마와 같이 하는 놀이에선 거의 볼 수 없다p. 59"는 사실을 지적하였다. 헤이트와 밀러1993는 혼자 노는 아동은 "대체사물을 가지고 가장놀이를 할 수 있게 된 시점이 오래 지났음에도… 대부분 실제 사물을 가지고 가장놀이를 한다p. 98"는 것을 관찰하였다.

둘째, 아동과 함께 한 상징 놀이에서 엄마의 참여 수준과 아동의 상징 놀이 수준 사이에 깊은 상관관계가 있는 것으로 나타났다.O'Reilly & Bornstein, 1993; TamisLeMonda & Bornstein, 1991; Tamis-LeMonda, Bornstein, Cyphers, Toda, & Ogino, 1992; Unger & Howes, 1988 아동과 함께 한 협응 놀이에서 엄마의 참여 정도는 비고츠키의 용어로 말하자면, 아동의 실제 발달수준보다 근접 발달수준에서 이루어지는 것이 중요하다. 헤이트와 밀러1993는 다음과 같이 썼다. "12개월 된 8명의 아동 가운데 4명만이 가장놀이를 지었으며 그 빈도조차 매우 희박했다. 하지만 같은 나이의 아동을 둔 8명의 엄마들은 모두 가장놀이를 지어 아동에게 지도하고 아동의 주의를 끌었다."p. 40

끝으로, 아동의 사물대체 활동의 촉진자로서 성인 역할에 대해 집중적으로 조사한 몇몇 연구가 있었다.Bondioli, 2001; Bretherton, 1984; Fenson, 1984; Harris & Kavanaugh, 1993; Smolucha, 1992; Smolucha & Smolucha, 1998; Tomasello, Striano, & Rochat, 1999 이 연구들은 아동이 최초로 대체사물을 사용하게 되는 것은 성인이 사물대체 상황을 직접 시범 보이고 독려하며 비계를 설정한 직접적인 결과라는 비고츠키의 이론을 입증하였다. 특히 스몰루차1992의 관찰에 따르면, "14~25개월 아동의 가장놀이에서 대부분의 사물대체 활동은 엄마에 의해 시작된다."p. 73 14~28개월 아동을 대상으로 한 또 다른 종단 관찰 연구에서는 "연구 시작 단계에서 대부분의 사물대체를 시도했던 엄마의 자녀들이 연구가 끝날 무렵에도 대부분의 사물대체를 시도했다."Smolucha & Smolucha, 1998, p. 45라고 보고했다.

러시아 네오비고츠키주의자들과 서구 연구자들에 의해 수집된 실험 연구와 관찰 결과들은 사물중심 협응 놀이 상황에서 아동의 사물대체 활동에 성인 매개가 아동의 상징 능력 발달에 중요한 영향을 미친다는 것을 보여준다. 이러한 아동 능력 발달의 중요한 또 하나의 결정요인은 언어의 습득이다. 다음 절에서는 아동의 상징적 사고의 발달에서 언어 습득의 중요성에 관해 논할 것이다.

언어 습득과 아동 정신과정의 발달

생후 2~3세 아동의 중요한 특징 중 하나는 시글러Siegler, 1991의 표현을 빌리면, "언어 폭발"p. 146, 즉 현저히 빠른 언어 습득에 있다. 피아제1945/1962가 언어의 발달을 새로운 상징 능력이 발현하는 단서로 바라봤던 것과는 달리 비고츠키1984/1998는 이 발달을 아동이 새로운 수단으로 성인과 의사소통을 나누고자 하는 욕구를 품은 결과로 보았다. 이 의사소통 수단을 통해 아동은 이 연령기 특유의 협응활동을 꾀해간다. 비고츠키의 러시아 후학들은 아동의 언어 발생의 근원을 더 깊이 파고들었다.

언어 발달의 결정요인들

네오비고츠키주의자들에 따르면, 생후 1년간은 비언어적 의사소통 수단만으로도 아동-성인 간의 상호작용을 꾀해갈 수 있지만, 이것으로 사물중심 협응활동을 나누기엔 한계가 있다고 한다.Elagina, 1974, 1977; Elkonin,

1989; Lisina, 1986 이 협응활동 참여에 필요한 강력한 흥미를 갖기 위해서는 새로운 의사소통 수단으로서 언어를 습득해야만 한다. 그러나 이러한 언어 습득은 성인이 아동의 사물중심 협응활동의 맥락에서 아동이 사용하는 비언어적인 의사소통 방법을 **이해하지 못하여** 그들에게 낱말을 사용하도록 부추길 때에만 일어난다. 다음은 아동의 언어 습득에 관한 네오비고츠키주의의 관점을 지지하는 고전적인 두 연구에 대한 설명이다.

프래드키나Fradkina, 1955는 1세 아동이 언어를 습득하는 두 상황을 비교했다. 첫째 상황에서 성인은 아동에게 새로운 사물의 이름을 되풀이하여 말해주었다. 그 결과 아동은 10~11일 만에 새 낱말을 습득하였다. 두 번째 상황에서 성인은 아동을 사물중심 협응활동에 참여시켰고, 이 활동의 맥락 속에서 아동에게 사물의 이름을 가르쳐주었다. 이 경우에 아동은 새 낱말을 습득하는 데 하루밖에 걸리지 않았다. 이러한 실험 결과와 또 다른 네오비고츠키주의자들Kaverina, 1950; Lyamina, 1960; Popova, 1968의 연구 결과를 요약해서, 리시나1986는 다음과 같은 결론을 도출하였다. "아동은 자신과 소통하는 성인을 향해 자신의 첫말을 내뱉는다. 아동의 말은 사물이나 행위를 가리키며, 성인의 도움 없이는 해결할 수 없는 자신의 희망 사항을 표출하기 위해 사용된다."p. 65

엘라지나Elagina, 1977는 사물중심 협응활동의 과정에서 성인이 어떻게 아동의 언어 습득을 촉진시키는지를 자세히 분석했다. 13~19개월 된 아동은 성인이 사물의 이름을 가르쳐주는 사물중심 협응 놀이에 참여했다. 성인은 간혹 놀이를 방해하기도 하고 사물을 아동이 닿지 못하는 곳에 두기도 했다. 이때 아동이 보여준 전형적인 행동은 다음과 같다. 아동은 사물을 잡기 위해 몇 번의 실패를 거듭한 후, 성인에게 사물을 달라는 시도로서 비언어적 의사소통 방법(가령 웅얼거리거나 손가락으로 가리키기)을 사용하기 시작했다. 그러나 성인은 아동에게 사물을 바로 주기보다는 사물 이름을 발음해준 다음 아동이 그것을 거듭 따라 하게 했다. 아동은 성인의 명확한 표현에 집중하기 시작하고 그 낱말을 발음하기 위해 노력했다. 몇 번의 시도 끝에 아동이 사물의 이름을 정확히 발음할 때 성인은 아동에게 사물을 갖다 주었다. 중요한 것은, 아동이 그 뒤 이와 비슷한 상황을 맞이했을 때 혼자 힘으로 사물에 접근하려고 노력하거나 비언어적 의사소통 방법으로 성인에게 요구하는 방식의 모든 시도를 더 이상 하지 않는다는 것이다. 대신 아동은 성인의 정확한 발음에 집중하고 손에 닿을 수 없는 사물의 이름을 부르려고 애썼다. 엘라지나[1977]의 연구 결과와 또 다른 연구자들[Lisina, 1986; Rozengard-Pupko, 1963]의 유사한 관찰 결과로부터 리시나[1986]는 다음과 같은 결론을 내렸다. "현실 세계에서 그 어떤 것도 아동의 말을 이끌어내지 않는다. 오직 성인의 요구와 결핍만이 언어 습득이라는 위대한 과업을 달성하게 만든다."[p. 26]

서구 연구자들의 실증적 연구 결과는 아동 언어 발달에 대한 네오비고츠키주의자들의 이러한 주장을 뒷받침하였다. 이 연구 결과들은 세 부류로 나눌 수 있다.

첫째, 아동의 가장놀이 수준은, 당연한 결과지만 언어 발달과 연관되어 있는 것으로 나타났다. 특히 13개월 된 아동의 가장놀이 수준은 수용적인 언어[receptive language]와 연관이 있고[Tamis-LeMonda & Bornstein, 1993], 2세 말 아동의 언어 발달을 예측하는 것으로 밝혀졌다.[Sigman & Sena, 1993; Tamis-LeMonda & Bornstein, 1993] 앞서 논했듯이, 가장놀이의 수준은 성인 매개의 영향을 많이 받는 것으로 생각되기 때문에, 이런 연구 결과는 간접적이나마 아동 언어 습득에서 성인 매개가 중요한 역할을 차지한다는 네오비고츠키주의의 주장을 뒷받침한다.

두 번째 연구 결과는 여기서 논의한 네오비고츠키주의의 주장을 더욱 강력히 뒷받침하고 있다. 다양한 연구와 관찰 결과에서 나타나듯이, 아동의 언어 습득은 사물중심 협응활동의 맥락 속에서 이루어지는 성인의 언어 사용에 의해 결정된다.[Bruner, 1975a, 1975b, Haight & Miller, 1993; Olson, Bayles, &

Bates, 1986; Tomasello & Farrar, 1986; Tomasello & Todd, 1983; Wells, 1985 구체적으로, 헤이트와 밀러[1993]가 자신의 연구 결과를 요약했듯이, "가장놀이에서 사용된 아동 이야기의 상당 부분은 12~24개월 기간에 엄마가 지어낸 이야기를 되풀이한 것이었다."[p. 67]

마지막으로, 몇몇 연구는 성인이 아동의 언어 습득을 촉진하려면 그저 아동의 몸짓을 이해하고 말로 옮겨주는 것보다는 아동이 낱말을 사용하도록 독려하는 협응활동을 해야 한다는 네오비고츠키주의의 주장을 뒷받침하였다.Moss & Dumas, 1988의 연구, Moss, 1992와 Ninio & Bruner, 1978에서 논의됨 아동이 **실제 발달** 단계보다 **근접발달** 단계에서 의사소통하도록 독려하는 것은 장애 아동에게 특히 중요하다. 요더[Yoder, 1992]의 연구에서 지적했듯이, 장애를 지닌 영아와 의사소통할 때, 엄마들은 "너무 빨리 도와줘버리는데, 이는 사실상 장애 아동이 자신의 욕구를 호소하기 위해 말하는 법을 배우기 위한 동기나 정보를 차단해버리는 결과를 낳는다."[p. 1] 반대로, 정신 지체 아동에게 언어적 의사소통 방법을 가르쳐준 뒤 자신이 원하는 것을 표현할 때 이 의사소통 방법을 사용하도록 독려함으로써 언어 발달을 촉진하는 것으로 나타났다.Warren, Yoder, Gazdag, Kim & Jones, 1993

정신과정 발달에서 언어 습득의 중요성

비고츠키에게 언어 습득의 중요성은 아동이 사회적 의사소통의 주요 수단을 숙달하는 것에 국한되지 않는다. 1장에서 논했듯이, 비고츠키[1978, 1934/1986, 1984/1998]는 언어적 의사소통 수단을 아동의 정신과정을 매개하는 중요한 정신도구로 보았다. 러시아 네오비고츠키주의자들도 이와 비슷한 입장이다(하지만 2장에서 보았듯이, 이들은 아동이 이 의사소통 수단의 사용 방법을 터득하지 못하면 이것은 정신도구의 역할을 할 수 없다고 주장한다.Elkonin, 1956; Galperin, 1957, 1966, 1969; Leontiev, 1959/1964; Zaporozhets, 1986b).

아동의 정신과정 발달에서 언어 습득의 중요성은 많은 실증적 연구와 관찰을 통해 입증되었다. 앞서 1장에서 아동의 자기조절과 관련하여 언어의 중요성에 대한 비고츠키의 관점을 강하게 뒷받침하는 러시아와 서구 연구자들의 많은 연구 결과에 대해 논의했다. 아동은 언어적 방법을 터득한 다음 이것을 자신에게 말하기self-talk(이른바 자기중심적 언어 또는 혼잣말)에 이용하기 시작하고, 이는 아동의 행동 조절을 돕는다. 나중에 혼잣말은 내면화되고 자기조절의 내적 도구로 이용된다.

언어 습득의 두 번째 중요한 발달 성과는 상징적 사고의 발달이다. 앞장에서 논했듯이, 상징적 사고 발달의 중요한 결정요인은 대체사물의 사용인데, 이것은 아동으로 하여금 사물의 이름을 사물로부터 분리하도록 돕는 전환축 역할을 한다. 그러나 이런 분리를 터득하기 위해 아동은 사물의 이름을 먼저 익혀야 한다. 또한 언어 사용은 대체사물을 사용한 아동의 놀이활동을 매우 풍요롭게 하는 것으로 나타났다. 다음은 대체사물을 사용한 아동 행위를 풍요롭게 하는 언어 역할에 관한 분석이다.

앞서 논했듯이, 최초의 사물대체는 성인과의 협응활동에서 사용한 똑같은 장난감과 사물을 가지고 성인의 행위를 그대로 모방하는 것이다. 그런 다음 아동은 자기 나름의 사물대체를 추구하기 시작한다. 그러나 이는,

엄밀한 의미에서 아직 대체가 아니다. 왜냐하면 그것이 아동 행위에서만 이루어질 뿐 정신에서는 일어나지 않기 때문이다. 성인이 놀이에서 사용하고 있는 사물 이름이 뭔지 물으면, 아동은 사물의 놀이 이름이 아닌 진짜 이름을 말한다. 이를테면 한 아이가 요리 놀이에서 냄비에 뭔가를 젓고 불면서 맛보는 시늉을 할 때, 성인이 "너 냄비에 뭐 요리해?"라고 물어보면 아이는 "막대와 둥근 것"이라고 답한다.Bugrimenko & Smirnova, 1994, p. 292

따라서 아직은 언어가 아동의 놀이활동을 매개하지 못한다. 그러나 나중에 아동은 가상사물missing object에 해당하는 이름을 대체사물에 붙여 부르기 시작하는데 이는,

아동 행위의 성격을 송두리째 바꿔버린다. 낱말에 담긴 새로운 의미는 사물에 생명을 부여한다. … 어린 여자아이가 작은 공으로 인형에게 음식을 먹이는 상황을 생각해보자. 성인이 "작은 인형이 뭘 먹고 있니? 계란이니?"라고 물었을 때 아이는 미소 지으며, 마치 공을 익숙한 사물로 여기고 있던 것처럼 공을 갖고 일련의 놀이활동을 펼치기 시작한다. 아이는 계란을 불면서 "뜨거워, 곧 식을 거야"라고 말한다. 그런 다음 계란 껍데기를 벗기고 소금을 약간 올린 다음 인형에게 다음과 같은 말을 하면서 계란을 먹인다. "계란이 맛있어. 이젠 뜨겁지 않아" 등. 놀이 과정에서 아이가 처음으로 사물에 이름을 재명명할 때(이는 보통 성인이 재명명한 것을 아이가 받아들이고 되풀이할 때 일어난다), 말하자면, 아이는 사물을 갖고서 새로운 행동 방법을 발견한다. 아이는 자신의 놀이에서 지어낸 자기 나름의 사물대체를 때론 상상력을 곁들여 소개하기 시작한다.Bugrimenko & Smirnova, 1994, pp. 292-293

아동이 최초로 가상사물에 해당하는 이름으로 대체사물에 이름을 붙이는 것은 성인이 시범 보인 재명명의 결과라는 부그리멘코와 스미르노바의 주장은 러시아 네오비고츠키주의자들의 수많은 관찰 결과를 통해 입증되었다.Elkonin, 1978; Fradkina, 1946; Lukov, 1937; Mikhailenko, 1975

엘코닌[1978]이 지적했듯이, 대체사물에 새로운 이름을 부여하는 것은 3세 말 무렵에 특히 중요한 과업으로 부상하는데, 이 시기는 아동이 하나의 사물로 이런저런 가상 사물들을 대체하는 논리적 연관을 지닌 일련의 행위들을 수행하기 시작할 때이다. 특정 놀이 이야기 속에 등장하는 사물

에 해당하는 대체사물에 이름을 부여함으로써 　아동은 적절한 놀이활동을 수행할 수 있게 된다. 엘코닌[1978]은 다음과 같이 썼다.

우리의 연구와 관찰에서 나타났듯이, 놀이에서 필수적이지만 존재하지 않는 사물에 대한 대체물로 사용된 사물은 매우 다양한 용도로 사용될 뿐만 아니라, 가상사물과의 유사성 또한 매우 상대적이다. 도대체 막대와 말 사이의 어떤 유사성이 있단 말인가? 막대는 심지어 말의 도식적schematic 이미지도 아니다. 똑같은 막대가 총, 뱀, 나무로 대체될 수도 있다. … 이는 전적으로 특정 놀이 순간에 아동이 그 대체사물에 의미를 부여하기 나름이다. 특정 놀이 상황에서 대체사물을 명명하기 위해 아동이 사용하는 하나의 낱말은 곧 이 사물이 사용될 수 있는 방식을 한정 짓는데, 이 방식에 따라 이 사물이 사용될 수 있다. 그리고 이 낱말은 이 사물이 어떻게 사용될 수 있고 사용되어야 하는지, 즉 이 사물과 관련하여 어떤 행위가 수행되어야 하는지를 결정한다. 만약 벽돌에 다리미라는 이름을 붙인다면 그것은 다림질에 사용되어야 한다. 만약 고기조각으로 이름 붙인다면 그것은 먹는 용도로 사용되어야 하고, 접시로 이름 붙인다면 실제 접시인 양 음식을 차려놓고 나를 때 사용되어야 한다. 이것은 이 발달 시기에서 이 낱말이 사물과 관련한 아동 경험 속에 스며들어 있을 때만이 가능하다.pp. 244-245, 강조는 Karpov

따라서 가상사물에 해당하는 이름을 붙인 대체사물을 갖고 행위를 수행할 때, 아동은 사물 그 자체보다 이 사물에 부여한 새로운 의미에 따라 놀이를 진행한다. 비고츠키[1978]의 말을 빌리자면, "사물로부터 분리된 사고와 행위는 사물로부터 나온다기보다 생각idea으로부터 나온다."p. 97 그러나 위의 엘코닌[1978]의 인용문에서 강조하듯, 아동 활동에서 그런 매개적 역할을 수행하려면, 아동이 대체사물에 부여하는 새로운 이름이 아동의 일관된 지식과 부합해야 한다. 벽돌에 부여된 다리미라는 낱말은 아동이 다림질하는 방법에 대해 잘 알고 있을 때만이 벽돌을 다리미인 것처럼 사용하도록 이끌 것이다. 이러한 전제 조건으로부터 우리는 비고츠키와 그의 러시아 후학들과의 차이를 엿볼 수 있다. 이전에 논했듯이, 비고츠키의 러시아 후학들은 일반적으로 낱말은 아동이 적절한 방법을 숙달할 때만이 매개적 역할을 수행할 수 있다고 주장했다.

몇몇 연구들이 보여주는 것처럼, 아동의 상징적 사고 발달에서 언어적 의사소통 수단이 차지하는 중요성은 사물대체에만 국한되지 않는다. 로젠가르드-푭코Rozengard-Pupko, 1948는 정상적 언어 발달 상태와 지체된 언어 발달 상태에 있는 3세 아동의 이해력에 대해 연구했다. 아이들에게 다양한 장난감 사물 가운데 주어진 모형(예를 들어 모형은 큰 쥐, 사물은 작은 쥐와 큰 개)과 비슷한 것 하나를 고르라고 했다. 이 연구는 언어 발달 수준이 정상인 아동과 지체된 아동을 비교해서 행동 수행에 어떤 차이가 있는가를 보여주었다. 문제 수행에서 사물 이름에 대한 지식을 갖고 있는 정상적 언어 발달수준의 아이들은 자기 선택의 근거로 모형 이름을 사용했다(위 예를 들자면, 그들은 작은 쥐를 선택하였다). 이와 대조적으로 언어 발달이 지체된 아이들은 사물의 크기나 색깔 따위의 표면적 특성에 근거하여 선택했다(이를테면, 그들은 큰 개를 선택하였다).[5]

루리아와 유도비치Luria and Yudovich, 1956의 고전적 연구로 성인이나 또래와의 접촉 없이 오직 둘이서만 의사소통을 나눈(몸짓과 유사낱말을 사용함) 쌍둥이를 대상으로 수행한 연구가 있다. 5세에 해당하는 그들의 언어 발달은 의사소통의 부족으로 인해 2세 아동의 발달수준보다도 낮았

---

5. 사물 이름에 관한 지식이 사물에 대한 사고력을 결정짓는 이치는 3세 아동뿐만 아니라 성인에게도 적용된다. 이러한 사실은 1930년대 초에 구 소비에트연방의 아시아 공화국 중 하나인 우즈베키스탄의 산골 마을에서 농민들과 함께 수행한 루리아(1974/1976)의 유명한 연구를 통해 입증되었다. 다양한 도형(원, 삼각형, 사각형 등)을 제시하고서 그것들이 무엇과 비슷한가 물었더니, 문맹인 농부들은 도형의 크기, 색깔 또는 쓰임새와 같은 외관상의 특색을 기초로 판단을 내렸다. 이와 대조적으로, 글을 읽을 수 있는 농부들은 도형이 속한 기하학적 분류에 기초하여 판단을 했다.

다. 아이들의 행동 수행과 문제해결력 또한 매우 낮은 수준에 머물러 있었다. 구체적으로, 이들은 정상 언어 발달수준의 또래 아동이 쉽게 풀 수 있는 분류하기 문제를 하나도 못 풀었다. 연구자들은 아주 간단한 개입intervention을 시도했다. 쌍둥이들을 서로 다른 유치원 환경에 분리시켜놓은 것이다. 또래들과의 의사소통 욕구는 쌍둥이들의 급격한 언어 소통 능력의 향상으로 이어졌다. 분리한 지 딱 3개월 만에 정상 연령 수준에 도달했다. 아울러 행동과 문제해결력에서도 의미 있는 진전이 있었는데, 추가로 7개월 더 분리시켜놓고 관찰한 결과, 그들은 정상 연령 수준에 걸맞은 사물 분류를 할 수 있게 되었다. 연구자들이 도출한 설득력 있는 결론은, 이러한 성취의 주된 이유가 쌍둥이들이 의사소통적 언어를 습득한 것에 있으며, 습득된 언어가 내면화되고 아동의 정신과정을 매개하게 되었다는 것이다.

이 결론에 대한 추가적인 확증으로 쌍둥이들이 보여준 발전에 대한 비교 분석 연구가 수행되었다. 그 핵심은 쌍둥이 중 한 명(처음에 좀 더 부진했던 아동)에게 의사소통적 언어 사용에 관한 체계적인 교육을 시킨 것이다. 10개월의 교육이 끝난 뒤 소년은 의사소통적 언어의 사용뿐만 아니라 사물 분류와 문제 풀이의 단계에서도 눈에 띄게 자기 형을 앞질렀다.

토마셀로[1999]가 지적했듯이, 많은 서구 연구자들은 "언어 습득이 인지적 표상의 본질에 영향력을 미친다고 믿지 않는다. 그들은 언어적 상징을 이미 형성된 사고력에 그저 부수적인 유용한 도구로밖에 보지 않기 때문이다."[p. 124] 얼핏 일반적인 이론적 견해로 보이지만, 이 견해는 이 주제에 관한 피아제 관점의 영향을 많이 받은 것이다. 아동 정신과정의 매개체로서 언어의 중요성은 서구 연구자들의 몇몇 연구에서도 입증되었다. 쿠작, 보리스, 존스[Kuczaj, Borys, & Jones, 1989]는 아동에게 사물의 이름을 가르치는 것이 사물을 분류하는 능력을 용이하게 한다고 주장하였다. 이와 달리, 아동의 특정한 언어 장애는 다양한 종류의 인지적 문제 및 지체와 관련이 있는 것으로 나타났다.Leonard, 1998 토마셀로1999는 몇몇 다른 서구 연구자들의 자료와 자신의 실증적 자료를 요약하여 다음과 같은 결론을 내렸다.

> 언어 습득은 아동으로 하여금 사물을 더욱 정교한 방식으로 개념화하고, 분류하고, 도식화하도록 이끈다. 이런 정신기능은 일상적인 언어학습 경험을 통하지 않고서는 획득할 수 없는 것이다. 사물에 대한 이러한 표상 및 도식화 능력은 인간의 인지에 복잡성과 융통성을 가져온다.p. 159

성인과 함께 하는 사물중심 협응활동이 걸음마기의 이끎활동인 까닭

지금까지 논의한 바와 같이, 사물중심활동에 대한 성인 매개는 3세 말 무렵 아동의 동기적, 정신적 차원의 중요한 변화를 이끌었다. 첫째, 사회적 역할과 관계의 세계에 깊은 관심을 품게 되었다. 그 결과, 역할놀이의 과정에서 사회적 역할과 관계의 모방에 대한 동기는 사물중심활동의 동기를 능가하게 되었다. 둘째, 사회적 의사소통을 위한 중요한 수단인 언어를 숙달하게 되었다. 셋째, 혼잣말의 사용을 통해 자기조절 능력을 키우게 되었다. 넷째, 상징적 사고 능력이 발달함에 따라 아동은 "자신이 본 것을 독립적으로 수행하는 것"Vygotsky, 1978, p. 97이 가능해졌다. 이 모든 결과는 아동의 흥미가 사회극놀이(즉, 또래와 함께 하는 역할놀이)로 전이되도록 이끈다. 이는 다음 장에서 논의할 것이며, 아동초기 동안 그들의 이끎활동이 될 것이다. 따라서 성인과 함께 한 걸음마기 아동의 사물중심 협응활동은 네오비고츠키주의자들이 제안한 이끎활동의 모든 요건을 충족한다.

5

3~6세(아동초기)의 이끎활동: 사회극놀이

사회극놀이sociodramatic play는 아동이 어떤 사회적 관계가 반영된 줄 거리(이를테면 가게에서 무엇을 사기)를 선택한 뒤 역할을 나누고(이를테면 구매자와 판매자), 선택한 사회적 역할을 흉내 내며 놀이하는play 이 책에서 play가 '역할놀이(하다)'의 의미로 쓰이는 경우가 많다(129쪽 참조) 협응활동이다. 사회극놀이에 관한 여러 연구들Erikson, 1963; A. Freud, 1927; S. Freud, 1920/1955; Piaget, 1945/1962이 아동발달에서 놀이의 중요성에 대해 서로 다르게 설명하고 있지만, 이들 생각에서 한 가지 중요한 공통점이 있다. 그것은 사회극놀이가 아동이 어떤 규칙과 사회적 압박으로부터 벗어나 원하는 대로 무엇이든 할 수 있는 자유롭고 자발적인 활동인 까닭에, 성인은 아동의 놀이에 끼어들지 말아야 한다는 것이다.

비고츠키1966/1976와 러시아 네오비고츠키주의자들Elkonin, 1948, 1971/1972, 1978, 1989; Leontiev, 1959/1964; Usova, 1976; Zaporozhets, 1978/1997의 생각은 다르다. 이들이 보기엔, 아동이 사회적 압박으로부터 벗어나기 위해 놀이를 하는 것이 아니라 오히려 그 반대다. 앞 장에서 논했듯이, 3세에는 사회적 관계의 세계에 대한 강한 흥미가 발달한다. 아동에게 성인들의 세계는 매우 매력적으로 다가오고 그 세계의 일원이 되기를 소망한다. 하지만 산업사회에서 아동은 이 욕망을 직접 충족할 수 없다. 아동이 의사나 소방관이

될 수 없기 때문이다. 이것이 아동이 사회극놀이 과정을 통해 사회적 역할과 관계를 모방하고 탐구함으로써 성인들의 세계에 **파고드는**penetrate 이유이다. 사회극놀이의 동기는 "성인처럼 행동하기"Elkonin, 1978, p. 150이다.

이스라엘의 스밀란스키와 셰파타[1990]도 사회극놀이의 동기에 대해 네오비고츠키주의자들과 매우 비슷한 설명을 하였다. 연구자들은 아동에게 "가장 인기 있는 역할은 **실제**real 일을 적극적으로 수행하는 **성인들**의 역할"p. 20인 것을 관찰한 다음, "사회극놀이는 사회적 역할과 관계성을 적극적으로 경험하는 작은 세계"p. 224라고 결론 내렸다. 더욱이,

모방 행동을 통해 아동은 성인 세계의 상호작용 관계망 속으로 들어가고자 한다. … 아동은 자신의 이기심 따위의 심리적 욕구 충족을 위해 놀이의 사실성을 왜곡하려 들지는 않는다. 오히려 사회극놀이에서 아동은 자신이 관찰하고, 자신이 이해한 세계를 자신이 기억하는 범위 내에서 최대한 정확히 재생하는 것을 목적으로 삼는다.p. 111

그러나 사회적 역할과 관계를 모방하고자 하는 아동의 욕구나 사회극놀이 과정에서 역할을 수행하는 역량이 저절로 발달하지는 않는다. 앞장에서 논했듯이, 3세 아동에게 역할놀이의 동기는 성인이 아동의 사물중심활동과 사회적 역할 및 관계의 모방을 촉진한 결과로 생겨난다. 아동의 상징적 사고symbolic thought(이 사고를 통해 사회극놀이의 토대가 되는 가상 상황 설정이 가능하다)도 성인 매개에 힘입어 발달한다는 것이 밝혀졌다. 또한 성인의 매개가 협응활동 참여에 필수조건인 자기조절의 토대와 언어 발달을 결정하는 것으로 밝혀졌다. 따라서 아동이 사회극놀이로 이행하는 것은 자연발생적인 현상이라기보다는 이전 발달 시기에 성인이 매개한 결과로 봐야 한다. 앞으로 논하겠지만, 네오비고츠키주의자들에 따르면, 아동초기의 사회극놀이 발달과 성장 또한 성인 매개에 크게 좌

우된다.Elkonin, 1948, 1971/1972, 1978, 1989; Leontiev, 1959/1964; Usova, 1976; Zaporozhets, 1978/1997

네오비고츠키주의자들은 사회극놀이의 기원과 발달에서 성인 매개가 차지하는 중요성에 대한 확고한 근거를 서구 학자들의 연구와 관찰에서 찾았다. 서구 연구자들이 기록한 바에 따르면, 많은 취학 전 아동은 사회극놀이에 전혀 참여하지 않는다. 티자드Tizard, 1977는 영국 아동들을 관찰하고 다음과 같이 적었다.

> 어린이집에서 이루어지는 놀이는 대부분 반복적이고 유치한 수준이다. 이곳에서는 놀이의 84%가 아동이 오직 한 가지 행동, 이를테면 모래사장에서 땅을 파고 휘적거리거나 "나는 데렉이에요"라고 말하며 뛰어다니는 따위가 전부인 것으로 드러났다. 정교한 사회극이나 어떤 생각이 담긴 짜임새 있는 놀이는 드물었다.p. 206

이스라엘의 유치원과 어린이집에서도 놀이가 점점 사라지고 있는 것으로 나타났다. "놀이 대사들이 대부분 지루하고 반복적인 것이었으며, 역할이나 연기가 매번 같았고 주로 사물을 변형시킨 연극 도구를 사용하는 수준이었다."Glaubman, Kashi, & Koresh, 2001, p. 137 미국의 취학 전 아동들도 사회극놀이에의 참여도가 매우 저조한 것으로 나타났다.Elkind, 1987; Sylva, Roy, & Painter, 1980 서구 사회에서 이루어진 여러 연구 결과들Elkind, 1990도 그렇고, 이러한 관찰 결과들은 지금까지 사회극놀이에 관한 가장 유력한 관점으로 아동의 역할놀이를 **자연발생적인** 것으로 본 이론들을 뒷받침할 만한 근거가 거의 없음을 보여준다. 스밀란스키와 셰파타1990는 이 이론들을 검토한 뒤, "어떤 놀이 이론도 특정 아동집단이 사회극놀이활동에 참여하지 않는 이유에 대해 설명하지 못하고 있다"p. 103고 지적했다.

많은 연구자들은 사회극놀이가 사라지고 있는 원인이 아동이 여가 시간에 TV나 컴퓨터, 비디오게임에 빠져드는 것과 관계있다고 본다.[Guddemi & Jambor, 1993] 구체적으로 존슨, 크리스티, 요키[Johnson, Christie, and Yawkey, 1987]는 이렇게 썼다. "텔레비전 시청과 유아의 놀이에 관한 상당수의 연구들은 텔레비전이 부정적인 영향을 미친다고 주장한다. 텔레비전이 놀이시간과 창의성의 발현 가능성을 빼앗기 때문이다."[p. 213] 프로벤조[Provenzo, 1998]도 이와 비슷한 관점을 피력했다. "현대사회는 놀이 역사의 전환기이다. 텔레비전, 비디오게임, 가상현실과 같은 새로운 기술이 만들어낸 놀이공간은 노작 중심의 전통적인 놀이 방식으로부터 아동을 몰아내고 있다."[p. 517]

사회극놀이가 사라져가는 또 다른 원인(이는 주로 네오비고츠키주의자들에 의해 규명되고 있다)은 서구의 부모들이 자녀에게 사회극놀이를 매개해주지 않거나, 놀이를 시간 낭비라 생각하고 놀이에 빠지지 못하게 하는 경향성이 늘어나는 것과 관계있다.[Elkind, 1987] 교사들도 사회극놀이에 대해 이와 비슷한 태도를 보이는 것으로 나타났다. 사회극놀이에 대한 미국과 이스라엘 교사들의 태도를 조사한 결과에 따르면, "90%의 교사들이 사회극놀이가 아동의 향후 학습과 학교 준비에 도움이 되지 않는다고 보았으며, 나머지 10%는 사회극놀이의 가치를 사회적 정서 조절과 연결지었다."[Smilansky & Shefatya, 1990, p. 232] 아동의 사회극놀이를 반대하지 않는 교사의 경우에도, "지적·사회적 정서 발달을 위한 놀이에서 **성인의 불간섭 원칙은 절대적으로 지켜져야 한다고 믿는다.**"[Smilansky & Shefatya, 1990, p. 141]

아동의 사회극놀이 참여에서 성인 매개의 중요성에 대한 또 다른 연구로 낮은 SES 사회경제적 지위 socioeconomic-status 가정의 아동과 높은 SES 가정의 아동 놀이를 비교한 연구 결과가 있다. 한 예로, 이스라엘에서 높은 SES 가정의 아동들은 대부분 사회극놀이에 적극적으로 참여하는 것이 관찰되었지만, 낮은 SES 가정의 아동들은,

3세 혹은 4세에 매일 유치원 교육을 받긴 해도, 가장놀이pretend play를 위해 제공된 도구(인형이나 병원 코너 등)를 사용할 줄 몰랐다. 놀이 코너에 간 몇몇 아동은 짧은 시간 동안 혼자서 장난감을 만지작거릴 뿐이었다.Smilansky & Shefatya, 1990, p. xi

그리핑Griffing, 1980은 SES에 따른 미국 아동들에 관한 유사한 사례를 발표했다. 그리핑의 관찰 결과는 높은 SES의 부모가 낮은 SES의 부모에 비해 아이의 놀이활동을 훨씬 더 많이 권장하고 매개해주며, 놀이활동에도 더 많이 참여하는 것으로 나타났다.Smilansky & Shefatya, 1990

지금까지 언급한 연구와 관찰 결과들은 아동의 삶에서 사회극놀이가 결코 **자연발생적** 현상이 아니라는 네오비고츠키주의자들의 관점을 강력히 뒷받침해준다. 사회극놀이에서 성인의 매개와 아동 참여의 연관성은 매개가 사회극놀이의 주된 결정요인이라는 네오비고츠키주의자들의 주장과 일치한다. 이 주장에 관한 보다 강력한 근거는 개입 연구interventional studies에서 제시되고 있는데, 이는 다음 절에서 논하겠다.

사회극놀이의 주된 결정요인으로서 성인의 매개

사회극놀이는 사회적 역할과 관계에 대한 아동의 모방을 내포하는데, 모방을 위해 아동은 이러한 역할과 관계를 알고 있어야 한다. 하지만 아동이 성인의 행동을 단순히 관찰하는 것만으로는 사회적 역할과 관계를 알 수 없다. 아동이 성인의 행동을 관찰할 수 있는 것은 사실이나, 주어진 사회적 상황 속에서 성인이 **왜** 그런 행동을 하며 어떻게 행동하는가 하는 것은 아동의 눈에 보이지 않는다. 따라서 네오비고츠키주의자들은 성인이 아동에게 다양한 사회적 역할과 관계에 대해 설명해주는 것이 사회극놀이에서 성인 매개의 핵심이라고 주장한다.Elkonin, 1978 네오비고츠키주의자들의 이러한 주장은 여러 연구와 관찰에서 확인되었다. 다음은 그한 예이다.Koroleva, 1957, Elkonin, 1978에서 소개됨

5~6세 유치원 아이들이 기차를 타고 여름 캠프에 갔다. 교사는 아이들에게 장난감(기차 모형, 기차역 모형 등)을 주고 기차역 놀이를 하게 했다. 교사가 역할(역장, 차장, 승객 등)을 정해주었음에도 아이들은 다양한 장난감을 가지고 놀 뿐 사회극놀이에는 참여하지 않았다. 그 뒤 교사는 다시 아이들을 기차역으로 데리고 가서 역에 있는 다양한 사람들의 사회적 역할에 대해 설명했다(이 사람은 역장이야-기차를 맞이하고 있어, 이들은 승객이야-표를 사고 있어, 이 사람은 기술자야-기차 운행에 앞서 기관차 엔진을 점검하고 있어, 이 사람은 차장이야-승객들의 표를 확인하고 있어 등). 교사는 아동이 관찰하는 다양한 일상적 관계(즉, 먼저 승객이 표를 사야 하고 그 다음 기차에 타기 위해선 차장에게 표를 보여줘야 하는 것)에 대해서도 설명했다. 유치원으로 돌아와서 아이들은 역할을 나눠 나름의 창의성과 열정으로 기차역 놀이를 하기 시작했다.

사회극놀이 참여를 위해서는 아동에게 사회적 역할을 소개하고 설명하는 것이 중요하다는 네오비고츠키주의자들의 주장은 서구 학자들의 여러 연구와 관찰에서 확인되었다. **첫째**, 사회적 역할과 관계에 관한 지식이 부족할 경우 사회극놀이가 어려워진다는 것이다. 존슨 등Johnson et al., 1987은 다음과 같이 요약하였다.

역할놀이는 아동이 자신의 사전 지식에 기초하여 맡은 역할에 알맞은 연기를 펼칠 것을 요구한다. 만약 아동이 맡은 역할에 대한 경험이 별로 없다면, 사회극놀이는 불가능하거나 지속될 수 없다. 대부분의 아동이 가족 구성원의 역할은 충분히 경험했지만, 일과 관련된 역할은 익숙하지 않다. 이를테면 우다드1984는 식당 놀이에서 취학 전 아동이 주

방장이나 접시닦이의 역할을 수행할 때 힘들어했다는 것을 지적했다.

둘째, 아동이 관찰만으로는 성인의 행동 뒤에 **숨어 있는**hidden 사회적 역할과 관계를 파악할 수 없다는 네오비고츠키주의자들의 주장은 서구 학자들의 연구와 관찰을 통해 확인되었다. 구체적으로, 레빈Levin, 1998은 어떤 TV프로에 영향을 받은 두 소년의 놀이에 관해 설명했다. 놀이에서 아이들은 "폭력성이나 폭력이 타인에게 미치는 영향, 대안적인 방법에 대해서는 탐구하지 않고"p. 351 그저 TV에 나오는 폭력적인 행위를 거듭 따라하기만 했다. 스밀란스키와 셰파타1990는 아동이 아버지의 역할을 연기하는 것을 예로 들었다.

아동은 모방하고자 하는 활동이나 행동 특성을 어느 정도 이해하고 있어야 한다. 이러한 이해가 없이는 그저 겉으로 보이는 몸짓(아버지가 걷는 것처럼 걷거나 아버지가 하는 것처럼 손이나 얼굴을 움직이는 것 등)을 모방할 수 있을 뿐이다. … 관찰만으로는 아버지의 이미지 모방에 필요한 그럴듯한 행동 수행 식견을 얻을 수 없다. 아동에게 필요한 것은, 설명과 직접적인 안내 그리고 특정 행동에서 부모-아동의 협응이다.
p. 127

이것은 스밀란스키와 셰파타1990의 관찰에서 "어른이 한 번쯤 읽어줬을 법한 영화나 소설의 주제를 바탕으로 사회극놀이를 한"p. 52 아동이 단 한 명도 없었던 이유를 말해준다.

셋째, 아동이 놀이에서 사회적 역할과 관계를 연기하는 것은 성인이 사회적 역할과 관계를 소개하고 설명해준 결과라는 것을 여러 서구 연구자들의 연구와 관찰이 보여주고 있다. 2.5세~6.5세 아동을 관찰한 마셜

Marshall, 1961은 "만약 부모나 어떤 중요한 성인이 아동에게 다른 아동과 놀이할 때 활용할 수 있는 많은 주제에 관해서 이야기하면, 그 아동은 또래들과 이 주제들을 갖고 더 자주 놀이를 펼친다"는 사실을 발견했다.p. 72 앞서 논했듯이, 아동 혼자 TV 보는 것은 사회극놀이 참여 역량의 발전으로 연결되지 않는 반면, 성인의 설명을 들으면서 TV를 보는 것은 긍정적인 영향을 미쳤다.Singer & Singer, 1976, Johnson et al., 1987에서 소개됨 그리고 살츠, 딕슨, 존슨Saltz, Dixon, and Johnson, 1977은 3~4세 아동을 대상으로 의사 집무실, 편의점, 소방서 등에서의 상황에 맞는 사회적 역할과 관계에 관한 지식을 1년에 걸쳐 가르쳤다. 그런 다음 연구자들은 아이들에게 토론을 통해 새로운 상황을 설정해보라고 독려했다. 그랬더니 대부분의 아동이 자신이 관찰한 사회적 상황이 반영된 사회극놀이에 자기주도적으로 참여했다. 아동의 놀이 역량 발달에서 성인의 중요성에 관해 존슨 등[1987]은 다음과 같이 요약했다. "교사는 현장학습, 다양한 직업인 초청수업, 그리고 다양한 직업에 관한 이야기와 같은 적절한 경험을 제공함으로써 아동이 이야기의 주제와 역할에 대해 명확히 이해하도록 도울 수 있다. 물론 부모들도 자녀에게 비슷한 경험을 제공할 수 있다."p. 29

앞서 논했듯이, 사회극놀이에 참여하는 아동에게 사회적 역할을 소개하고 설명하는 것이 중요하다는 네오비고츠키주의자들의 주장은 서구 학자들의 연구에서도 확인되었지만, 많은 학자들은 또 다른 형태의 성인 매개의 중요성도 강조하였는데, 그것은 놀이 방법을 가르치는 일이다. 그들은 사회극놀이의 주요 국면에 대한 실력 향상을 목표로 다양한 개입 연구interventional study를 진행했다.해당 연구에 대한 설명은 다음을 보라-Glaubman et al., 2001; Johnson et al., 1987; Smilansky & Shefatya, 1990 이 연구에서 성인은 놀이의 줄거리를 제안하고 다듬어주고, 아동이 역할을 나누고 적용하고 놀이 역할을 연기하는 것을 돕고, 아동의 대체사물 사용을 독려하고, 놀이 행동의 심화된 모습을 시범 보이고, 놀이와 관련된 대화를 하도록 유도함으로써 아동의 놀이를 매개했다. 이런 매개가 아동의 사회극놀이의 지속 시간과 수준을 상당히 향상시킨 것으로 나타났다.

방금 논의한 사회극놀이 매개의 두 가지 형태에 관한 비교 분석은 이스라엘의 스밀란스키와 셰파타[1990]의 인상적인 연구에서 수행되었다. 이 연구는 낮은 SES 배경의 3~6.5세 아동을 대상으로 수행되었다. 이들 중 약 30%만 극놀이dramatic play에 참여했고, 단지 10%만이 사회극놀이 sociodramatic play에 참여했다. 아이들은 병원과 식료품가게에서 사회극놀이 역량 향상을 목표로 세 집단으로 나누어 6주간(총 45시간)의 개입을 제공받았다. 세 집단에는 각기 다른 개입 전략을 썼다.

첫 번째 집단의 아이들은 병원과 식료품가게에 찾아가 사회적 역할 및 관계와 연관된 내용을 포함한 모든 설명을 들었다. 병원에 들렀을 때 교사는 다음과 같은 것을 설명해주었다.

> 의료 장비, 다양한 대기실과 치료실, 여러 직원들과 그들이 하는 일, 직원들 간의 협력관계…. 사람들이 병원을 찾는 이유와 목적 등.Smilansky
> & Shefatya, 1990, p. 148

두 번째 집단의 아이들은 병원과 식료품가게에 찾아가지 않았다. 대신 교사는 놀이 상황 외부와 내부 모두에 개입하여 병원과 식료품가게 사회극놀이에 참여하며 놀이가 지속되도록 도왔다. 병원 놀이에서의 외부 개입은 다음과 같은 식이다.

> 질문하기("오늘 아기는 어때요?"), 제안하기("아기를 병원에 데려갑시다."), 구체적 행동 진술("우리 아기가 아팠을 때도 똑같이 했어요."), 놀이 참가자 간의 소통("간호사, 이분을 좀 도와주시겠어요?"), 직접적인 지시 ("간호사에게 아기가 어디가 아픈지 보여주세요. 간호사에게 모두 다 말해

주세요.") Smilansky & Shefatya, 1990, p. 151

놀이 상황 내부 개입의 경우, 교사는 놀이의 주제와 관련된 역할을 가정하고 연기하여 아이들의 놀이에 합류했다. 교사는 다음과 같은 것을 할 수 있다.

집단의 모든 아이들을 활동적으로 만들고, 각 아이와의 접촉을 통해 누락된 놀이 요소를 강조할 수 있다. 따라서 교사는 엄마 역할을 하고 있는 어떤 아이가 사물을 이용한 가작화makebelieve 놀이를 잘 못하고 있을 때, 교사가 간호사 역할이 되어 "오하준 부인, 여기 약이 있네요"라고 말하면서 무엇인가를 건네는 척할 수 있다. 교사는 좀 더 자세히 설명할 수 있다. "아기에게 하루 두 번 두 숟가락씩 먹이세요. 지금은 아기가 많이 아프니까 집에 갈 때는 택시를 부르고 이렇게 추울 때는 밖에 나가지 마세요. 여기 전화기 있어요."Smilansky & Shefatya, 1990, pp. 151–152

마지막으로 **세 번째 집단**의 아이들에게 교사는 첫 번째와 두 번째 집단에게 했던 개입을 모두 하였다.

개입의 결과는 다음과 같았다. **첫 번째 집단**의 개입 결과, 아동의 사회극놀이에 별 의미 있는 향상이 없었다(12%의 아이들만이 사회극놀이에 참여했다). **두 번째 집단**의 개입에서는 아동의 놀이에 의미 있는 발전이 있었다. 34%의 아이들이 사회극놀이에 참여했다. 이보다 더 인상적인 향상을 보인 것은 **세 번째 집단**이었다. 개입의 결과로 48%의 아이들이 사회극놀이에 참여하였다.

이런 결과를 어떻게 해석할 것인가? 첫 번째와 두 번째 집단의 개입 결과를 비교하면, 사회극놀이 촉진을 위해서는 아동에게 놀이에서 모방할 사회적 역할과 관계를 소개해주는 것보다 놀이 역할을 어떻게 가정하고 연기하는지에 관한 기술을 가르쳐줘야 한다는 결론을 내릴 수 있었을 것 같았다. 그러나 이러한 해석은 세 번째 집단이 왜 두 번째 집단보다 더 두드러진 개입 결과를 보였는지 설명해주지 못한다. 이 해석은 앞서 논했던 아동에게 사회적 역할과 관계를 소개하고 설명하는 것이 사회극놀이 촉진으로 이끈다는 러시아 네오비고츠키주의자들과 서구 연구자들의 실험 결과와도 부합하지 않는다.

스밀란스키와 셰파타[1990]는 자신들의 결과가 다소 모순된다는 것을 알아차린 듯했다. 책의 한 곳에서, 아동의 사회극놀이 촉진을 위해 두 종류의 개입 모두가 필요하다고 자신의 결과를 해석하려 했다[p. 179]. 그러나 책의 다른 곳에선 이렇게 썼다. "개입은 내용 중심이 아닌, 기술 중심이어야 한다는 것이 중요하다. 교사는 아동이 놀이에서 자신이 흥미를 품는 내용을 표현할 수 있는 기술이 발달하도록 도와야 하지, 외부에서 주제와 역할을 강요해선 안 된다."[pp. 229-230] 나의 관점으로는, 스밀란스키와 셰파타[1990]의 연구 결과는 전혀 모순되지 않고 앞서 논의했던 다른 연구자들의 연구 결과와 상당히 일치한다.

사실, 스밀란스키와 셰파타[1990]의 연구에서 낮은 SES의 아동은 분명히 놀이기술이 부족했다. 그러나 저자가 지적한 바와 같이, 아동은 일상생활에서 병원과 식료품가게를 다닌 경험이 많이 있고, 적어도 몇몇 성인들로부터 이런 상황에서의 사회적 역할과 관계에 관해 설명을 들었을 것이다. 따라서 두 번째 집단에게 놀이기술을 가르치는 것은 병원이나 식료품가게에서 사회극놀이에 참여토록 하기에 충분했던 반면에, 첫 번째 집단을 상대로 아이들이 이미 한 경험을 심화시키는 것만으로는 도움이 되지 않았다. 그러나 아동이 놀이기술을 숙달했을 때(세 번째 집단을 보라) 이러한 심화 활동의 중요성이 부각되었다.

이와 달리, 사회적 역할과 관계에 관한 지식을 아동이 익히는 것에 주력한 개입 연구에서 성공적인 결과를 얻은 경우[Koroleva의 1957년 연구인데,]

Elkonin, 1978; Saltz et al., 1977에 소개됨가 있었다. 이 결과에 대해 우리는 연구에 참가한 아이들이 놀이기술은 보유했지만 사회극놀이에서 모방해야 할 사회적 역할과 관계에 대해서는 잘 모르고 있었던 것으로 판단한다. 즉, 이 경우엔 사회적 역할과 관계에 대한 설명만으로도 아동의 극놀이 참여를 이끌기에 충분했을 것이다.

결론적으로, 이 분석은 성인 매개가 아동의 사회극놀이의 주요 결정요인이라는 관점을 뒷받침한다. 하지만 어떤 경우에 어떤 매개를 사용할지는 사회극놀이의 참여를 어렵게 하는 아동의 한계가 정확히 무엇인가 하는 것에 달려 있다. 어떤 경우엔 놀이기술을 훈련해야 할 것이고, 또 어떤 경우엔 사회적 역할과 관계 모방 기술을 익혀야 할 것이고, 또 다른 경우엔 두 가지 형태의 개입이 모두 필요할 수도 있다. 후술하겠지만, 사회극놀이에서 잘 조직된 성인 매개는 아동초기의 끝 무렵 주요 발달 성취로 연결되는 측면에서 매우 중요하다.

아동발달에서 사회극놀이의 중요성

사회극놀이에 "거의 관심을 보이지 않았던"Fein, 1981, p. 1100 피아제와 달리, 비고츠키1966/1976는 "놀이를 통해 아동은 최고 수준의 성취를 이룬다. 놀이를 통해 달성한 성취수준은 조만간 실제 행동 수준으로 전환된다"Vygotsky, 1966/1976, p. 549고 강조했다.

놀이는… 아이의 근접발달영역을 창출한다. 놀이에서 아이는 항상 자신의 평균 나이를 넘어서고, 자신의 일상 행동을 넘는다. 놀이에서 머리 크기만큼 키가 더 커진 셈이다. 흡사 돋보기의 초점처럼, 놀이는 압축된 형태의 발달 경향성을 보인다. 놀이에서 아동은 자신의 보통 행동 수준

을 뛰어넘으려고 하는 셈이다.Vygotsky, 1966/1976, p. 552

초기 네오비고츠키주의 가운데 한 사람인 이스토모나Istomona, 1948는 사회극놀이를 "취학 전 시기의 발달을 이끄는 원천"으로 본 비고츠키 1966/1976, p. 537의 관점을 검증하기 위한 연구를 수행했다. 그녀는 두 가지 상황에서 3~7세 아동이 얼마나 많은 낱말을 기억할 수 있는지 비교했다. 첫 번째 상황에서, 실험자는 아동이 기억하고 회상해야 할 낱말 목록을 읽어주었다. 두 번째 상황에서, 실험자는 아동집단과 유치원놀이를 했다. 놀이 상황에서 실험자는 아동 중 한 명에게 식료품가게에 가서 유치원에 필요한 물건을 사오라고 하며 구입할 물건 목록을 읽어주었다. 아동이 식료품가게에 왔을 때, 점원(실험자의 조수)은 아이에게 어떤 물건을 사고 싶은지 물었다. 이 연구에서 연령이 높을수록 아이들이 회상한 낱말의 수가 두 상황 모두에서 높게 나타났지만, 놀이 상황에선 모든 연령대의 아이들이 첫 번째 상황에서보다 훨씬 많은 회상을 할 수 있었다. 이 두 상황의 회상 결과 차이는 높은 연령대에서 60% 증가된 것에 비해, 4~5세 아동에게서 두드러졌다(낱말의 수가 100% 증가하였다). 이스토모나의 연구는 비고츠키의 주장에 내재된 두 논점을 확인시켜주었다. 첫째, 놀이에서 아동은 실제 발달수준보다 근접발달수준의 활동을 수행한다. 둘째, 놀이에서 아동이 보여준 수행 수준은 점차 놀이 밖의 상황으로 전이되어 그 수행 수준을 높인다.

다른 네오비고츠키주의자들의 사회극놀이에 관한 연구에서도 유사한 연구 결과가 나왔다. 구체적으로, 사회극놀이를 통해서 아동은 놀이 상황뿐만 아니라 실제 상황에서도 우호적인 관계성을 발달시키며 서로 타협하고 양보하는 법을 배워가는 것으로 나타났다.Zalogina, 1945, Elkonin, 1960에서 소개됨 또 다른 연구에서 아동은 실제 상황에서보다 놀이 상황에서 훨씬 높은 수준의 협동과 배려를 보이는 것으로 나타났다.Koroleva, 1957,

Elkonin, 1960에서 소개됨 카르포바와 리슈크Karpova & Lysyuk, 1986가 입증한 바와 같이, 사회극놀이의 매개는 아동의 도덕규범 습득과 숙달에 중요한 영향을 미친다. 뒤에서 자세히 논하겠지만, 네오비고츠키주의자들의 연구는 사회극놀이가 아동의 자기조절self-regulation과 관점정립perspective taking, 상징적 사고symbolic thought의 발달에 미치는 중요성을 밝혀냈다.

사회극놀이는 아동의 지적·인지적·정서적 발달과 언어 발달을 비롯하여 사회적 역량, 관점정립 기술, 학업 성취 외에 이 시기의 여러 발달적 성취에 많은 기여를 하는 것으로 나타났다.자세한 설명은 다음을 보라-Berk & Winsler, 1995; Cheah, Nelson, & Rubin, 2001; Fisher, 1992; Smilansky & Shefatya, 1990 반면, 사회극놀이에 참여하지 않은 아이들은 "현재 생활에서 어려움이나 장기적 부적응의 위험을 겪을 가능성이 많다."Cheah et al., 2001, p. 61 그 외에도 많은 연구 결과들이 사회극놀이의 매개가 아동 놀이의 질적 향상을 이끌 뿐만 아니라, 방금 설명한 여러 영역에서의 아동발달을 이끈다는 것을 지적했다.자세한 설명은 Smilansky & Shefatya, 1990을 보라

사회극놀이의 참여와 아동발달의 연관성에 관해 논하면서 네오비오츠키주의자들은 사회극놀이가 발달에 미치는 중요성을 강조했는데, 이들은 이것이 다음 발달 단계로 이행하는 데 매우 중요한 역할을 하는 것으로 봤다. 사회극놀이의 발달적 성과에 대한 분석은 다음 절에서 다룬다.

학교공부 동기의 발달

사회극놀이의 주요 결과 중 하나는 아동초기의 끝 무렵 아동이 성인 사회로의 유사 접근에 불만을 품기 시작하는 것이다. 엘코닌[1978]은 다음과 같이 적었다.

(아동은) 그가 맡은 역할을 통해 자신을 본다. 성인의 역할을 통해 정서적으로 성인과 자신을 비교하고, 아직 성인이 아니라는 것을 발견한다. 놀이를 통해 자신이 아직 아동이라는 사실을 깨닫는 것은 현실에서 성인이 되고 성인의 책임을 다하고자 하는 새로운 동기 발달을 이끈다.p. 277

산업사회에서 그나마 **현실적**이고 **진지한** 성인 역할에 유일하게 근접한 아동의 역할이 학교 학생이다. 그래서 성인의 책임을 다하고자 하는 동기가 학교에서 공부하고픈 강한 욕망으로 구체화된다.Bozhovich, 1948, 1968, 1995; Elkonin, 1978, 1989 네오비고츠키주의자들에 따르면, 사회극놀이는 아동의 학교공부 동기의 발달을 이끈다.Bozhovich, 1995; Elkonin, 1989

아동의 학교공부 동기의 발달에서 사회극놀이의 중요성에 관한 네오비고츠키주의자들의 설명을 검증하려면 다음 두 가지 물음에 대답을 해야 한다. 첫째, 아동초기의 끝 무렵에 학교공부 동기가 실제로 발달하는가? 둘째, 이 동기의 발달은 사회극놀이 참여로 말미암은 것인가?

아동초기 끝 무렵 아동은 학교공부 동기를 발달시키는가?

네오비고츠키주의자들의 연구와 관찰 결과에 힘입어 이 물음에 대한 긍정적인 대답을 할 수 있다. 많은 관찰연구 결과, 아동초기 끝 무렵 아동이 취학 이전 시기의 활동에 대한 불만과 학교공부에 대한 강한 욕망을 표출하기 시작하는 것으로 보고되고 있다.Bozhovich, 1948, 1968 종종 이런 욕구는 아동이 "한시라도 빨리 학교에 가서 공부하고 싶다"는 직접적인 표현으로 나타난다.Bozhovich, 1968, p. 218

아동의 이런 새로운 동기 발달에 대한 또 다른 증거는 4~5세 아동과 대조적으로 6세 아동은 학교놀이에 매우 깊은 관심을 보이는 점이다. 보조비치1968는 학교놀이를 할 때 "대체로 모든 참가자들이 학생 역할을 맡길 원하며 아무도 교사 역할을 맡지 않으려 하는데, 보통 가장 어리거나 순한 아이가 이 역할을 맡는다"는 것을 관찰했다.p. 221 이 관찰 결과는 특별한 흥미를 끄는데, 다른 사회극놀이들과는 정반대의 모습을 보이기 때문이다. 대부분의 놀이에서 멋있는 역할은 성인이고 "아이 역할을 가급적 안 맡으려고 애쓴다. 이 역할은 아이들에게 그리 달갑지 않은 것이다."Elkonin, 1978, p. 200[1]

긴즈부르크Ginzburg, 자세한 설명은 Elkonin & Venger, 1988을 보라는 러시아의 6세 유치원 아동을 대상으로 학교공부 동기를 측정하는 흥미로운 연구를 했다. 연구자들은 11쌍의 형용사(깨끗한-더러운, 좋은-나쁜, 빠른-느린 등)를 골라 카드마다 하나씩 적었다. 아동 앞에 그림이 붙여진 두 개의 상자(하나는 가방을 메고 있는 학생과 다른 하나는 놀고 있는 아이)를 제시하고 아이들에게 다음과 같이 말했다. "이 아이들은 학교 학생들이고, 공부를 하고 있어요. 이 아이들은 아직 학교에 들어가지 않은 아이들이고, 놀고 있어요. 지금부터 내가 카드에 적힌 낱말을 하나씩 읽어주면 여러분은 그 낱말 카드가 어울리는 상자에 카드를 넣으세요." 그 뒤 실험자는 무작위로 형용사 카드를 꺼내 큰 소리로 읽어주었다. 그런 다음 아동에게 카드를 주고 상자 안에 넣도록 하였다.

이 연구 결과, 거의 모든 유치원 아이들이 학교 학생들에게는 긍정적인 형용사(깨끗한, 좋은, 빠른 등)를, 취학 전 아동에게는 부정적인 형용사(더러운, 나쁜, 느린 등)를 연결 지은 것으로 나타났다. 이 결과는 아동초기 끝 무렵에 아동이 자신의 미취학 상태에 만족하지 않고 학교공부 동기를 발달시킨다는 네오비고츠키주의자들의 주장을 거듭 확인시켜주었다.

---

1. 보조비치가 이 관찰연구를 수행할 때는, 러시아의 취학 연령이 7세였고, 취학 전 교육환경에서 공식적인 학교교육은 이루어지지 않았다. 오늘날에는 6세에 취학을 하고 이미 유치원에서 공식적인 학교교육이 이루어지기 때문에 이런 관찰연구가 불가능하다. 실제 삶 속에서 학생 역할을 즐기는 유치원 아이들이 놀이에서 학생 역할에 별 관심을 품지 않을 것은 당연하다.

아동의 학교공부 동기 발달은 사회극놀이로 말미암은 것인가?

이 질문에 대한 답은 여전히 열려 있다. 매우 놀랍게도 네오비고츠키주의자들은 학교공부 동기의 발생에서 사회극놀이가 중요하다는 나름의 가설을 증명하기 위한 실증적 연구를 수행한 적이 없다.

분명 이것은 아동초기와 그 다음 발달의 전환기 동안에 아동발달에서 차지하는 사회극놀이 역할 분석의 약점이다. 하지만 미국 연구자들의 최근 연구는 네오비고츠키주의자들의 사변적인 논리에 실증적 근거를 제공하고 있다. 특히, 판투조와 맥웨인[Fantuzzo and McWayne, 2002]은 취학 전 아동의 또래 간 놀이와 그들의 학습 동기 사이에 상당한 상관관계가 있다는 것을 밝혀냈다.

자기조절의 발달

에릭슨[1963]과 안나 프로이트[1927], 지그문트 프로이트[1920/1955], 피아제[1945/1962]가 사회극놀이를 아동의 자유로운 활동으로 여기는 것과 달리, 비고츠키[1966/1976]와 러시아 후학들[Elkonin, 1960, 1978; Leontiev, 1959/1964]은 아동이 놀이에서 자유롭지 못하다는 것을 강조했다. 놀이에서 모든 아이는 자신의 역할에 따라 연기해야 하는데, 모든 역할은 규칙을 내포한다.

> 만약에 아이가 엄마 역할을 연기한다면, 엄마처럼 행동해야 하는 규칙을 따른다. 아이가 해야 할 역할은… 항상 규칙으로부터 파생된다. 즉, 가상 상황은 항상 규칙을 내포한다. 놀이할 때 아이는 자유롭다. 하지만 이것은 환상 속의 자유다.[Vygotsky, 1966/1976, p. 542]

그래서 역할놀이를 할 때 아동은 "역할 아래 숨겨진"[Elkonin, 1978, p. 248]

규칙을 따른다.[2]

그러나 모든 놀이규칙이 아동에게 즐거운 것은 아니다. 종종 놀이를 하는 아동은 순간의 욕망을 억누르고 마뜩잖은 놀이 규칙에 자신의 행동을 맞춰 놀이가 유지될 수 있도록 해야 한다. 엘코닌[1960]은 엄마가 자신의 아이(인형)를 유치원에 데려가 선생님에게 맡겨야 하는 엄마-딸 놀이를 예로 들었다. 여아들, 특히 어린 아동일수록 좋아하는 인형을 선생님에게 맡기는 걸 매우 꺼려 했지만, 인형을 갖고 있으려는 욕망을 극복하고 놀이 규칙에 맞춰 행동했다. 이러한 관찰 및 유사 관찰들은 비고츠키[1978]의 사회극놀이에 대한 평가를 뒷받침해왔는데, 그는 이 평가를 1930년대에 정립하였다.

> 놀이는 아동이 직접적인 충동에 반하여 행동할 것을 계속 요구한다. 매번 아동은 게임의 규칙과 충동적인 행동 욕구 사이의 갈등에 직면한다. 게임에서 아이는 자신이 원하는 행동에 반하여 행동한다. 놀이에서 아동의 탁월한 자기통제가 발휘되는 것이다. 아동이 게임에서 순간의 충동을 포기할 때(가령 게임 규칙으로 먹지 못하기로 정한 사탕과 같이), 최고 수준의 의지력 실현을 성취한다.[p. 99]

무엇이 아동으로 하여금 게임의 규칙에 맞춰 행동하게 하는 것일까? 물론 앞 장에서 논했듯이, 아동은 놀이에 강한 동기를 품고 있기에 이미 숙달한 자기조절 도구를 이용해 놀이가 유지되도록 최선을 다한다. 그러나 순간의 충동을 억제하고 놀이의 규칙을 따르는 아동 능력에 결정적인 영향을 미치는 또 다른 요인이 있다. 놀이에 참여하는 모든 아이들이 놀이 역할을 잘 따라 하는지 서로의 행동을 엄격하게 조절하는 것이다. 엘

---

2. 물론 아이들이 맡은 역할의 틀 속에서 나름의 창의적인 즉흥 연기를 펼칠 자유를 배제하지는 않는다.

코닌[1978]의 다음 관찰이 이러한 점을 잘 보여준다.

6세 남자아이들이 소방관놀이를 했다. 그들은 역할을 나누어, 한 명은 소방대장, 다른 한 명은 소방차 운전사, 나머지는 소방대원으로 하고 놀이를 시작했다. 소방대장이 "불이야!" 하고 외쳤다. 모두가 장비를 챙겨 소방차에 올랐다. 운전사가 소방차를 몰았다. 목적지에 도착했을 때, 소방대장이 명령했고, 모든 소방대원들이 불을 끄러 달려갔다. 운전사가 충동적으로 따라가려고 했다(놀이의 가장 흥미로운 부분이 시작되려 한다!). 하지만 나머지 아이들이 그 아이에게 자신의 역할에 따라 차에서 기다려야 한다는 것을 상기시켜주었다. 그 아이는 자신의 욕구를 억누르고선 소방차로 돌아갔다.

놀이 상황에서 아동 간 상호 조절의 중요성은 순간의 충동을 억제하고 놀이규칙을 따르는 능력 발달에만 국한되지 않는다. 1장에서 논했듯이, 비고츠키[1981a]에 따르면, 아동이 자기조절로 이행하는 주된 결정요인은 타인의 행동을 조절하기 위한 언어도구의 사용이다. 비고츠키의 주장을 근거로, 놀이 속 아동의 상호 조절이 놀이 밖 상황에서의 자기조절 역량 발전으로 이어진다고 가정할 수 있다. 비고츠키[1966/1976]의 용어로 표현하면, 놀이가 아동의 자기조절 능력의 근접발달영역을 만드는 것이다.

이 가정을 검증하기 위해 마누일렌코[Manuilenko, 1948]는 3~7세의 아동이 여섯 가지 다른 상황에서 움직이지 않고 얼마나 오래 서 있을 수 있는가에 관한 연구를 했다. 이 중 세 가지 상황이 흥미로운 대비를 보였다. 첫 번째 상황에서, 실험자는 아동에게 최대한 오랫동안 가만히 서 있게 했다. 두 번째 상황에서, 아동은 사회극놀이 중 빈방에서 가만히 서 있어야 하는 보초 역할을 수행했다. 세 번째 상황에서, 아동은 한 가지 차이점만 빼고 두 번째 상황과 똑같았다. 아이는 친구들이 놀고 있는 같은 방에서 보초를 섰다.

이 연구는 세 가지 상황 모두 연령이 증가할수록 가만히 서 있을 수 있는 시간이 더 긴 것으로 나타났다. 하지만 6~7세 아동을 제외한 모든 연령 집단에서 최대한 오래 가만히 서 있을 수 있는 능력을 보여준 것은 세 번째 상황이었다. 이러한 결과에 대해 연구자는 보초 역할을 수행하는 아이가 같은 방에서 놀고 있는 또래들의 시선을 의식했기 때문인 것으로 보았다. 세 가지 상황 모두에서 거의 같은 결과(두 놀이 상황에서 12분, 가만히 있으라 했을 때 11분)를 보여준 6~7세 아이들은 놀이 친구들의 시선을 의식할 필요가 없었다. 이 아이들은 이미 놀이가 아닌 상황에서도 충분히 자기조절을 할 수 있는 단계에 도달해 있기 때문이다.

마누일렌코[1948]의 연구 결과는, 사회극놀이에서 3~6세 아동은 실제 발달수준이 아닌 근접발달수준에서 자기조절을 발달시켜가다가 아동초기 말미에 이르러 실제 발달수준으로 전이된다는 비고츠키의 주장을 입증하였다. 또한, 이 연구는 놀이에서 아동의 자기조절 능력 발휘에 결정적인 영향을 미치는 것은 또래들의 시선이라는 관점을 지지한다. 그러나 마누일렌코의 연구나 네오비고츠키주의자들의 연구도 사회극놀이가 놀이 밖 상황에서의 자기조절 발달을 **이끈다**는, 즉 자기조절의 근접발달영역을 **창출**한다는 비고츠키의 주장을 그대로 입증하진 못했다.

그런데 사회극놀이가 자기조절 발달을 이끈다는 비고츠키의 주장에 대한 증거를 미국 연구자들에게서 찾을 수 있다. 엘리아스와 버크[Elias and Berk, 2002]의 연구는 사회극놀이에서 아동의 참여가 향후 자기조절 발달을 예언하는 것을 입증했다. 더욱 강력한 증거도 살츠 등[Saltz et al., 1977]의 연구에서 볼 수 있다. 앞서 논했듯이, 연구자들은 3~4세 아동에게 사회적 역할과 관계에 대한 지식을 넓혀주고 아이들 스스로 놀이 상황을 짜고 자신이 관찰한 대로 역할 연기를 수행하게 했다. 그 결과 아이들이 사회극놀이에 적극적으로 참여했다. 그 뒤, 이 아이들을 대상으로 몇몇 과업에 대한 사후실험[posttest]을 하였다. 사후실험 결과에서 가장 중요한 것은 아동의 충동 억제에 관한 것인데, 그 결과치가 통제집단 아동의 충동 억제 결과보다 훨씬 높게 나타났다.

아동의 자기조절 발달에서 사회극놀이가 주된 역할을 한다는 비고츠키주의자들의 주장에 대한 또 다른 증거를 제시하기 전에, 사회극놀이가 소멸되고 있다고 한 서구 연구자들의 수많은 연구와 관찰을 상기할 필요가 있다. 비고츠키주의자들의 이러한 주장을 근거로, 아동초기에 사회극놀이에 참여하지 못하면 이 시기 말에 자기조절의 결핍이 초래된다는 것을 예상할 수 있다. 사실 국립조기발달-학습센터the National Center for Early Development and Learning에서 유치원 교사들을 대상으로 조사한 설문 결과에 따르면, "많은 아이들이 자기조절 능력이 결핍된 상태로 학교에 오고 있다."Blair, 2002, p. 112 또한 미국 초등학교 교사의 주요 불만 중 하나가 "가르치기 위해선 '노래나 춤, 또는 빅버드미국 유아 TV 프로그램 〈세서미 스트리트〉의 주인공으로 등장하는 큰 새처럼 행동'해야 한다"Bodrova & Leong, 1996, p. 4는 것으로 나타났다. 이 불만을 심리학 용어로 환언하면, 아이들이 매우 낮은 수준의 자기조절력을 갖고 학교에 오는 까닭에, 교사가 주의집중을 위한 특별한 책략을 쓰지 않으면 아이들이 교사의 설명에 집중하지 못한다는 것이다. 1장에서 언급한 바와 같이, 이런 수준의 주의집중력은 비고츠키가 하등정신과정으로 규정한 것으로서 아동초기 말미에 자기조절 역량으로 대체되었어야 했다. 따라서 사회극놀이는 아동의 자기조절 발달을 이끌며, 사회극놀이의 부족은 자기조절 역량 결핍을 초래한다고 말할 수 있다.

상징적 사고의 심화 발달

4장에서 논했듯이, 2세 말 아동은 어떤 사물을 대신할 다른 사물, 즉 대체사물을 사용하기 시작한다. 또한 4장에서 인용한 연구 결과가 증명하듯이, 성인이 매개한 사물대체에 아동이 참여하는 것은 3세 아동의 상징적 사고 발달에 도움이 된다.

대체사물의 활용은 아동초기 중에도 다양한 맥락에서 지속적으로 이루어진다.Elkonin, 1978: Smilansky & Shefatya, 1990 이제 아동은 사회극놀이 과정에서도 대체사물을 사용한다. 이를테면 전쟁놀이에서 아동은 총의 대체사물로 막대를 사용할 것이다. 많은 경우에 아동은 스스로 대체사물을 떠올릴 수 있지만, 대체사물 사용에 성인의 매개가 아직 필요한 경우도 있다.Elkonin, 1978: Smilansky & Shefatya, 1990

네오비고츠키주의자들은 사회극놀이에서 사물대체의 발달 결과에 대해 특별히 탐구하지 않았다. 하지만 4장에서 논한 실험 결과와 관찰을 근거로, 이러한 사물대체가 아동의 상징적 사고 발달을 지속적으로 돕는다고 볼 수 있다.

이러한 가정에 대한 반론이 있을 수 있다. 사물대체가 3세까지는 상징적 사고 발달에 유익하다는 것이 입증되었지만, 아동초기에는 더 이상 효력을 발휘하지 못한다는 것이다. 이 반론에 대해 논하기 위해 디아첸코Dyachenko, 1980/1986의 연구를 간략히 살펴보기로 하자.[3] 이 연구는 아동에게 놀이를 매개하는 것보다 이야기의 줄거리를 다시 말하게 하는 것을 가르치는 것을 목표로 했지만, 그 결과는 지금 논하는 토론 주제에도 적용할 수 있다.

이야기 줄거리를 다시 말하는 과제를 분석해보면 이 과업이 아동에게 높은 인지적 역량을 요구한다는 것을 알 수 있다. 이야기를 듣는 동안 아동은 각 단락마다 등장하는 인물과 행동 그리고 단락의 순서 등에 관한 상징적인 모형을 구성해야 한다. 1학년은 물론 더 높은 학년의 아동도 이 과제 수행에 많은 어려움을 겪는 것은 당연하다. 상징적 표현을 구성함에 있어 전환축pivot 역할을 하는 대체사물의 중요성에 대한 비고츠키의 생

---

3. 이 연구에 대한 상세한 영문 설명은 카르포프(Karpov, 1995)를 참조하라.

각을 토대로, 연구자들은 5~6세 아동에게 탁자 위에 놓인 대체사물(막대, 잘라낸 종이 등)을 사용하여 역할놀이를 수행하도록 가르쳤고, 그런 다음 이 대체사물들을 사용하면서 줄거리를 다시 말하도록 가르쳤다. 이어서, 기성 대체사물을 주지 않고 아이들 스스로 그림으로 만든 대체사물을 사용하여 줄거리를 다시 말하게 했다. 이 매개의 결과로 대체사물 없이도 어떤 이야기 줄거리를 다시 말하는 아동의 능력이 상당히 향상되었다. 이것은 상징적 수준의 이야기 모형을 지어내는 능력이 발달되었음을 의미한다.

디아첸코[1980/1986]의 연구는 수업 환경에서 대체사물의 사용이 아동초기 상징적 사고의 발달을 촉진한다는 것을 보여준다. 그리고 이것은 사회극놀이 과정에서 아동의 대체사물 사용이 동일한 발달 결과를 이끄는 것으로 볼 수 있는 이유이기도 하다.

자기중심주의의 극복

피아제[1923/1959]가 소개한 바와 같이, 자기중심주의egocentrism 개념은 타인의 입장을 헤아리지 못하거나 자신과 다른 관점에서 사건이나 대상을 보지 못하는 취학 전 아동 사고의 주요 결점을 일컫는 것으로 이해된다.[4] 아동초기 말 무렵 아동은 자기중심주의를 극복하는데, 이것은 다음 발달 단계로의 이행을 의미한다.

피아제는 사회극놀이 참여와 자기중심성 극복 사이에 아무 관계가 없다고 보았다. 그는 사회극놀이를 아동의 녹자적인 상징적 놀이의 연장선상에 있는 것으로서 "순수 상태의 자기중심적인 사고에 불과한 것"으로

---

4. 일부 연구자들은 과업의 성격에 따라 취학 전 아동과 성인 모두가 자기중심적일 수 있다는 점을 들면서, 자기중심주의가 취학 전 아동 사고의 지배적인 특징이라는 피아제의 주장에 동의하지 않는다(한 예로, Donaldson, 1978을 보라). 하지만 이 연구자들은 취학 전 아동이 성인보다 더 자주 자기중심적인 모습을 보인다는 것에는 동의한다.

보았다.Piaget, 1945/1962, p. 166 "집단 놀이는 자기중심적 상징체계에 영향을 못 미치며, 모방이 이루어질 때만 영향을 미친다."Piaget, 1945/1962, p. 168

피아제의 입장과 달리, 러시아 네오비고츠키주의자들은 아동의 자기 중심성 극복에서 사회극놀이가 차지하는 중요성을 강조했다.Elkonin, 1960, 1978; Nedospasova, 1972 사실, 놀이할 때 아동은 현실의 이름과 관계에 따라 놀이 친구를 대하지 않고 놀이 역할에 따라 그들을 대한다. 현실에서 톰과 존은 사이가 매우 나쁠 수 있다. 그러나 놀이에서는 그들이 맡은 역할의 요구에 따라 협력적이고 우호적인 관계를 유지해야 할 경우도 있다. 또한 놀이를 하는 아이는 다른 놀이 친구의 행동에 자신의 행동을 적절히 맞춰야 한다. 예를 들어 필이 전쟁놀이에서 스티브를 쏘면, 스티브는 쓰러져 죽어야 한다. 마지막으로, 아동은 그들이 사용하는 대체사물에 놀이 친구가 부여한 의미를 받아들여야 한다. 이를테면 의사-환자놀이에서 의사는 막대를 주사기로 사용하기로 정할 수 있다. 그러나 환자가 "의사의 그러한 입장을 받아들일 때만 그 막대가 주사기일 수 있다."Elkonin, 1978, pp. 281-282 그러므로 사회극놀이에서 "외부 세계를 향한 아동의 입장이 근본적으로 변한다. … 그리고 자신의 관점을 타인의 관점에 조응시키는 능력이 발달한다."Elkonin, 1978, p. 282

사회극놀이가 자기중심주의의 극복에 중요한 영향을 미친다는 주장은 네오비고츠키주의자들의 연구Filippova, 1976; Nedospasova, 1972에서 어느 정도 입증되고 있다. 하지만 이 주장에 대한 실증적 근거는 주로 서구 연구자들의 연구와 관찰에서 확인되고 있다.

앞에서 설명한 바와 같이, 사회극놀이는 아동의 자기중심성 감소와 관점정립 능력의 증가와 연관되어 있다.Connolly & Doyle, 1984; Van den Daele, 1970, Fein, 1981 재인용 아동이 사회극놀이에 많은 시간을 보낼수록 그들의 관점정립 능력이 현저히 증가한다.Rubin et al., 1983

사회극놀이와 자기중심주의 사이의 예언적 상관관계는 영블레이드와던Youngblade and Dunn, 1995이 연구하였다. 연구자들은 엄마와 형제자매가 함께 하는 3세 아동의 놀이를 관찰하고 놀이 상황에서 그들이 떠맡은 모든 놀이 역할의 사례를 적었다. 그리고 6개월 후 타인의 입장을 취할 수 있는 아동의 능력을 평가했다. 그러자 이 능력과 초기에 측정한 아동이 떠맡은 놀이 역할의 빈도수 사이의 정적 상관관계가 밝혀졌다.

두 개입연구Burns & Brainerd, 1979; Rosen, 1974에서, 성인은 5세 아동의 사회극놀이를 매개했다(아동이 놀이 주제를 정교화하는 것이나 놀이 역할을 배정하고 연기하기, 대체사물 사용하기 등을 돕는 것). 짧은 시간 동안의 매개였지만, 아동의 관점정립 능력은 현저히 향상된 것으로 드러났다.

사회극놀이를 통해 아동이 자기중심성을 극복해가는 이유에 관한 서구 연구자들의 설명은 앞서 논한 러시아 네오비고츠키주의자들의 설명과 매우 비슷하다. 놀이에서 "아동은 기꺼이 자기중심적 상상을 억제하고 동료 참가자의 제안을 받아들인다. 그리고 흥미 있게 참여하기 위해 동료 참가자의 설명에 주의를 기울인다"고 스밀란스키와 셰파타1990는 지적했다.p. 122 괸쥬Göncü, 1993는 사회극놀이가 이해를 공유하고 놀이 동료의 관점에 적응하는 것을 요구한다고 주장했다. 글라우브만 등Glaubman et al., 2001에서도 유사한 관점을 엿볼 수 있다. "사회극놀이에서 아동은 지속적인 의사소통과 타협을 통해 인지적·정서적 의미들을 구성해간다. … 아동은 공통의 놀이 이야기 형태로 의미를 구성하고, 상호 타협을 통해 그것을 따른다."p. 135 마지막으로, 사회극놀이는 놀이 참가자들이 놀이에서 사용할 대체사물에 부여한 의미에 동의할 것을 요구한다.Glaubman et al., 2001; Winnicott, 1982

사회극놀이에 참여하는 것은, 말하자면 아동으로 하여금 자신의 자기중심주의를 극복하도록 강제하는 셈이다. 그러므로 이 놀이는 "아동을 자기중심적이기만 한 상태로부터 서로 협력하고 사회적 상호작용을 할 수 있는 상태로의 발달"Smilansky & Shefatya, 1990, p. 32을 촉진한다.

사회극놀이가 아동초기의 이끎활동인 까닭

어떤 활동이 특정 발달 시기에서 다음 발달 시기로의 이행을 이끄는 경우 이끎활동leading activity이라 정의할 수 있다. 다음 장에서 논하겠지만, 아동중기의 이끎활동은 학교공부라고 네오비고츠키주의자들은 주장한다. 사회극놀이를 아동초기의 이끎활동으로 정의하자면, 사회극놀이 참여가 학교공부로의 성공적인 이행을 준비시킨다는 것, 즉 사회극놀이가 **학교 준비**school readiness의 발달에 강한 영향을 미친다는 것을 입증할 필요가 있다.

학교 준비라는 용어를 논함에 있어, 러시아의 네오비고츠키주의자들과 서구 학자들 모두 어떻게 정의할 것인가에 대한 일치된 정의를 내릴수 없다는 결론을 내렸다.Carlton & Winsler, 1999; Kravtsov & Kravtsova, 1987; La Paro & Pianta, 2000; Pyle, 2002; Talyzina, 2001 흔히 학교 준비를 셈하기, 읽기, 쓰기 요소와 같은 학업 기술 숙달과 연관 짓곤 한다.자세한 내용은 다음을 보라–Kravtsov & Kravtsova, 1987; La Paro & Pianta, 2000; Talyzina, 2001 학교 준비를 이런 식으로 이해하는 것은 자녀의 학업 기술을 훈련시키는 것이(때론, 사회극놀이를 포기하고서라도) 자녀의 학교공부 성공으로 연결될 것이라 기대하는 부모들에게서 흔히 볼 수 있다. 사실 처음에는 이런 아이들이 "훈련받지 않은"Kravtsov & Kravtsova, 1987 또래들보다 학교공부에서 더 나은 성취 결과를 보인다. 하지만 몇 개월 내에 이런 아이들은 공부에 관심을 점점 덜 보이기 시작하고 성취 결과가 점점 하락한다. 이러한 관찰을 토대로, 네오비고츠키주의자들은 기초 학업 기술의 숙달이 저절로 취학 전 아동의 학교공부 준비로 이어지지는 않는다는 결론에 도달했다.Elkonin, 1989; Kravtsov &Kravtsova, 1987; Talyzina, 2001 일부 미국 연구자들도 유사한 결론에 도달했다. 라 파로와 피안타La Paro & Pianta, 2000는 전형적인 학교기반 예방적 개입 프로그램school-based preventive intervention programs의 결과에 대해, "아동에게 자기 이름 쓰기와 숫자 세기, 알파벳 가르치기를 중심으로 분석하였다.[Kagan, 1990] 다만, 이 연구 결과는 다음 학년도에서 이 아동의 학업 성취 가운데 일부분, 그것도 동일한 영역에서의 성취도에 관한 것일 뿐이다."[p. 476]

학교공부 과정 분석 결과, 러시아 네오비고츠키주의자들은 아동의 성공적인 학습에 필요하고, 따라서 학교 준비의 구성 요소가 되는 아동의 동기와 지적 영역들의 주요 특징을 정의했다.[Bozhovich, 1968; Elkonin, 1978; Kravtsov & Kravtsova, 1987; Talyzina, 2001; Venger & Kholmovskaya, 1978] 네오비고츠키주의자들마다 제시한 학교 준비 구성 요소들의 목록에 차이가 있긴 하지만, 학교 준비를 위한 아동의 동기와 지적 영역에서 다음과 같은 특성의 중요성을 강조한 점에서 일치한다.

학교공부 동기

학교 준비의 구성 요소로서 학교공부에 대한 아동 동기의 중요성은 비고츠키[1984]가 다음과 같이 강조하였다. "교육에서 흥미의 문제는 아동이 흥미 있게 배우는가 아닌가의 문제가 아니다. 흥미가 없으면 절대 배울 수 없다."[p. 35] 러시아 네오비고츠키주의자들은 수많은 실험 자료와 관찰을 통해 아동의 성공적인 학습에서 학습 동기가 결정적인 역할을 한다는 생각을 확인시켜주었다.[Bozhovich, 1948, 1968, 1995; Elkonin, 1989; Elkonin & Venger, 1988; Kravtsov & Kravtsova, 1987; Leontiev, 1959/1964; Talyzina, 2001] 표현은 다르지만, 미국 유치원 교사들을 대상으로 한 설문조사에서 76%가 성공적인 학습을 위해서는 "아이들에게 열정과 호기심이 있어야 한다는 생각에 동의한다"는 입장을 보였다.[Blair, 2002, p. 112]

자기조절

러시아 네오비고츠키주의자들과 서구 학자 모두의 연구와 관찰에서 자기를 조절하는(행동을 학교 규칙과 규정에 맞추고, 지시에 따르며, 교사의 설명에 집중하려는) 아동의 능력은 학교공부에서 매우 중요하다는 것을 입증했다.Blair, 2002; Bozhovich, 1968; Elkonin, 1978; Normandeau & Guay, 1998; Talyzina, 2001; Venger & Kholmovskaya, 1978 학교교육 당사자들도 같은 결론에 도달했다. 앞서 언급했듯이, 미국 초등 교사의 주요 불만 중 하나가 많은 아이들이 수업을 진행하는 게 매우 어려울 정도로 심각하게 낮은 수준의 자기조절력으로 학교에 들어오는 것이다.Bodrova & Leong, 1996 미국 교사들을 대상으로 한 두 조사 결과는 "유치원 교사들이 학교생활을 위해 엄격하게 인지적이고 학문적인 측면에 관심을 갖기보다는 아동의 조절력에 관심을 갖고 있음을 분명히 보여준다."Blair, 2002, p. 112

상징적 사고

다음 장에서 상세히 논하겠지만, 비고츠키1978, 1934/1986, 1982/1987와 그의 러시아 후학들Davydov, 1972/1990, 1986; Elkonin, 1989; Galperin, 1985; Leontiev, 1983; Talyzina, 1975/1981은 취학 전 아동과 취학 학생과의 학습 차이를 강조했다. 취학 전 아동의 학습은 대부분 다른 활동(놀이와 같은)에 참여해서 얻은 부수적인 산물이고, 개별 사물과 사건을 실제 탐구를 통해 배운다. 앞서 논했듯이, 이런 수준의 기능에서도 상징적 사고는 아동의 성공적인 수행을 위해 중요하다(이를테면, 가상의 상황을 지어내는 능력은 사회극놀이에서 필수적이다). 취학 전 아동의 학습과 달리 학교공부는 개념, 규칙, 법칙의 형태로 학생들에게 제공되는 과학적, 이론적 지식의 습득을 다룬다. 따라서 상징적 사고는 그냥 중요한 게 아니라 말 그대로 학교에서 자녀의 성공적인 학습을 위해 꼭 필요한 것이다.Elkonin, 1978; Kravtsov & Kravtsova, 1987; Talyzina, 2001; Venger & Kholmovskaya, 1978

탈자기중심적 태도

학교 학생들의 탈자기중심주의nonegocentrism는 두 가지 측면에서 성공적인 학습을 위해 중요하다. 첫째, 과학 지식을 습득하려면 아동이 자신의 관점에서가 아니라 교사가 가르친 과학적 규칙과 법칙의 관점에서 세상을 인식하고 이해하고 설명할 준비가 되어 있어야 한다.Elkonin, 1989 불행히도 학생들의 개인적 믿음과 상충하는 과학적 지식을 받아들이는 것을 꺼리는 모습은 아래와 같이 대학에서도 관찰된다.

> 교사교육 프로그램에서 학생들은 교수의 개념 정의를 무시하고, 그 개념의 의미를 자신이 (아마도 잘못) 이해한 대로 쓰곤 한다. 그리고 그들은 교육실습에서 좋은 가르침에 관한 자신의 믿음과 일치하지 않는 어떠한 권고도 무시하는 경향이 있다. … 그리고 의미 있는 학습의 효과에 대해 제시하는 증거에도 불구하고, 그들 중 일부는 암기학습이 더 나은 방법이라고 고집스럽게 계속 믿고 있다.Ormrod, 1995, p. 267

둘째, 교실 학습에서는 아동이 집단을 이뤄 활동하는 경우가 많은데, 이것은 아동이 자신의 행동을 급우들의 행동에 맞출 수 있는 능력이 요구됨을 의미한다.Kravtsov & Kravtsova, 1987 미국 유치원 교사를 대상으로 한 전국 조사에 따르면, 20~30%의 교사들이 "학생들의 절반 이상이 집단활동에 어려움을 보인다"La Paro & Pianta, 2000, p. 475고 했다는 것에 주목할 필요가 있다.

아동의 농기적·지적 영역에 대한 이러한 특성들이 학교 준비의 모든 구성 요소를 차지하는 것은 아니지만, 아동중기의 이끎활동인 학교공부로의 이행을 대체로 결정한다. 또한 이 장에서 논했듯이, 이러한 특성들은 사회극놀이에 아동이 참여한 직접적인 발달 결과이다. 따라서 사회극놀이는 네오비고츠키주의자들이 공식화한 이끎활동의 요건과 부합한다.

일부 서구 연구자들은 학교공부로의 이행을 준비함에 있어 사회극놀이가 주된 역할을 한다는 네오비고츠키주의자들의 주장에 생각을 같이한다. 스밀란스키와 펠드먼Smilansky & Feldman의 실증적 연구 결과를 요약하면서, 스밀란스키와 셰파타Smilansky & Shefatya, 1990는 유치원생의 역할극 수행 수준과 향후 2학년에서의 읽기와 셈하기 학업성취도 사이에 "놀라울 정도로 높은"p. 44 상관관계가 있다고 보고했다. 이 연구 결과나 이와 유사한 결과들로부터, 스밀란스키와 셰파타1990는 "여러 측면에서 사회극놀이는 학교생활의 직접적인 준비로 연결된다"p. 20고 결론 내릴 수 있었다. 미국 연구자들의 최근 연구 결과 또한 이런 결론을 도출하고 있다. 판투조와 맥웨인2002의 연구는 취학 전 아동의 짝 활동이 교실에서의 학습 동기나 자기조절과 친사회적 행동 참여 등과 높은 연관성이 있다는 것을 밝혀냈다.

6

아동중기의 이끎활동:
학교공부

1장에서 간략하게 언급했듯이, 비고츠키[1978, 1934/1986]는 학교교육을 매개된 학습의 중요한 경로, 즉 아동중기 인지발달에 매우 큰 영향을 미치는 요인으로 보았다. 비고츠키에 따르면, 학교교육이 발달을 촉진하는 주된 이유는 학생들의 과학적 개념 습득과 관련이 있는데, 이는 취학 전 아동의 일상적 개념과 대비되는 개념이다.

  일상적 개념spontaneous concepts은 체계적인 교육 없이 개인이 일상생활에서 터득한 경험의 일반화와 내면화의 소산이다. 따라서 일상적 개념은 비체계적이고 경험적이며, 의식적이지conscious 않고 정확하지도 않다. 3세 아동이 바늘, 압정, 동전이 물속에 가라앉는 것을 관찰하고선, "모든 작은 물체는 가라앉는다"는 잘못된 결론을 내린 다음, 이 개념을 활용하여 다른 물체의 물속 움직임을 예측하려 한다.Zaporozhets 1986c, p. 207 이렇듯 **비과학적**임에도 불구하고, 일상적 개념은 **과학적 개념** 습득의 토대로서 아동의 학습에서 **중**요한 역할을 한다. 이를테면, "역사 개념은 아동의 일상 속에서 과거시제에 대한 일상적 개념이 충분히 형성되었을 때 비로소 발달하기 시작한다."Vygotsky, 1934/1986, p. 194

  일상적 개념과는 달리 **과학적 개념**scientific concepts은 (자연과학과 사회과학은 물론 인문학을 아우르는 넓은 의미로서) 과학 속에 아로새겨진 인류 경험의 일반화를 의미한다. 과학적 개념은 일정한 체계를 갖춘 교육을 통해 의식적으로 학생들에게 전달된다. 앞의 예에서, 물체의 물속 움직임을 예측 가능하게 하는 과학적 개념은 아르키메데스 법칙이다.

일단 과학적 개념들이 습득되면, 그 개념들은 학생들의 일상의 지식으로 질적 변화를 이룬다. 학생들의 일상적 개념이 구조화되고 의식적인 지식으로 자리 잡는 것이다. 그러므로 과학적 개념의 습득은 일상적 개념의 근접발달영역을 창출한다._{비고츠키의 근접발달영역 개념 분석에 대해선 1장을 보라} 하지만 과학적 개념 습득의 중요성은 그것이 "일상적 개념을 재구성하거나 더 높은 수준으로 끌어올리는" 차원에만 국한되지 않는다.Vygotsky, 1982/1987. p. 220 습득된 과학적 개념은 학생의 사고와 문제해결을 매개해 간다. "과학적 개념을 가르치는 것이 아동의 정신발달에 중요한 역할을 한다"Vygotsky, 1982/1987. p. 220는 말이 이런 뜻인 것이다. 구체적으로, 반성적 의식은 과학적 개념이라는 문을 통해 아동에게 다가온다."Vygotsky, 1934/1986. p. 171 결과적으로, 학생의 사고는 개인적인 경험과는 완전히 독립적으로 발달해간다. 학생들은 **견습생**이라기보다는 **이론가**로 성장해가며, 아동중기가 끝날 즈음에는 형식적-논리적 사고formal-logical thought의 발달이 이루어진다.

그리하여 아동의 인지발달에서 학교교육의 중요성을 무시했던 피아제Piaget, 1923/1959: Piaget et al., 1988와 달리, 비고츠키1934/1986, 1982/1987는 학교교육을 형식적-논리적 사고력 발달의 중요한 결정요인으로 보았다. 다음 절에서 다룰 형식적-논리적 사고에 관한 교차문화 연구는 이러한 비고츠키의 관점에 대한 강력한 실증적 근거를 제공한다.

형식적-논리적 사고에 대한 교차문화 연구

1930년대 초, 구소련에 속한 아시아 공화국들 중 우즈베키스탄과 키르기스스탄에서는 급격한 사회 변화가 이루어지고 있었다. 이러한 사회 변화 덕분에, 비고츠키의 절친한 벗이자 동료인 루리아[1974/1976, 1979]는 형식적-논리적 사고의 활용 능력을 발달시키는 데 학교교육이 어떠한 역할을 하는지 밝히기 위한 고전적인 연구를 시작할 수 있었다. 루리아의 연구는 그 두 나라의 외딴 마을에 사는 성인들을 대상으로 이루어졌다. 피험자들 중 일부는 문맹이었고, 일부는 그 지역에 설립된 학교에서 한두 해 교육을 받았다. 루리아의 연구팀은 표준화된 검사 도구를 사용하기보다는 피험자와 우호적인 관계를 맺고 피험자들의 모국어로 일상적인 대화를 나누었다. 이러한 대화 속에서 연구자들은 다양한 삼단논법을 피험자에게 제공하여, 삼단논법을 완성하고 그 답을 설명하게끔 요청했다. 삼단논법의 내용 중 일부는 피험자들에게 익숙한 것이었고, 나머지는 낯선 내용들이었다.

이 연구를 통해 삼단논법 질문에 답할 때 학교교육을 받은 피험자와 문맹 피험자의 답 사이에 상당한 차이가 있는 것이 드러났다. 학교교육을 받은 피험자들은 익숙한 내용과 낯선 내용의 모든 삼단논법 문제를 정확하게 풀어냈다. 반면, 문맹 피험자들은 (목화를 기르는 것과 같은) 익숙한 내용의 삼단논법 문제에도 대부분 다음과 같은 반응을 보였다.

"목화는 덥고 건조한 곳에서만 자랍니다. 영국은 춥고 습기가 많습니다. 목화가 그곳에서 자랄 수 있을까요?"
"잘 모르겠어요."
"생각해보세요."
"저는 카슈가르에서만 살아와서 다른 곳에 대해서는 잘 모릅니다."

"하지만 제가 말씀드린 것을 근거로 판단할 때, 목화가 그곳에서 자랄 수 있을까요?"

"땅이 좋으면 그곳에서도 목화가 자랄 것이고, 만약 땅이 축축하고 기름지지 않으면 자라지 않겠죠. 그곳이 카슈가르 같은 곳이라면 거기서도 목화가 자랄 겁니다. 땅이 물 빠짐이 좋으면 그곳에서도 물론 잘 자라겠죠."

그리고 나서 삼단논법으로 다시 돌아가 물었다. "제 얘기를 통해 어떤 결론을 내릴 수 있죠?"

"그곳이 춥다면 목화는 자라지 않을 것입니다. 물 빠짐이 좋은 땅이라면 목화는 자랍니다."

"제가 말씀드린 내용에서 답을 찾아보시죠."

"글쎄요. 우리 이슬람교도들, 우리 카슈가르 사람들은 무식해요. 다른 나라에 가본 적도 없고요. 그래서 그곳이 더운지 추운지 모르겠어요."

Luria, 1979, p. 78

'눈으로 덮여 있는 북극 지방의 곰은 모두 하얗다. 노바야젬라는 북극 지방에 있다. 그곳의 곰은 무슨 색일까?'와 같은 낯선 내용이 삼단논법으로 주어졌을 때, 문맹 피험자들은 "교육받은 피험자에 비해 추론하기를 훨씬 단호하게 거부했다. … 대부분의 문맹 피험자들은 '북극에는 가본 적이 없고 곰을 본 적도 없으므로, 당신이 그 답을 듣기 위해서는 북극에 가서 곰을 본 적이 있는 사람에게 질문해야 한다'고 주장하며 대전제를 받아들이는 것조차 거부했다."Luria, 1974/ 1976, p. 107 루리아1974/1976는 가장 전형적인 문맹 피험자들의 답변을 요약하면서 다음과 같이 결론지었다.

그들은 자신이 경험한 적이 없는 사물에 관한 명제로부터도 결론을 이끌어낼 수 있다는 사실을 완강히 부인했으며, 순수하게 이론적인 속성에 대한 어떤 논리적 조작의 가능성에 대해서도 의심을 품었다. 그러면서도 자신이 직접 경험한 것에 관한 결론 도출의 가능성에 대해서는 인정했다.p. 108

그러므로 루리아[1974/1976]의 연구 결론은 형식적-논리적 사고 발달에 학교교육이 결정적인 역할을 한다는 이론에 강력한 실증적 근거가 되었다.

루리아[1974/1976]의 연구는 서로 다른 사회에서 교육을 받은 사람들과 문맹인 사람들이 각각 삼단논법 문제를 해결하는 다양한 교차문화 연구로 이어졌다.자세한 설명은 다음을 보라-Cole, 1996; Cole, Gay, Glick, & Sharp, 1971; Cole & Scribner, 1974; Scribner, 1975, 1977; Scribner & Cole, 1981; Segall, Dasen, Berry, & Poortinga, 1990/1999; Sharp, Cole, & Lave, 1979; Tulviste, 1991 이러한 연구 결과들은 루리아의 선행연구 내용과 높은 일관성을 보였다. 교육받은 피험자들과는 달리, 문맹 피험자들은 비록 삼단논법의 내용이 자신에게 익숙하더라도, 단순한 삼단논법만을 그것도 어쩌다 한 번씩 풀었다.Tulviste, 1991, p. 124 삼단논법 문제를 해결함에 있어 교육받은 피험자와 문맹 피험자 간의 차이에 대한 한층 자세한 분석은 루리아의 또 다른 연구 결과에서 확인된다. 즉, 답변을 설명해보라고 질문했을 때, 교육받은 피험자들은 주어진 삼단논법 문제의 전제들과 관련해 설명하는 반면, 문맹 피험자들은 비록 답이 정확할지라도 자신의 경험을 거론하며 답변을 했다.

이러한 연구 결과의 일관성에도 불구하고 형식적-논리적 사고 발달에 학교교육이 지배적인 역할을 한다는 루리아[1974/1976]의 연구 결과에 모든 연구자들이 동의하지는 않았다. 루리아의 연구 결과에 대한 가장 유명한 반론은 콜에 의해 제기되었다.Cole, 1976, 1990, 1996; Cole & Scribner, 1974; Cole et al., 1971; Scribner & Cole, 1973 콜은 모든 문화권의 사람들이 (형식적-논리적 수준의 조작 능력을 포함하여) 동일한 기초인지과정과 인지능력을 가지고 있고, 이러한 능력의 발현은 각자가 속한 문화적 경험에 의해 결정된다고 믿었다. 그러므로 "인지의 문화적 차이는 어느 문화집단에는 존재하는 인지과정이 다른 문화집단에는 없기 때문이 아니라 특정 인지과정이 적용된 상황에 더 많이 좌우된다."Cole et al., 1971, p. 233 이러한 관점에서 볼 때, 학교교육은 새로운 형식적-논리적 능력의 발달을 이끄는 것이 아니라, 이미 형성된 형식적-논리적 능력의 확장을 이끈다.

툴비스테Tulviste, 1991는 콜의 이론에 대해 통찰력 있는 분석을 제공했다. 콜 이론의 방법론적 약점을 중심으로 툴비스테1991는 다음과 같이 논했다.

어떤 한 전통집단 사람들의 활동을 면밀히 검토한 뒤 그들이 피아제의 형식적 조작을 구사하는 것을 발견하지 못했다고 가정해보자. 콜에 따르면, 심지어 이 경우에도 우리는 이들의 사고 속에 형식적 조작이 이루어지지 않는다고 주장할 권리가 없다. 콜은 실험적인 결과에 기초해서 피험자들이 할 수 없는 것에 대해서가 아니라 오직 할 수 있는 것에 대해서만 판단할 수 있다고 믿었다. 이러한 접근법을 따를 것 같으면, 연구자들은 끝없이 조사를 반복해야 한다. 부정적인 결과에 대해서는 연구자가 실험 상황을 잘못 설정한 탓에 피험자들이 자신이 보유한 능력과 방법을 충분히 펼치지 못했기 때문에 그런 결과가 나왔다고 말할 수 있을 것이다. 그리고 사고에서 어떤 실질적인 차이가 있다 하더라도 그 차이는 발견해낼 수 없다.p. 59

학교교육이 새로운 논리적 사고력을 만들기보다는 새로운 문제들을 해결할 때 단지 이미 존재하는 능력의 적용 범위를 넓혀준다는 콜의 가설에 대해, 툴비스테1991는 1970년대에 자신이 수행한 연구를 언급했다. 이 연구는 전통적인 유라시아 국가에 속한 8~15세의 학생들을 대상으로 이루어졌다. 학교교육 내용의 삼단논법 문제들(예를 들어, "모든 귀금속은 녹

슬지 않는다. 몰리브덴은 귀금속이다. 몰리브덴은 녹스는가?")뿐 아니라 일상적인 내용의 삼단논법 문제들(예를 들어, "사이바와 나쿱테는 항상 같이 차를 마신다. 사이바는 오후 3시에 차를 마신다. 나쿱테는 오후 3시에 차를 마시는가?")을 학생들에게 물었다. 질문에 답하면서, 학생들은 자신의 답변에 대한 설명을 하도록 요청받았다. 이 연구에서 학생들은 일상적인 내용의 삼단논법에는 74%의 정답률을 보이고, 학교교육 내용의 삼단논법에는 82%의 정답률을 보인 것으로 나타났다. 진정 흥미로운 것은 학생들의 설명에 대한 분석 결과였다. 학교교육 내용의 삼단논법에서 정답을 설명한 학생들 가운데 65%가 삼단논법에서 제시된 전제에 기초하고 있었던 반면, 일상적 내용의 삼단논법 정답에 대한 설명에서는 오직 32%만이 삼단논법의 전제에 기초하고 있었다. 이러한 결과들은 학교교육이 일상적 내용과 학교교육의 내용의 문제를 해결함에 있어 학생들에게 이미 존재하는 형식적-논리적 능력의 적용 범위를 확장시키는 것이라는 콜의 이론과 전혀 맞지 않다. 오히려, 이 결과들은 "삼단논법의 전제와 관계있는 추론에 기초한 간단한 삼단논법 문제의 완벽한 해결이 처음에는 학교공부의 영역에서 나타나고, 나중에 일상 영역으로 전이된다"는 결론으로 연결된다.Tulviste, 1991. p. 127[1]

이러한 논의에 비추어 볼 때, 형식적-논리적 사고 발달에서 학교교육이 절대적으로 중요하다는 비고츠키와 그의 후학들 간의 주장이 형식적-논리적 사고를 모든 문화권에서 볼 수 있는 기초적이고 보편적인 사고능력으로 보는 콜의 비판적 관점보다 훨씬 더 근거가 있어 보인다. 툴비스테1991는 다음과 같이 적었다. "**기초** 과정의 보변성에 대한 콜의 확신은… 어떤 이론적 개념이나 실험 결과로부터 도출된 것이 아니라, 모든 문화와

---

1. 콜은 툴비스테(1991)의 출판물 서문(Cole, 1991)과 후속 출판물들(Cole, 1992, 1996: Cole & Cole, 1993, 2001)에서 자신의 이론에 대해 이렇게 실증적으로 비판한 것에 전혀 반응하지 않았다는 사실에 주목할 필요가 있다.

정신 유형은 **서로 다르지만 대등한 것**으로 보는 그의 숭고한 욕망에서 비롯된 것이다."[1991, p. 61] 다시 말해, 이러한 이론의 토대는 과학적이기보다는 이념적이며ideological, 그 지지자들은 "사고의 질적 차이를 인식할 때, 유럽중심주의가 표출되는 것으로 인식한다."[Tulviste, 1991, p. 124][2] 과학적인 설명은 이념적인 도그마에 기반을 두지 않고 실증적인 근거에 기초해야 한다는 사실을 제쳐두고서라도, 전통적인 사회에서 학교교육의 결핍으로 사람들의 정신발달이 어려움을 겪는다고 말하는 것이 인종차별적이거나 유럽중심적이라 볼 수 없는 것은, 의료복지의 결핍으로 사람들의 건강이 나빠지고 있다고 말하는 것이 인종차별적이거나 유럽중심적이라 볼 수 없는 것과도 같다. 오히려 인지발달에서 학교교육의 역할에 대한 비고츠키주의자들의 관점은 인종차별과 가장 거리가 먼 인간중심적인 것인지도 모른다. 왜냐하면 비고츠키주의는 모든 인류가 인지발달에서 동일한 잠재력을 갖고 있다고 주장하고, 사람들이 이 잠재력을 완전히 실현시키는 것이 가능한 사회 변화를 염원하기 때문이다.

전통적인 학교교육 시스템의 단점

앞서 논했듯이, 학생들이 단순한 삼단논법 문제를 푸는 데는 1~2년의 학교교육이면 충분했다. 하지만 많은 미국의 청소년들이 보다 복잡한 형식적-논리적 문제를 다루는 데 심각한 어려움을 겪는 것으로 나타나고 있다.자세한 내용은 Cole & Cole, 1993, 2001을 보라 콜1990은 이 연구 결과들을 "학교교육의 결과로 **경험적 사고가 이론적 사고로 대체되었다**"는 비고츠키와 그

---

2. 루리아의 학생들(Homskaya, 2001; Tulviste, 1999)이 증언하듯이, 교차문화 연구 결과로 인해 루리아는 억압적인 스탈린 정권하의 당국으로부터 인종주의자로 고발당했다. 툴비스테(1999)는 "이 행태가 연구자들을 유럽중심주의로 몰아가는 현재의 이데올로기적 비판과 비슷하다"고 지적했다 (p. 68).

후학들의 관점을 반박하는 것으로 해석했다.p. 100 그런데 이 결과에 대해 정신발달에 미치는 학교교육의 중요성에 대한 비고츠키의 관점과 매우 일치한다는 해석도 가능하다.

1장에서 언급했던 것처럼, 비고츠키는 교육의 발달적 효력은 오직 교육의 과정이 적절한 방법으로 조직될 때만 일어난다고 강조했다. "무릇 교육은 발달보다 앞서가고 발달을 이끌어야 한다. 교육은 무르익은 것에 목표를 두기보다는 무르익어가고 있는 기능에 목표를 둬야 한다."Vygotsky, 1934/1986, p. 188 발달을 이끌지 못하는 교육의 예로, 비고츠키는 1920년대 구소련에서 사용한 교육 시스템을 언급했다.

한동안 우리의 학교들은 복잡한 교육 시스템을 선호했고, 그것이 아동의 사고방식에 적합하다고 믿었다. 아동에게 혼자 힘으로 해결할 수 있는 문제들을 제공하면, 근접발달영역을 활용하지 못하게 하고 아동이 현재 할 수 없는 수준으로 아동을 이끌지 못한다. 교육은 아동의 강점보다 약점에 방향을 맞추었다. 그리하여 교육은 아동이 취학 전 발달 단계에 머무르도록 만들었다.Vygotsky, 1934/1986, p. 189

따라서 전통적 방식의 교육으론 충분히 발달한 형식적-논리적 사고를 이끌어낼 수 없다는 사실이 전통적 학교교육의 약점으로 볼 수 있다.

미국 학생들에게서 드러난 수학, 과학, 읽기, 쓰기 학습의 심각한 결함에 대한 미국 연구자들의 많은 연구와 관찰은 비고츠키의 이 설명에 근거를 제공한다. 경험적 연구 결과를 요약하면서, 브루어Bruer, 1993는 다음과 같이 썼다.

대부분의 학생들은 수학에서 단순계산, 과학에서 사실들 기억하기, 읽기에서 낱말 뜻풀이, 쓰기에서 철자, 문법, 구두법과 같은 낮은 수준의 기능이나 단순 암기 기술을 보유하고 있다. … 대부분의 학생들이 자신의 지식을 활용하여 실험 결과를 해석하고, 글을 독해하고, 청중을 설득하는 데 어려움을 겪는다. 그들은 단순 암기나 사실관계 수준을 넘어 비판적이거나 창의적으로 사고하지 못한다. 그들은 잘못 구조화되고 애매해서 해석을 요하는 문제들을 해결하기 위해 자신이 알고 있는 것을 자유자재로 적용하지 못한다.[p. 5]

이 연구 결과를 토대로, 브루어[1993]는 "현재의 교육과정과 교수법들은 사실과 기계적인 기술은 성공적으로 전해주지만, 높은 수준의 추론 능력과 학습 기술을 전달하는 것은 실패했다"는 결론을 내렸다.[p. 5]

분명, 미국 학교교육 시스템을 지배했던 (지금도 부분적으로 여전히 영향을 미치고 있는) 행동주의 사상이 미국 학생들의 학습 결손을 초래했다는 브루어의 설명은 부분적으로는 옳다. 그러나 행동주의 사상의 부정적인 영향을 언급하는 그의 논점은 학습 결손의 주된 원인을 지적하기보다는 미국 학생들의 학습 결손의 **심각성**을 설명하고 있다. 비록 행동주의가 러시아 학교교육 시스템에는 영향을 끼친 적은 없지만 러시아 심리학자들과 교육자들은 (미국만큼 심각한 상태는 아니겠지만) 러시아 학생들의 학습 결손을 관찰했다.[자세한 내용은 다음을 보라-Davydov, 1986, 1972/1990; Elkonin, 1989; Talyzina 2001] 그렇다면 방금 논한 학생 학습 결손에 책임이 있는 미국과 러시아의 전통적인 학교교육 시스템의 기본적인 한계는 무엇인가?

러시아와 미국 연구자들이 자국의 전통적인 학교교육 시스템을 분석한 결과 전통교육의 전형적인 학습 결과는 크게 두 가지로 드러났다. 첫째 유형은 적절한 방법적 지식[procedural knowledge][Bruer, 1993; Davydov, 1972/1990]의 숙달이 이루어지지 않은 상태에서 과학적·개념적 지식(규칙, 개념, 정의, 또는 공식)을 암기하는 것이다. 언어를 통한[verbal] 과학적 지식의 습득은 학생들이 교과 관련 문제를 해결할 때 그 지식을 사용하는 수준까지 이어지지 못하는 것으로 나타났다. 다비도프[Davydov, 1972/1990]는 이러한 실례를 보여주는 여러 연구 결과들을 설명했다. 초등학생들이 포유류, 조류, 어류의 본질적인 특징들을 암기한 후 동물들을 분류하게 했더니, 그들은 암기한 개념을 사용하는 것이 아니라 동물의 표면적인 특징들을 통해 분류하였다(이를테면, 고래를 어류로 분류함). 또 다른 연구에서, 6학년 학생들에게 직각삼각형의 개념을 암기시킨 후, 직각이 위쪽에 있는 직각삼각형을 보여주었을 때, 학생들은 그것을 직각삼각형으로 인식하지 못했다(학생들은 그 삼각형을 예각삼각형이라고 말했다). 미국 학생들을 대상으로 한 연구에서도 비슷한 결과가 나타났다. 한 연구에서 아동의 수에 대한 개념 지식이 아동의 계산 능력을 보장해주지는 않는 것으로 드러났다.[Bruer, 1993]

두 번째 유형은 학생들이 교과 관련 개념 지식을 습득하지 않은 채 방법적 지식을 숙달하는 것이다.[Bruer, 1993; Davydov, 1972/1990; Talyzina, 1975/1981] 브루어[1993]는 미국의 전통적인 수학교수 프로그램에 대해 논할 때, 다음과 같은 결론을 이끌어냈다.

> 많은 학생들이 학교에서 방법적인 수학을 배워야 하는 이유를 모르고 있다. 학생들은 자신이 터득한 계산 기술을 새로운 상황에 폭넓게 적용시킬 수 있는 고차적인 수학적 이해는 얻지 못하고 기초적인 문제를 해결하는 데 필요한 계산 기술만을 익힌 상태에서 학교를 졸업한다. 너무나도 자주, 수학교육은 연산기호는 조작할 수 있으되 그 기호가 무엇을 의미하는지 모르는 학생들을 양산하고 있다.[p. 81]

수학을 비롯한 모든 과목에서 학습된 순수한 방법적 지식도 무의미하거나 전이가 불가능한 것으로 남겨지는 경향이 있다는 것을 다른 연구들과 관찰 결과들이 보여준다.[Bruer, 1993; Davydov, 1972/1990; Hiebert & Wearne, 1985;

요컨대 과학적 개념의 습득이든 방법적 지식의 숙달이든 그 자체를 학교교육의 바람직한 결과로 보아서는 안 된다. 이런 까닭에 현대 미국 심리학자들은 "개념을 방법과 결합시키기"Bruer, 1993, p. 95, 즉 교수 과정에서 두 종류의 지식을 연결 지으려는 아이디어를 발전시켰다.

1930년대로 거슬러 올라가 러시아의 네오비고츠키주의자들이 이와 비슷한 아이디어를 정립했고Leontiev, 1983, 그 뒤 그들은 많은 연구를 통해 이 사고를 정교화해왔다.Davydov, 1986, 1972/1990; Galperin, 1957, 1969; Galperin, Zaporozhets, & Elkonin, 1963; Talyzina, 1975/1981 2장에서 논했듯이, 네오비고츠키주의자들은 기호 도구를 인간 정신과정의 매개체로 본 비고츠키의 생각에 반대했다. 이들은 도구 자체가 아니라 이 도구를 활용할 수 있는 방법이 매개체가 될 수 있다고 보았다. 이러한 이론적 입장에 따라, 네오비고츠키주의자들은 학생들이 과학적 개념의 기저를 이루는 연관된 방법을 숙달한 경우에만 그 개념이 다양한 교과 관련 영역에서 학생들의 사고와 문제해결의 매개체 역할을 한다고 강조했다. 레온티예프1983가 지적했듯이, "아동이 가장 높은 수준의 일반화(개념)를 발달시키기 위해서는 가장 높은 수준의 일반화와 관련된 정신조작 체계가 발달되어 있어야 한다."p. 347 아르키메데스 법칙을 습득한다는 것은 학생들이 이 법칙을 단순히 반복할 수 있는 것만이 아니라, 다른 물질의 밀도를 계산하고, 그 물질의 밀도와 물의 밀도를 비교하는 과정을 숙달했다는 것이다. 마찬가지로, 수직선의 개념을 획득하는 것은 학생들이 수직선의 개념을 단순히 반복할 수 있는 것뿐만 아니라, 주어진 두 선을 보고 수선의 개념에 맞는 필요충분조건을 찾아내는 과정을 숙달하는 것이다.

일부 미국 학자들뿐 아니라 러시아 네오비고츠키주의자들은 학생들의 학습과 발달의 결핍을 전통적인 학교교육의 한계 탓으로 돌렸다. 이러한 관점에서, 비고츠키1978, 1934/1986가 적절히 조직된 학교교육을 아동중기에 매개된 학습의 주된 경로로 본 것은 옳았다. 적절히 조직된 학교교육은 학생들의 과학적 지식 습득과 형식적-논리적 사고의 발달을 이끈다. 그러나 과학적 지식이란 과학적 개념에 관한 정의를 입으로 익히는 것으로 환원될 수 없고, 그 개념과 관련된 방법적 지식을 포함해야만 한다.

과학적 지식 습득과 인지발달의 경로로서 이론적 학습

과학적 지식(즉, 과학적 개념과 그 개념과 연관된 방법의 결합)을 적절히 조직된 학교교육 내용이라고 정의하면서, 네오비고츠키주의자들은 또 다른 물음에 흥미를 갖게 되었다. 학습과정을 어떻게 조직하면 그것을 통해 학생들이 과학적 지식을 습득하게 될까? 이 질문에 답하기 위해, 러시아의 비고츠키 후학들은 경험적 학습과 이론적 학습이라는 두 가지 유형의 학습을 비교했다.Davydov, 1986, 1972/1990; Galperin, 1985; Talyzina, 1975/1981

경험적 학습은 아동이 서로 다른 물체나 사건을 비교하고 두드러진 공통점을 골라낸 다음, 이 공통점들을 토대로 이와 같은 부류의 물체나 사건에 대한 **일반적 개념**을 **발견**하는 것을 기본으로 한다. 이런 학습은 물체나 사건의 두드러진 공통적 특성이 그 물체나 물체의 중요하고 본질적인 특성을 반영하고 있을 때에만 효과가 있다(이를테면, 아이들은 붉은색의 개념을 이런 식으로 발달시킬 수 있다). 하지만 이런 학습은 아동이 다루는 어떤 부류의 물체들 중 대표되는 몇몇 물체의 공통적 특성이 그 부류의 다른 모든 물체의 공동적 특성과 같지 않다면 효과가 없을 것이다. 이것은 이 장이 시작될 때 언급했던 예에서 취학 전 아동이 바늘, 핀, 그리고 동전이 물에 가라앉는 것을 관찰하고는 "모든 작은 물체는 가라앉는다"라고 잘못된 결론을 내리는 이유를 설명해준다. 작다는 것은 바늘, 핀, 그리고 동전의 공통적인 두드러진 특성이긴 하지만, 가라앉는 물체들의 공통적인 특성은 아니다. 더욱이 아동이 지금 다루고 있는 물체들의 공통적인 특성이 이 부류의 다른 모든 물체들의 공통적인 특성을 반영한다 하더라도, 그 특성은 여전히 이 부류 물체들의 본질적인 특성은 반영하지 않을지도 모른다. 꼬리와 지느러미는 물고기의 공통적인 특성이긴 하지만 본질적인 특성은 아니다. 그러므로 아동이 경험적 학습을 통해 **발견**한 물고기에 대한 개념은 오개념일 것이다.

이 때문에 경험적 학습은 자주 오개념으로 이어진다. 러시아와 미국 학생들이 이러한 오개념을 많이 가지고 있다는 것을 고려한다면^{Davydov,} _{1972/1990; DiSessa, 1982}, 전통적인 학교교육 체제가 경험적인 학습을 많이 권장한다고 추정하는 것은 타당하다. 실제로 앞서 논했듯이, 전통적인 학교교육 체제 안에서 학생들은 참된 과학적 지식(즉, 해당 교과 영역의 개념적 지식과 방법적 지식의 결합체)^{Bruer, 1993; Davydov, 1972/1990} 보다는 주로 암기술이나 과학적인 개념의 언어적인 정의를 배운다. 학생들이 암기술을 숙달하거나 과학적 개념의 언어적 정의를 학습한 두 경우 모두 습득된 지식은 관련된 교과 영역에서 문제를 해결하는 데 유동적으로 적용될 수 없다. 암기술은 의미가 없고 전이될 수 없으며, 단순한 언어적 지식은 무익하다. 사실상 이러한 이유로 학생들은 교과 영역의 문제를 다루기 위해 자신만의 개념과 그와 연관된 방법들을 **발견**하라고 강요받는다.

앞서 제시된 예시 속의 초등학생들이 포유류와 어류의 개념을 암기한 후, 동물을 분류할 때 고래를 어류와 연관시킨 것도 이 때문이다. 이와 같이 과학적 개념들을 암기한 것으로 교과 영역의 문제를 해결하지 못했기 때문에, 이 학생들이 경험적 학습의 과정에 참여했다고 볼 수 있다. 그들은 대표적인 물고기들을 비교했고, 그 물고기들의 공통적이며 두드러진 특성을 골라냈으며, 그것을 토대로 어류의 개념을 발견했지만, 그것이 오개념으로 밝혀진 것이다. 아마도, 이 오개념은 몸체의 생김새, 지느러미, 꼬리, 그리고 물속에 산다는 것을 어류의 필요충분조건이자 본질적인 특성으로 포함시켰을 것이다. 같은 방식으로, 그들은 포유류에 대한 잘못된 개념을 발달시켰을 것이다. 그리고 나서 동물들을 분류하라는 요청받았을 때, 발달된 오개념을 분석의 근거로 사용해서 동물들을 분석하고, 그 결과 고래를 어류와 연관시켰을 것이다.

마찬가지로, 학생들이 기계적 수준의 계산 기능을 숙달하는 것은 종종 자신을 경험적 학습의 과정으로 이끌고, 이 과정에서 학생들은 오개념을 발달시킨다. 학생들은 기계적 수준의 계산기능을 숙달한 후에 자신에게 주어진 문장제 문제를 풀 때 자신이 숙달한 기능 가운데 어떤 것을 적용시켜야 하는지 파악하는 데에 어려움을 겪는다. 이러한 어려움을 극복하기 위해 학생들은,

어떤 계산기능을 사용할지 밝혀주는 핵심 낱말을 찾는다. 예컨대 "모두"라는 낱말은 더하기를 의미하고, "없앤다"라는 말은 빼기를 뜻한다. 그리고 "각각"이라는 말은 나누기를 의미한다. 학생들은 그런 핵심 낱말에 기초하여 조작활동을 정하고, 이해 여부를 떠나 결정된 조작활동을 문제 속의 모든 숫자들에 기계적으로 적용한다.Bruer, 1993, p. 102

그러므로 경험적 학습은 학교에서 배운 적이 없는 과학 지식을 자기 스스로 발견함으로써 전통적인 학교교육 시스템의 결핍을 보완하려는 학생들의 시도를 투영한다. 하지만 이러한 시도들은 거의 대부분 실패했고, 그 결과 학생들은 과학적 개념보다는 오개념을 발달시킨다. 비고츠키의 용어로, 경험적 학습은 과학적인 개념보다는 일상적인 개념을 발달시키는 결과를 초래한다.

경험적 학습의 모든 단점들을 극복할 수 있는 학습은 없을까? 이 물음에 대해 네오비고츠키주의자들은 비고츠키1934/1986의 이론, 즉 보편적으로는 매개, 구체적으로는 과학적 개념 습득에 관한 이론을 토대로 답

을 구하고자 했다. 뒤에서 논할 피아제[1970, 1971a]와 듀이[1902, 1938/1963]의 구성주의 개념과 달리, 비고츠키는 아동에게 인류가 이미 발견한 과학적 지식을 다시 발견하라고 요구할 수도 없고, 요구해서도 안 된다고 주장했다. 실제로, 인류의 진보는 일반적으로 새로운 세대가 이전 세대가 쌓아온 지식의 정수를 자기화할 때 일어난다.[3] 왜 우리는 학생들에게 이러한 지식을 재발견하도록 권고해야 하는가? 비고츠키에 따르면, 과학적 개념은 학생들에 의해 **구성되기**보다는 정확한 언어적 정의의 형태로 제공되어야 한다.[Vygotsky, 1934/1986, p. 148] 러시아의 네오비고츠키주의자들은 과학적 개념의 기저를 이루는 방법 숙달의 중요성을 강조하는 비고츠키의 이러한 개념을 정교화하여 **이론적 학습법**theoretical learning approach을 개발했다.[Davydov, 1986, 1972/1990; Galperin, 1985; Talyzina, 1975/1981]

이론적 학습법에 따라 학생들은 과학적 지식(즉, 교과 영역의 개념과 방법)을 배운 다음, 이 지식을 활용하여 교과 영역 내의 문제를 풀어가는 과정에서 그것을 숙달하고 내면화한다. 다음은 러시아어 알파벳 쓰기를 6세 아동에게 가르칠 때 이론적 학습을 응용한 예이다.[Pantina, 1957] 흔히 우리는 알파벳 쓰기는 과학적 지식과 무관하며 글씨 쓰기 지도는 반복 훈련과 연습이 최선이라고 생각하기 쉽다. 그러나 이 예는 **과학 외적** 지식을 가르치는 데 이론적 학습법이 어떻게 적용되는지를 잘 보여준다.

모든 글자 혹은 선은 일련의 점들로 형체를 이루고, 각각의 점들은 선이 향하는 곳에 위치한다. 이러한 일련의 점들은 특정 선의 본질, 즉 그것의 본本을 표상한다. 판티나[Pantina, 1957]의 교수 프로그램은 어떤 선을 분석하고 그 선의 본을 구성하는 일반적인 방법뿐만 아니라 선에 대한 위와 같은 과학적 개념을 학생들에게 가르치면서 정립된 것이다. 이 프로그램은 다음과 같은 단계로 이루어져 있다([그림. 6.1]): (a)선의 방향이 바뀌는

---

3. 브루너(1966)가 적고 있듯이, "문화는… 발견되는 것이 아니라; 전달되거나 잊히는 것이다"(p. 101).

곳을 결정하기 위해 베껴 쓸 글자 분석하기, (b)선의 방향이 바뀌는 곳마다 점 찍기, (c) 같은 페이지상의 다른 곳에 똑같은 방식으로 점 찍기(즉, 글자의 본 구성하기). 그런 다음, 학생들은 표시된 점들을 연결한다. 다시 말해, 주어진 글자를 쓰는 것이다. 처음에 학생들은 이 모든 과정을 시각적-운동적visual-motor 차원에서 익혔지만, 방법을 숙달해가면서 중요한 부분은 시각적-이미지visual-imagery 차원에서 이루어지기 시작했다. 학생들은 베껴 쓸 글자를 시각적으로 분석했고, 그 글자의 본을 머릿속 그림으로 만들었고, 신속 정확하게 모방했다.

이 프로그램에서 학생들의 학습 과정이나 결과는 전통적인 교실에서

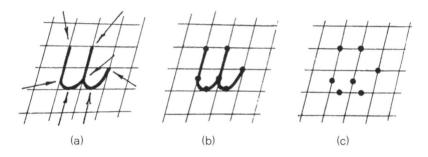

[**그림 6.1**] 6세 아동에게 러시아어 알파벳의 철자 쓰기를 가르치기 위한 이론적 학습의 단계. Pantina(1957)에서 인용.

볼 수 있는 것과 매우 달랐다.Pantina, 1957 학생들의 학습은 실수가 거의 없이 신속히 진행되었다. 방법에 대한 학생들의 숙련도는 유의미한 수준이었고, 널리 전이될 수 있었다. 학생들은 이 방법을 그림 그리기나 라틴어와 아라비아 알파벳의 철자를 포함한 모든 선 긋기 모방에 응용할 수 있었다. 따라서 이 프로그램을 이용한 성과는 과학적 지식의 정의와 부합하며, 이것은 앞에서 논했듯이 학교에서의 학습 내용이어야 한다.

다른 곳에서 이론적 학습 프로그램들을 적용했을 때도 유사한 결과 (높은 수준의 과학적 지식의 습득, 그것의 광범위한 전이, 학생들의 유의미

한 응용)가 나타났다. 이 프로그램들은 5세부터 대학생까지 다양한 연령의 학생들에게 초등수학, 대수학, 기하학, 물리, 화학, 생물학, 언어, 그리고 역사 등 여러 과목의 교수활동에서 40년 이상 사용되어왔다.Aidarova, 1978; Davydov, 1986; Elkonin, 1976; Elkonin & Davydov, 1966; Galperin, 1977, 1985; Galperin & Talyzina, 1957/1961,1972; Salmina & Sokhina, 1975; Venger, 1986; Zhurova, 1978; and many others[4] 미국 연구자 슈미타우Schmittau는 이론적 학습법으로 3년 동안 수학을 배운 러시아 초등학생들을 연구했다. 그녀는 다음과 같이 밝혔다.

> 그들은 미국의 고등학생과 대학생에게서도 보기 드문 수학적 이해력을 보여주었다. … 아이들이 가장 추상적인 수준의 수학 개념을 이해하고 동시에 그 개념을 새롭고 낯선 상황에 일반화할 수 있는 정도로 관찰되는 것은 신선한 충격이었다.Schmittau, 1993, p. 35

경험적 학습과 이론적 학습의 차이나 이론적 학습의 장점에 대한 러시아 비고츠키주의자들의 생각은 몇몇 미국 교육심리학자들의 연구에 직접적인 영향을 미쳤다.Panofsky, John-Steiner, & Blackwell, 1992; Schmittau, 1993, 2003 이들의 생각은 비고츠키주의에 기초한 것이 아니며, 비슷한 유형의 학습과 전이에 대해 논했던 몇몇 미국 심리학자들의 생각과도 매우 닮아있다.

바속과 홀리오크Bassok & Holyoak, 1993는 상향 전이와 하향 전이에 관해 논했다. 상향 전이bottom-up transfer는 여러 가지 예에서 도출한 귀납적 사고를 기반으로 한다. "하나의 범주 내의 몇몇 예들로부터 정보를 통합함으로써, 이 예들에서 공통된 구성 요소들을 추출할 수 있다. 여러 예들 속

---

4. 이론적 학습 프로그램과 그 사용 결과에 대한 추가적인 영어 설명은 다음을 보라-Arievitch and Stetsenko, 2000; Haenen, 1996; Karpov, 1995; Kozulin, 1984, 1990, 1998; Schmittau, 2003; Stetsenko and Arievitch, 2002.

에 지속적으로 등장하는 특징들은 범주와 관련된 정보로 간주된다."p. 71 하지만 상향 전이의 단점은 "예들 속에 관련 없는 특징들이 지속적으로 등장할 때 잘못된 학습(오개념)으로 이어질 수도 있다"는 것이다.Bassok & Holyoak, 1993, p. 72 상향 전이와 달리, 하향 전이top-down transfer는 **실용적 연관성**pragmatic relevance을 지닌 학생들의 지식, 즉 어떤 규칙과 법칙, 원리에 관한 지식을 기반으로 하는데, 이러한 지식들은 "새롭지만 연관된 문제로의 전이를 보다 유연하게 촉진할 것이다."Bassok & Holyoak, 1993, p. 72 만일 이러한 지식이 결여되어 있으면, "교사는 학습 목표와 부합되는 영역에 학생의 주의력을 집중시키기 위한 특단의 교수활동을 펼쳐야 한다."Bassok & Holyoak, 1993, p. 73

미국에서도 이와 유사한 견해를 보이는 학자들이 있다. 디터먼Detterman, 1993은 교수과정의 초반에 학생들에게 구체적인 예로부터 규칙을 추론하게 하는 것과는 반대로, 일반적인 규칙을 제시하는 것의 장점을 강조했다. 가네Gagné, 1966는 이와 관련하여 보다 명시적으로 자신의 입장을 발표했다. "인간이 어떤 개념을 발견하는 과정에서 스스로 시행착오를 겪는 과정에 참여하기를 기대하는 것은 그에게 유인원처럼 행동하라고 요구하는 것과도 같다."p. 143 비더먼과 시프라Biederman & Shiffrar, 1987의 연구를 참조하면서, 앤더슨과, 레더, 사이먼Anderson, Reder & Simon, 1995은 "20분간의 추상적인 교수활동(즉, 일반적인 원리를 가르치는 것)은 초심자를 몇 년간의 견습 기간을 거친 전문가의 수준으로 만든다."p. 8 비슷한 논점으로 (통계적 기술을 통해 관찰된 것들의 상관관계를 나타내기만 하는) **단순한 일반화**와 (교과와 관련된 것을 설명하는) **자연 법칙** 사이의 차이를 설명하는 글을 과학철학 문헌에서 볼 수 있다.Hanson, 1970, p. 235

그런데 이론적 학습 활용의 장점은 학생들이 유의미하고, 널리 전이될 수 있는 과학적 지식을 숙달하는 것에 국한되지 않는다. 이론적 학습의 체계적인 활용이 가져다주는 더욱 중요한 결과는 학생의 인지발달을

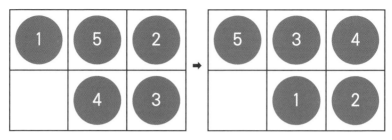

[그림 6.2] 전통적 학교와 이론적 학습 학교에 다니는 학생들에게 제공된 문제의 예. Davydov et al.(1972)에서 인용.

용이하게 해주는 점이다. **전통적인** 학교교육을 받는 2~4학년 학생들과 이론적 학습법으로 교육을 받는 실험학교의 2학년 학생들을 대상으로 이론적 학습의 발달과 관련된 결과를 분석하는 연구가 이루어졌다.^{Davydov,} ^{1986; Davydov, Pushkin & Pushikina, 1972} 학생들에게 일련의 문제를 제시하는데, 각각의 문제에서 학생들은 6칸 격자판 위에 놓인 5개 숫자 칩의 위치를 주어진 조건에 따라 최소한의 이동 횟수로 움직여야 했다([그림 6.2.]). 칩들은 오직 수평 또는 수직으로만 움직일 수 있고(대각선으로는 불가능), 한 번에 한 칩씩 움직이며, 비어 있는 격자 칸 위로 움직일 수 있다. 학생들에게 모든 문제가 8회의 움직임 안에 해결될 수 있다고 말해주었다. 그러나 각각의 문제의 답이 되는 8회의 움직임들이 모두 같은 순서로 움직인다는 것을 알려주진 않았다([그림 6.3.]).

연구 결과는 **이론적 학습** 학생들(2학년)과 **전통적 학습** 학생들(4학년)의 문제해결 성공 여부뿐만 아니라, 보다 더 중요한 것으로 문제를 해결하는 접근법에서 상당한 차이를 보여주었다. 이론적 학습의 75% 학생들은 모든 문제의 정답이 똑같은 순서의 움직임이라는 것을 즉각적으로 인지했고([그림. 6.3.]을 보라), 이 일반적인 원리를 이용하여 모든 문제들을 정확하게 풀어냈다. 반면, 전통적인 학교에 다니는 학생들 중에서는 2학년의 20%와 4학년의 30% 학생들만이 이러한 일반적인 원리를 발견해냈고, 그것을 문제를 푸는 데 사용했다.

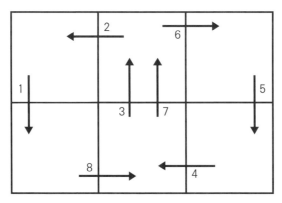

[그림 6.3] 전통적 학교와 이론적 학습 학교에 다니는 학생들에게 제공된 모든 문제에 동일하게 적용되는 정답인 8회 움직임(문제들의 예시는 [그림 6.2]를 보라). Davydov et al.(1972)에서 인용.

이 연구는 다른 연구들과 마찬가지로[Maksimov, 1979; Zak, 1984], 이론적 학습을 체계적으로 활용하면 문제해결을 위한 일반적인 **과학적** 접근 역량이 발달한다는 것을 보여주었다. 이론적 학습법으로 배운 학생들은 새로운 문제를 접했을 때 처음부터 일반적인 이론이나 원리를 찾으려고 시도하고, 그 이론으로 문제를 푼다.[5] 이러한 이론적 학습의 결과는 결코 놀라운 것이 아니다. 실제로 이론적 학습에 참여한 학생은,

사물의 본질적인 특성이 반드시 표면에 드러나진 않지만 발견될 수 있다는 것을 깨닫기 시작한다. 이것은 과학적 진리를 이해함에 있어 중요한 교훈이다. 이 지점에서 경험세계의 현상[empirical appearance]과 이론세계의 본질[theoretical essence]을 일치시키는 역량의 결핍은 너무도 자연스럽다.[Kozulin, 1998, pp. 55-56]

그리하여 이론적 학습에 참여하는 학생들이 특정 문제해결에서 활용

---

5. 일반적으로 전통적인 교육에서 성인은 자신의 전문 분야 문제를 다룰 때만 이런 접근 방식으로 문제를 해결한다는 것은 주목할 만하다(Chi, Feltovich, & Glaser, 1981; Novick, 1988).

하기 위해 익힌 **이론적** 또는 **과학적** 접근법은 다른 모든 문제를 해결하기 위한 일반적인 인지적 접근법이 된다.

청소년의 형식적-논리적 사고에 관해 논하면서, 인헬더와 피아제[Inhelder and Piaget, 1958]는 형식적-논리적 사고는 이론적 가능성의 수준에서 사고가 작동하는 한편, 가설의 정립과 검증, 즉 데이터와 사태에 대한 과학적인 분석을 수행할 수 있는 역량을 포함한다고 설명했다. 좀 전에 논한 연구에서 **이론적 학습**을 익힌 2학년 학생들이 충분히 발달한 형식적-논리적 사고를 나타내 보였다고 주장하는 것은 무리겠지만, 문제해결에 있어 일반적인 접근법은 앞서 설명한 형식적-논리적 사고의 정의와 꽤 부합한다.

안내된 발견학습은 과학적 지식의 습득을 이끄는가?

앞서 논했듯이 러시아의 네오비고츠키주의자들과 몇몇 미국 연구자들은 이론적 학습의 장점을 옹호하지만, 경험적 학습(혹은 미국 심리학 서적에서 발견학습이라 일컫는 것)은 미국의 교육자들과 심리학자들 사이에서 강력한 지지를 받아왔다.

발견학습법은 1960~1970년대 미국의 교육자들 사이에서 명성을 떨쳤다.[이에 대한 설명과 분석은 Morine & Morine, 1973; Shulman & Keislar, 1966을 보라] 하지만 교육현장에서 이 학습법 실행의 결과는 앞 절에서 언급한 러시아 비고츠키주의자들의 예견과 잘 맞아떨어지는 것으로 밝혀졌다. 즉, 학생들이 **발견한** 개념들은 대개 오개념들이었다.[Brown & Campione, 1990] 발견학습에 대한 연구 결과들을 요약하면서, 앤더슨 등[Anderson et al., 1995]은 "발견학습에 대한 실증적 증거가 거의 없고, 그나마 발견된 증거들도 미약하다"고 지적했다.[p. 13] 비슷한 연구 결과로, 메이어[Mayer, 2004]는 "효율적인 교수방법으로서 순수한 발견학습은 실패로 드러났다"고 썼다.[p. 17]

그런데 최근 발견학습은 미국과 캐나다의 몇몇 영향력 있는 교육인지심리학자들에 의해 되살아나고 있다.Brown & Campione, 1990, 1994; Brown, Campione, Reeve, Ferrara, & Palincsar, 1991; Chang-Wells & Wells, 1993; cobb & McClain, 2002; Cobb, wood, & Yackel, 1993; Cobb, Yackel, & Wood, 1992; Cognition and Technology Group at Vanderbilt, 1990, 1992, 1994; Scardamalia, Bereiter, & Lamon, 1994; Schoenfeld, 1985, 1992; wells, 1999, 2002; wells, Chang, & Maher, 1990 심리학자들은 발견학습의 명백한 결함으로 인해 순수 발견학습을 옹호하지는 않았지만, 전통적 학교교육의 주된 교육 방법인 설명식 교수법 역시 비판했다. 심리학자들은 "설명식 수업과 자유로운 발견학습의 절충적 입장을 지지하는 주장을 펼쳤는데, 이것이 **안내된 발견학습**guided discovery learning"이다.Brown & Campione, 1994, p. 230

안내된 발견학습법은 듀이1902, 1938/1963와 피아제1970, 1971a의 연구에 영향을 받은 구성주의 학습이론에 기반을 두고 있다. 이 주장에 따르면, 과학적 지식은 학생들에게 가르쳐지는 것이 아니라 토론, 개인의 경험의 공유, 그리고 몇몇 연구 활동을 수행하는 과정에서 학생 스스로가 구성하는 것이다. 안내된 발견학습을 수행하는 학생들은 과학적 문제를 해결하는 연구 협력자들과 비슷하고Cobb et al., 1992, 교사는 학생들을 발견 과정에서 안내하고 조율하는 역할을 한다.Brown & Campione, 1994

비고츠키주의자들의 입장과는 달리, 안내된 발견학습의 지지자들은 학생들이 과학적 지식을 숙달하는 것을 학생들의 일상적 개념이 정교화되고 개선된 결과로 본다. 일부 지지자들은 "공식적인formal 정의와 교사의 명시적인 설명의 중요성"을 강조한 비고츠키의 입장과는 명백히 대조적으로 "교실에서 상호작용하며 구성되는" **탐구수학**inquiry mathematics을 강조한다.Cobb et al., 1993, p. 100 [6]

안내된 발견학습은 과학적 지식의 습득을 이끄는가? 이 질문에 답하기 위해, 안내된 발견학습 지지자들의 이론적 주장의 타당성을 시험해보고,

안내된 발견학습 교수방법을 활용한 학습 결과물을 분석해보아야 한다.

안내된 발견학습 지지자들의 **이론적 주장**은 논쟁의 여지가 있다. 첫째, 안내된 발견학습의 지지자들이 자신의 이론을 입증하기 위해 사용하는 전통적 학교교육에 대한 비판은 핵심을 잘못 짚은 듯하다. 이들은 전통적인 학교교육 시스템 내에서 과학적 지식은 학생들 스스로에 의해 발견되는 것이 아니라 교사가 가르치는 것이기 때문에, 과학적 지식의 숙달을 성취할 수 없다고 주장했다. 앞서 논했듯이, 학생 스스로가 과학적 지식을 발견하지 않고 과학적 지식을 배우고 있다는 것이 전통적인 학교교육의 단점은 아니다. 오히려 학생들은 과학적 지식을 배운 적이 없기 때문에 그 지식을 발견하려는 시도에서조차 실패하게 된다. 그러므로 학교에서 안내된 발견학습을 실행하면 전통적인 교수의 단점을 극복하기보다는 더 심화시킬 것이라고 예상하는 것이 타당하다.

둘째, 안내된 발견학습의 지지자들은 안내된 발견학습에 참여한 학생들을 과학적 문제를 해결하는 과학자들에 자주 비유한다. 이 비유는 두 가지 맹점을 지니고 있다. 우선, 과학적 문제를 해결하는 과정은 몇 년이 걸릴지 모르는데 이는 학교교육에서 수용하기가 어려운 일이다. 다음으로, 과학자들은 대학의 특별 과정에서 자신이 배웠거나 다년간 연구 경험을 통해 스스로 개발한 과학적 조사 및 분석 방법을 지니고 있다. 학생들에게 이 같은 방법들을 갖출 것을 요구하기는 어렵다. 앞서 살펴봤듯이, 실질적으로 과학적인 지식이 결여된 상태에서 문제를 해결해야 할 때 학생들이 사용하는 과학적 조사의 주된 방법은 본질적인 특성 대신 현상의 두드러진 측면을 파고드는 경향성이 있다(이 방식은 종종 오개념으로

---

6. 하지만 미국의 연구자들은 비고츠키를 종종 구성주의의 지지자로 본다(그 예로서 Geary, 1995; Windschitl, 2002를 보라). 내가 제공한 분석을 살펴보면, 누구든 이들의 생각이 전혀 옳지 않다는 것을 알 수 있을 것이다. 이들 관점의 오류는 안내된 발견학습의 많은 지지자들이 그들의 저술에서 몇몇 비고츠키의 개념들, 특히 근접발달영역에 대한 개념을 참조한 것에 기인한다(많은 예들 중 두 개만 뽑아서, Brown & Campione, 1994; Wells, 1999를 보라). 1장에서 논한 것처럼, 이러한 참조들은 대개 비고츠키의 주장에 대한 총체적인 오해를 보여줄 뿐이다.

이어진다).

셋째, 안내된 발견학습을 통해 일상적 개념을 과학적 개념으로 정교화하고 다듬는 과정은 속도가 더디고 여러 단계를 밟아야 하는 지난한 과정일 수밖에 없다. 가장 좋은 조건에서조차 이 과정은 학생들이 학습의 중간 단계에서 원래의 일상적 개념들(대개 오개념)을 작동시키는 것을 포함한다. 아마도 이것이 안내된 발견학습의 수많은 지지자들이 학생들이 학습의 과정에서 실수할 권리를 열정적으로 지원하는 이유일 것이다-"이 수업에서는 어떠한 실수도 환영한다."Cobb et al., 1993, p. 98 심지어 일부 지지자들은 "우리는 대부분의 결정에서 옳거나 그른 것은 없다는 것을 학생들이 알아차리기를 원한다"고 주장하기까지 한다.Heller & Gordon, 1992, p. 10 이 맥락에서 제기될 수 있는 이론상의 문제점은 학생들에게 전달되는 과학적 지식을 향한 이같이 **느슨한** 태도가 과학적 지식 습득의 가치를 이해하는 데 전혀 도움이 되지 않을 것이라는 점이다.

마지막으로, 학생들의 학습을 교사들이 안내하더라도, 안내된 발견학습을 통해 오개념이 생길 위험이 여전히 상존한다. 브라운과 캠피언Brown and Campione, 1994이 관찰한 것처럼, 안내된 발견학습은 운용하기가 어렵다. 안내된 발견학습의 과정 속에 예컨대 학생들이 프로젝트 연구에 참여할 때처럼, 안내되지 않은 활동이 포함될 가능성이 많다. 웰스와 웰스Chang Wells and Wells, 1993는 "교사의 개입 없이, 학생들끼리 협력 활동할 때 왕성한 학습이 일어난다"고 지적했다.p. 84 앞서 지적했듯이, 안내되지 않은 학습활동은 자주 오개념을 낳는다. 또한 일부 실험 연구 결과들은 또래들 간의 그룹활동에서 한 학생이 품은 그릇된 개념에 전체가 동의해서 올바른 개념을 거부하는 결과도 있었다.Tudge, 1992

따라서 안내된 발견학습의 이론적인 가정은 논쟁의 여지가 있지만, 발견학습에 대한 논의에서 더욱 중요한 것은 안내된 발견학습 방법을 활용한 학습 결과를 분석한 것이다.

안내된 발견학습 지지자들이 제공한 학습법을 활용한 **학습 성과**는 이것의 효과를 입증하는 듯했다. 보고서에 따르면, 이 학습방법을 이용한 학생들은 지식을 더 잘 습득하고 전이하며, 학습을 계획하고 모니터하는 능력이 개선되었으며, 비판적 사고와 토론 기술이 발달하였고, 학생들의 학습 동기도 전통적인 학교교육을 받은 학생들보다 더 높은 것으로 나타났다.Brown & Campione, 1994; Chang-Wells & Wells, 1993; Cobb et al., 1991; Cognition and Technology Group at Vanderbilt, 1994; Schoenfeld, 1992 하지만 앤더슨 등[1995]이 지적했듯이, 구성주의자들이 자신의 교수방법의 성과를 평가할 때의 문제점은 "검증하고자 하는 역량을 명확히 규정하지 않은 채 주관적인 판단에 의존하는 것이다."p. 18 구성주의자들이 자신의 교수방법을 활용한 학습 결과를 평가할 때 주관적 판단에 의존하는 문제점에 대한 충격적인 사례로 볼Ball, 1997은 초등수학에서 학생들의 학습 결과에 대해 성찰하였다.Windschhitl, 2002 재인용

볼1997은… 어린 여학생이 수학수업에서 5/5가 4/4보다 크다는 것을 설득력 있게 주장하는 사례를 언급한다. 소녀는 원모양의 쿠키를 두 개, 그러고 나서 각각의 쿠키를 네 조각과 다섯 조각으로 나눈 뒤, 5/5에서는 다섯 친구에게 각각 한 조각씩 줄 수 있지만, 4/4에서는 한 친구가 쿠키를 받지 못한다는 것을 보여주며 그럴듯하게 설명했다. 다음은 이에 대한 볼의 소회다.

쉬나의 말을 들으면서, 내년에 쉬나를 가르치게 될 교사는 아마도 이 문제에 대한 쉬나의 생각이 그리 매력적으로 느끼지 않을 것이라는 생각이 들었다. 교사는 아마 쉬나를 수학 기능이 부족한 아이로 판단할 것이다. 이 아이가 정말 그러한가? 쉬나는 표준 분수 연습 문제를 정확히 풀 수 있었고(이를테면 사각형에서 3/4을 정확히 칠했다), 학년말 표

준화 시험에서도 분수 문제를 잘 풀었다. 그러나 쉬나의 사고에서 표준을 비껴가는 부분은 나를 당혹케 했다. … 아이의 답변에서 맞는 부분도 있었다. 문제는 표준을 비껴가는 아이의 접근법이 문제 자체를 바꿔 버린 것이다. 그리고 원래 문제에 대한 아이의 답은 틀렸다. 그렇다면, 지금 나는 어떤 답을 내려야 하는 것일까? 지금도 여전히 나는 그 답을 못 내리고 있다.Windschhitl, 2002, pp. 149-150

내가 보기엔, 다음 해 쉬나를 가르칠 교사가 표준을 벗어난 그 아이의 생각이 매력적으로 느껴지지 않을 것은 지극히 당연하다. 아이의 사고는 분수에 대한 잘못된 개념을 발달시켰다는 것을 쉽게 입증한다. 그러나 우리의 논점으로 되돌아가서, 일부 구성주의자들이 오류가 분명한 경우에도 자신의 교수 프로그램의 실패를 인정하기를 꺼려 한다는 것은 충격적인 일이다. 이러한 태도는 "모호할 뿐만 아니라 심지어 잘못된 결과까지도 포괄적으로 일반화시켜" 자신의 주장에 대한 근거로 삼았던 1960년대 발견학습 지지자들과 매우 유사하다.Ausubel, 1968, Anderson et al., 1995, p. 13 재인용

물론, 모든 구성주의 교수 프로그램이 방금 논의한 것과 같은 명백한 실패로 연결되는 것은 아니다. 다음은 안내된 발견학습의 장점을 입증하려고 그 지지자들이 제공했던 두 가지 교수 프로그램의 학습 결과에 대한 나의 분석이다.

브라운과 캠피언1994의 접근법을 활용한 헬러와 고든Heller and Gordon, 1992은 학생들에게 동물의 개념을 숙달하는 것에 목표를 둔 안내된 발견학습을 실명했다. 수업의 상당 부분이 제법 긴 토론에 소요되었고, 이 시간 동안 학생들은 동물의 개념에 대한 일상적 개념을 서로 교환하고 있었다. 그 뒤, 학생 중 한 명이 사전을 펴고 동물의 과학적 정의를 큰 소리로 읽었다. 학생들이 집중력을 유지하며 토론에 열심히 참여했으며, 잘 모르는 것이 있을 때 질문을 통해 급우들의 답변을 이끌어내고 한 까닭에

수업이 성공적이었다고 연구자들은 주장했다. 하지만 여기에서 꼭 짚어봐야 할 두 가지가 있다. 첫째, 학생들은 일상적 개념의 정교화를 통해 스스로 이 개념을 발견하는 것이 아니라, 이미 만들어진 동물에 대한 과학적 개념을 사전을 통해 얻었다. 둘째, 학생들이 학습을 통해 동물의 개념과 관련된 방법적 지식의 숙달했다는 징후는 없다. 앞의 예에서 방법적 지식은 주어진 것들 내에서 동물의 개념과 연관 짓는(혹은 연관 짓지 못하는) 필요충분조건들을 확인하는 방법이다.

두 번째 예는 컴퓨터지원 의도적 학습환경Computer Supported Intentional Learning Environments, CSILE 교육 프로그램의 사용 결과를 다룬다.Scardamalia et al., 1994; 자세한 내용은 Bruer, 1993, pp. 250—256을 보라 CSILE는 구성주의적 안내된 발견학습에 기초하여, 학생들의 전자우편 메시지 교환과 학생들이 협력해서 만든 교육과정과 연관된 데이터베이스를 포함한 현대 컴퓨터 기술의 광범위한 사용을 포함한다. 브루어1993에 따르면, CSILE 프로그램의 주요 성과는 학생들의 쓰기 능력 향상이다. 구체적으로, "'이 단원에서 무엇을 배웠는가?'라는 문제에 수기로 답을 제시할 때 CSILE 학생들은 제법 성숙한 문체로 짜임새 있는 글을 쓴 반면, 일반 초등학교 학생들은 간단한 지식의 나열에 의존한 글을 썼다."p. 253 "보다 나은 학습과 사유는… 좀 더 나은 글쓰기를 이끌어내기 때문에"Bruer, 1993, p. 251 브루어는 이러한 자료들을 CSILE 프로그램 성공의 증거로 해석했다.

CSILE 프로그램의 장점을 설명하기 위해 브루어1993는 "유인원에 관해 배운 것"이라는 문제에 CSILE 참가 학생과 미참가 학생이 쓴 에세이를 비교했다. 두 글 속 각 단락에서 첫 세 문장과 마지막 세 문장만 인용한 것이다. 미참가 학생은 다음과 같이 썼다.

나는 고릴라에 대해 많이 알고 있어서 그걸로 글을 시작하려고 한다. 고릴라의 종류는 다양하다. 산악지대 고릴라는 저지대 고릴라보다 훨씬 멋지고 윤기 있는 털을 가지고 있다. … 실버백 고릴라는 리더가 번식권을 독점한다. 그 고릴라의 새끼는 어미가 동생을 낳을 때까지 어미와 같이 잔다. 보통 어미는 첫 새끼가 4, 5세가 되기까지는 둘째를 갖지 않는다.[Bruer, 1993, p. 254]

CSILE 학생은 다음과 같이 썼다.

내가 이야기하고 싶은 유인원이 또 있다. 이 특별한 고릴라에 대해 배우는 것은 흥미진진했다. 이 고릴라의 이름은 코코다. … 나는 코코가 동물과 사람을 사랑하는 따뜻하고 신사적인 고릴라라고 생각한다. 또 코코에게 모든 것을 가르쳐준 패터슨 박사님께 감사의 인사를 전하고 싶다. 이 프로젝트를 하면서 너무 재밌었고 이제는 내가 진짜 코코를 안다고 생각되어 이 프로젝트를 한 것이 몹시 기쁘다.[Bruer, 1993, p. 254]

CSILE 학생이 쓴 글의 우월성을 뒷받침하기 위해, 브루어[1993]는 "외부의 평가자들이 단원 말미의 요약 글에서도 표현된 지식의 수준과 조직력과 전달력의 수준 면에서 일관되게 CSILE 참가 학생들의 글을 미참가 학생들의 글보다 더 높게 평가했다"고 지적했다.[pp. 253-254]

인용된 단락들에 대한 브루어의 평가는 논쟁의 여지가 있을 것 같다. 첫째, 단락들은 학생들의 방법적 지식의 평가, 즉 논의된 주제에 관련된 학생들의 문제해결 능력을 평가할 수 없다. 그러므로 제공된 자료는 단지 학생들의 선언적 시식declarative knowledge만을 평가하는 데 사용할 수 있다. 둘째, 심지어 학생들의 선언적 지식의 수준에 관해서도 브루어의 입장은 논란의 여지가 있다. 지난 8년간, 내가 인용한 글귀들을 평가하기 위해 (대부분이 경력이 많은 교사들이었던) 수백 명의 대학원생들에게 묻고 있는데, 그들의 대답은 일관되게 브루어의 평가와는 매우 달랐다. CSILE 미참가 학생의 글과는 달리, 참가 학생들의 글은 매우 자기중심적이며, 미숙할뿐더러 주제와 동떨어져 있다고 지적했다. CSILE 미참가 학생은 고릴라의 본질적 특성을 논의함으로써 자신의 개념적 지식을 보여준 반면, 참가 학생은 코코에 대한 자신의 감정을 표현하고, 코코라는 특정 고릴라에 대한 약간의 사실만을 제안했다. 일부 대학원생들은 심지어 CSILE 참가 학생이 미참가 학생보다 훨씬 어릴 것이라고 추측했다. 투로대학교 교육심리대학원의 동료들(심리학자, 언어학자, 그리고 교육학자)도 그 글귀에 대한 비슷한 평가를 내놓았다.

따라서 앞서 언급한 안내된 발견학습과 관련된 이론적 우려뿐만 아니라, 안내된 발견학습의 이 같은 학습 성과 예시들도 (물론, 내가 다루지 않은 다른 측면에서는 어떤 가치가 있을 수도 있겠지만) 안내된 발견학습으로 학생들이 과학적 지식을 습득하게 될 것이라는 주장에 의혹을 품게 만들었다. 형식적-논리적 사고 수준에서 학생들의 사고 조작 능력 발달에 과학적 지식의 습득이 중요한 결정요인이라는 비고츠키와 그의 러시아 후학들의 주장에 근거하여, 안내된 발견학습은 학생들의 형식적-논리적 사고 개발에 도움이 되지 않는다고 추정하는 것이 타당할 수 있다. 실제로, 안내된 발견학습 프로그램이 학생들의 형식적 논리적 사고 발달을 촉진한다는 프로그램 지지자들의 연구에서도 내가 아는 한에서는 어떠한 증거도 찾을 수 없었다. 이 논의에 비추어 볼 때, 앤더슨 등[1995]이 "구성주의는 매우 비효율적인 학습 방법과 평가 방법을 추구하고 있다"고 한 말은 설득력이 있다.[p. 1]

프래윗[Prawat, 1995]이 지적했듯이, 구성주의 원리를 중심으로 했던 미국 교육의 두 가지 개혁은 실패했다. 위 논의에 기초하여, 구성주의 교육개혁의 제3의 물결의 일부로 볼 수 있는 안내된 발견학습법 역시 전망이 밝아 보이지 않는다. 이 실패는 학습이론으로서 구성주의에 내재된 결함 탓으로 돌리는 것이 타당할 것이다.

학교공부가 아동중기의 이끎활동인 까닭

지금까지 논한 바와 같이, 형식적-논리적 사고의 수준에서 수행할 수 있는 학생들의 능력은 학교교육의 직접적인 결과지만, 학생들이 이러한 능력을 **얼마나 잘** 개발하는지는 학교교육의 조직 여하에 달려 있다. 전통적인 학교교육에서는 종종 학생들의 과학적 지식 습득을 이끌지 못하는데, 이것이 학생 발달과 관련한 전통적인 교수법의 한계이다. 구성주의의 안내된 발견학습은 이러한 전통적 학교교육의 단점을 극복하기보다는 오히려 악화시킨다. 이와 대조적으로, 네오비고츠키주의자들의 이론적 학습 프로그램의 활용은 아동의 과학적 지식의 습득을 이끌고, 형식적-논리적 사고의 발달을 용이하게 한다. 그러므로 이론적 학습의 활용은 아동의 형식적-논리적 사고 발달에 있어 적절히 조직된 학교교육의 역할에 대한 비고츠키[1934/1986]의 주장에 강력한 실증적 근거를 제공한다.

다음 장에서 비고츠키와 그의 러시아 후학들은 형식적-논리적 사고의 발달을 다음 단계, 즉 청소년기로 넘어가기 위한 주된 선결 요건으로 보았다. 이 관점을 토대로, 네오비고츠키주의자들은 학교공부를 산업사회 아동의 이끎활동으로 특징지었다.[Davydov, 1986, 1999; Elkonin, 1971/1972, 1989; Leontiev, 1959/1964; Zaporozhets, 1978/1997] 하지만 그들의 분석에는 한 가지 중요한 측면이 빠져 있다. 앞 장에서 논했듯이, 네오비고츠키주의자들은 특정 연령기의 발달을 **이끄는** 어떤 활동을 규정하는데, 이 활동 내에서 매개가 새로운 이끎동기와 새로운 정신과정 모두의 발달을 이끌기 때문이다. 그리고 이것이 다음 시기로의 이행과 함께 새로운 이끎활동으로의 이행의 토대를 창출한다. 학교공부와 관련하여, 네오비고츠키주의자들은 형식적-논리적 사고의 개발에서 그것의 중요성을 보여줬지만, 새로운 이끎동기의 발달에서 그것의 중요성에 대해서는 언급한 적이 없다. 이러한 점이 학교공부가 아동중기의 이끎활동이라는 네오비고츠키주의 주장의 약점으로 작용할 것은 분명하다.

7

청소년기의 이끎활동:
또래와의 상호작용

러너와 빌라루엘Lerner and Villarruel, 1996, p. 130의 말을 빌리면, 청소년기에 대해 알려진 것은 많지만 설명된 것은 별로 없다. 청소년기와 관련하여 특정 인지적 특성이나 인성, 정서 생활, 사회적 행위에 대한 설명은 충분하다. 청소년기는 형식적-논리적 사고력과 연관된Inhelder & Piaget, 1955/1958 시기이다. 특히, 이 시기는 질적으로 새로운 수준의 도덕적 사유Kohlberg, 1981, 1984와 정체성 찾기Erikson, 1968, 청소년 행동의 주된 동기가 되는 성적 욕구 발달Freud, 1920/1965, 또래와의 상호작용 역할 증대Brown, 1990, 부모와의 갈등, 낙담, 위기 행동으로 특징되는 **질풍노도**의 시기자세한 내용은 Arnett, 1999를 보라로 연결된다. 그러나 이 모든 신형성의 발달 원인에 관한 전체론적인 설명이 누락되어 있다. 산업사회 청소년기의 전형에 해당하는 과업과 문제들에 관해 설명하는 다양한 이론들Erikson, 1968; Freud, 1920/1965; Inhelder & Piaget, 1955/1958이 있지만, 그 어느 것도 이 시기에 일어나는 신형성의 이유를 해명하지 못한다. 청소년기에 대한 네오비고츠키주의의 관점 역시 이러한 경향성을 비껴가진 않는다. 하지만 내가 볼 때 그나마 이 관점은 청소년 발달 문제를 다루는 다른 여러 이론들의 특징을 한데 묶어서 이 문제에 대한 포괄적인 해법을 제시하려는 시도는 하고 있다.

비고츠키의 청소년기 분석

청소년기에 관한 네오비고츠키주의의 관점은 이 시기에 관한 비고츠키의 분석을 정교화한 것이다. 비고츠키는 1930년대에 집필한 『**청소년학** *Pedology of the Adolescent*』[Vygotsky, 1984/1998, pp. 1-184]에서 청소년기에 관한 생각을 피력했다. 서구의 몇몇 현대 심리학자들이 비고츠키가 아동을 사회적 영향력의 수동적인 존재로 봤다고 비판한 것[이러한 비판에 관한 예로 1장을 보라]과는 달리, 비고츠키는 이 책에서 청소년의 흥미(즉, 동기) 분석에 한 장章 전체를 할애했다. 이 장은 다음과 같은 말로 시작한다.

> 청소년 심리 발달에 관한 전반적인 문제의 열쇠는 이 연령대의 흥미의 문제이다. 각 발달 시기에서 겪는 모든 심리적 특징들은 어떤 체계 없이 자동적으로나 우연적으로 기능하는 것이 아니라, 특정 경향성이나 추세, 개인적 흥미가 주도하는 일정한 체계 내에서 기능한다. … 인간 행동의 이러한 추동력은 연령대마다 변하며, 그 발전은 행동 변화의 토대이다.[Vygotsky, 1984/1998, p. 3]

청소년의 동기 변화에 관해 논하면서 비고츠키[1984/1998]는 신체적 성숙(특히 성적 성숙)에서 그 원인을 찾았다. "성적 성숙은 새로운 욕구와 자극의 출현을 의미하는데, 이는 청소년기 흥미 체계 내의 전반적인 변화의 토대를 이룬다."[Vygotsky, 1984/1998, p. 16] 그러나 비고츠키는 "진정한 의미에서 흥미의 발달은 생물학적 형성보다는 사회문화적 발달이 주를 이룸"을 강조했다.[Vygotsky, 1984/1998, p. 11] 사회문화적 발달과정 속에서 "상층부, 즉 청소년의 인성과 세계관이 영그는 영역에서부터 흥미의 재구성과 형성이 일어난다."[Vygotsky, 1984/1998, p. 23] 비고츠키에 따르면, 상층부에서 일어나는 흥미의 재구성과 형성은 형식적-논리적 사고로의 이행에 말미암는다. 비고츠키는 "청소년은 기본적으로 사고하는 존재로 우리 앞에 나타난다"고 적었다.Vygotsky, 1984/1998, p. 30

형식적-논리적 사고로의 이행 결과, "청소년의 사고는 전반적으로 재형성되고 재구성된다."Vygotsky, 1984/1998, p. 42 구체적으로, "과거와 현재, 자연, 역사, 인간 삶을 총망라하는 총체적인 세계가 청소년 앞에 열린다."Vygotsky, 1984/1998, p. 42 또한 형식적-논리적 사고는 청소년의 자기성찰, 즉 자신의 감정과 능력, 자신감, 세계 속의 자신의 위치에 대한 성찰 능력의 발달을 이끈다. 이러한 자기성찰은 "자의식self-consciousness"Vygotsky, 1984/1998, p. 182의 발달로 이어지는데, 여기서 청소년의 "사회적·정치적 세계관… 인생과 인간 그리고 사회를 바라보는 관점이 펼쳐지고, 사회적 공감과 반감이 형성된다."Vygotsky, 1984/1998, p. 45 보다시피, 청소년기의 주요 성취 과업으로 비고츠키의 자의식 발달 개념은 "**개인의 핵심**이자 그가 속한 **공동체 문화의 핵심**에 자리 잡은 과정"p. 22이라 한 에릭슨1968의 자아정체성 형성 개념과 매우 유사하다.

비고츠키1984/1998는 형식적-논리적 사고로의 발전을 이 시기 주된 신형성 발달의 조건으로 보았다. 그는 청소년기에서 "사고력의 발달은 다른 모든 기능 발달에서 중요하고도 결정적인 의미를 지닌다"고 강조했다.Vygotsky, 1984/1998, p. 81 청소년 발달의 도구로서 형식적-논리적 사고의 중요성에 대한 강조는 피아제의 생각과도 완전히 일치한다.Inhelder & Piaget, 1955/1958 청소년 발달에서 형식적-논리적 사고의 중요성에 관한 생각은 많은 실증적 연구 결과가 뒷받침하고 있지만(이에 관해서는 후술할 것이다), 청소년기 분석에 관한 비고츠키의 **인지주의적**cognitivist 접근은 심각한 결함으로부터 자유롭지 않다.

첫째, 비고츠키는 청소년의 새로운 동기 발달을 설명하지 못했다. 앞서 논했듯이, 비고츠키1984/1998에 따르면 청소년 동기의 변화는 청소년의 성적 욕구와 욕망의 재구성의 결과인데, 이는 형식적-논리적 사고를 조절하는 청소년의 새로운 능력에 말미암아 생겨난다. 하지만 비고츠키는 이러한 재구성의 기제에 관해 설명하지 않았다. 더욱이 청소년 동기 발달에 관한 비고츠키의 이 관점은 같은 책에서 언급한 자기 이론의 몇몇 개념과도 모순된다.

구체적으로, 비고츠키[1984/1998, p. 13]가 사고과정의 새로운 동기 발달과 사고과정 자체의 발달을 구별하지 않은 연구자들을 비판한 것은 옳았다. 하지만 청소년기의 분석에서 그는 청소년의 자기성찰 **동기**의 발달과 자기성찰을 수행하는 **역량**의 발달을 구별하지 않음으로써 그들과 똑같은 오류를 범했다. 비고츠키는 이 두 신형성이 형식적-논리적 사고의 전환에 따른 직접적인 결과로 나타난다고 설명했다.

또한 비고츠키[1984/1998]는 "습관과 새로운 조건반사, 새로운 행동기제의 형성과 나란히 새로운 흥미와 새로운 동기가 생겨난다고 믿는" 학자들에 대해서도 비판했다.[p. 5] 그는 새로운 욕구가 부상할 때, "이 욕구를 충족시키기 위한 사고 조작 체계는 아직 형성되어 있지 않다는 것"을 강조했다.[p. 9] 비고츠키의 이론적 입장에 따르면, 무언가를 하고자 하는 **동기**는 그것을 실행하기 위한 **역량**보다 일찍 발달한다. 그러나 그는 청소년기에 관한 분석에서 이러한 이론적 입장을 손상시켰다. 비고츠키의 생각대로라면, 청소년의 자기성찰의 **동기**와 그것을 실행하는 **역량** 둘 다 형식적-논리적 사고로 이행한 결과인데, 이러한 관점은 논리적으로 자기성찰의 동기와 역량은 동시에 발달한다는 가정을 낳는다.

청소년기 분석에 관한 비고츠키의 **인지주의적** 접근의 **두 번째 결점**은 형식적-논리적 사고로의 이행만으로는 자의식(혹은 에릭슨의 용어로 자아정체성)과 같은 이 시기의 성취 과업을 설명하기가 충분치 않다는 것이다. 비고츠키[1984/1998] 스스로도 밝혔듯이, "자의식은 내적으로 전이된 사회적 의식"이다.[p. 182] 다시 말해, "사람들 사이의 외적·사회적 관계의 내적 전이가 인성 형성의 토대"이다.[Vygotsky, 1984/1998, p. 170] 따라서 자의식은 청소년들이 사회적 삶에 능동적으로 참여하는 과정에서 발달한다. 그러나 비고 츠키는 이러한 내용에 대해 깊이 있게 다룬 적이 전혀 없다. 청소년 발달 에서 사회의 역할에 대한 비고츠키의 분석은 어떻게 하면 학교교육을 통 해 청소년들을 형식적-논리적 사고로의 이행을 이끌 수 있는가 하는 논 점에 국한되었다.Vygotsky, 1934/1986

그리하여 비고츠키[1984/1998]는 성숙과 인지 그리고 사회적 국면과 동기 적 국면을 모두 아우르는 청소년 발달의 전체론적 모형을 제시하고자 했 다. 하지만 청소년의 성적 욕구가 그들의 새로운 동기로 질적 변화를 겪 음에 있어 형식적-논리적 사고의 역할에 대한 비고츠키의 가정은 근거가 없고 논쟁의 여지가 많다. 뿐만 아니라, 청소년 발달의 사회적 요인에 관 한 비고츠키의 분석은 형식적-논리적 수준의 수행 역량을 발달시키는 데 학교교육의 중요성을 강조하는 것에 국한되어 있다.

네오비고츠키주의의 청소년기 분석

청소년의 인성발달에 미치는 인지발달의 중요성에 관한 비고츠키 [1984/1998]의 생각에 대한 초기의 긍정적인 입장은 루리아[1974/1976]의 고전적 문화 연구를 통해 제기되었다. 루리아는 1930년대 초기 구소련의 아시아 공화국에서 연구를 수행했다. 6장에서 논했듯이, 이 연구 결과 중의 하나 는 교육받은 성인과 달리 문맹의 현지인들은 형식적-논리적 사고 조작을 하지 못한다는 것이나. 투리아와 그의 농료들이 연구의 대상으로 삼은 것 은 인지능력이 전부가 아니었다. 교육받은 성인과 문맹 성인의 자기성찰 능력도 연구 대상에 포함되었다. 비공식적 토론 과정에서 연구자는 피험 자에게 "자신의 특징을 어떻게 평가하는지, 어떤 방식으로 다른 사람들 과 자신을 구별 짓는지, 자기 자신의 장점과 단점을 어떻게 식별하는지"

에 관한 질문을 던졌다.Luria, 1974/1976, p. 146

연구에서 보듯이, 다수의 교육받은 피험자들은 심리적 특질과 관련하여 자신을 규정했다. 이와 대조적으로, 문맹 피험자들은 질문을 이해하지 못했거나 외적인 물적 환경과 일상적 상황과 관련하여 자신을 규정하였다. 다음은 막 글자를 깨우친 18세 여성의 자기평가이다.

> 사람들의 특성과 개인적 차이에 관해 오랫동안 대화를 나눈 뒤에 다음과 같이 물었다.
>
> 당신의 결점이 무엇이라고 생각하나요? 당신의 어떤 부분을 바꾸고 싶은가요?
>
> "모든 면에서 나는 괜찮습니다. 내겐 부족한 점이 없으며, 다른 사람들에게서 그런 점이 보인다면 나는 그것을 지적합니다. … 내게 부족한 점이라곤, 드레스 한 벌과 예복 두 벌밖에 없는 것이 전부예요." …
>
> 아뇨. 내가 묻는 것은 그런 게 아녜요. 현재 당신이 어떤 사람이며 또 어떤 사람이 되고 싶은지 말해주세요. 이 질문과 당신이 답한 것은 다르지 않나요?
>
> "나는 좋은 사람이고 싶어요. 그러나 지금은 안 좋아요. 내겐 옷이 별로 없어요. 그래서 이 상태로는 이웃 마을에 갈 수가 없어요." …
>
> 그럼 "좋은 사람"이 뭘 뜻하는 거죠?
>
> "옷이 많은 사람이요."
>
> Luria, 1974/1976, p. 148

따라서 형식적-논리적 사고에 도달하지 못한 문맹 피험자들의 무능은 낮은 자기성찰 수준과 연결되어 있었다.

이러한 연구 결과는 청소년 자의식의 발달에 미치는 형식적-논리적 사고의 중요성에 관한 비고츠키1984/1998와 네오비고츠키주의자들Bozhovich,

[1968, 1995]의 관점과도 거의 일치한다. 보조비치[1995]는 청소년의 인성 형성에서 형식적-논리적 사고의 결과로 "자기성찰의 발달이 이루어진다"고 주장했는데, "자의식이란 '생각에 관해 생각하는' 능력과 더불어 청소년이 자신의 정신과정과 자신의 인성의 특성에 관해 이해하는 능력"을 의미한다.[p. 234]

하지만 비고츠키와 달리 그의 러시아 후학들은 형식적-논리적 사고 능력을 청소년 자의식 발달의 **주된 결정요인**으로 보기보다는 하나의 **영향력**contributor으로 본다. 이들은 비고츠키가 발달의 결정요인으로 사회적 매개의 중요성을 강조한 자신의 관점을 청소년기 분석에서는 스스로 무시한 태도에 대해 강한 반감을 품는다. 청소년 발달에 관한 분석에서, 네오비고츠키주의자들은 "개인의 자의식은 사회적 의식이 내적으로 옮아간 것"이라는 비고츠키[1984/1998]의 보편적인 이론을 따른다.[p. 182; Bozhovich, 1968, 1995; Dubrovina, 1987; Elkonin, 1971/1972, 1989; Elkonin & Dragunova, 1967] 그러므로 이들의 연구와 관찰의 주된 목적은 사회적 매개가 어떻게 청소년의 인성발달을 결정짓는가 하는 것을 연구하는 것이다.

청소년의 가치관이나 도덕규범을 분석한 뒤, 네오비고츠키주의자들은 청소년들이 자기 주변 성인들의 가치관과 도덕규범을 본받는다는 것을 발견했다.[Bozhovich, 1968, 1995; Dubrovina, 1987; Elkonin, 1989; Elkonin & Dragunova, 1967] 비록 이 가치관과 도덕규범(비고츠키의 용어로 **사회적 의식**) 가운데 일부는 청소년들이 책이나 영화 따위를 통해 받아들인 것이지만, 청소년들에게 가장 중요한 사회적 의식의 원천은 의미 있는 성인이다. 구체적으로, **두브**로비나[Dubrovina, 1987]의 연구에서 보듯이, 권위 있는 부모와의 소통을 통해 "청소년들은 성인의 사회적 경험과 지식을 수용하는데, 이는 청소년 자의식 발달에 실질적인 영향을 미친다."[p. 106]

그러나 사회적 의식이 자의식으로 전환된 것이 청소년들이 사회적 가치와 규범을 수동적으로 받아들인 결과는 아니다. 네오비고츠키주의자들은, 여느 정신적 도구와 마찬가지로 사회적 의식을 구성하는 요소들은 관련 문제를 해결하기 위해 그것들을 적용해가는 과정을 통해서만 습득되고 내면화될 수 있다고 주장한다(정신도구의 획득에 관한 네오비고츠키주의의 설명에 관해서는 2장을 보라). 사회적 가치와 규범을 통해 사회 구성원들은 상호 관계를 조절해가기 때문에 사회적 의식의 덕목들을 습득하고 내면화하는 것은 대인관계, 특히 또래들과의 상호작용 속에서 일어난다.Bozhovich, 1968, 1995; Dubrovina, 1987; Elkonin, 1971/1972, 1989; Elkonin & Dragunova, 1967 또래집단 내에서 상호작용을 하려면 청소년들은 집단의 규범을 준수해야 하는데, 이 과정에서 청소년들은 자기성찰을 꾀하며 자신과 타인을 비교하려는 동기를 발전시킨다.Bozhovich, 1995, p. 234 부모에게 배운 사회적 규범과 가치를 또래들 행동의 표준으로 삼는 한편, 또래들이 표준으로 삼는 사회적 규범과 가치들을 성찰하면서 청소년들은 이런저런 사회적 규범과 가치를 시험하고 숙달하고 내면화해간다. 이는 청소년의 자의식(또는 에릭슨의 용어로, 자아정체성)의 발달을 이끈다. 그래서 네오비고츠키주의자들은 또래와의 상호작용을 청소년기의 주된 과업인 자의식 발달을 위한 도구로 보는 것이다. 그리고 이들 가운데 일부는 이 상호작용을 청소년의 **이끔활동**으로 규정한다.Elkonin, 1971/1972, 1989[1]

청소년의 자기성찰 역량 발달에서 또래와의 상호작용이 미치는 영향에 대한 네오비고츠키주의의 분석을 뒷받침하는 가장 중요한 실험 결과는 거키나Gurkina, 1950, Bozhovich 1968 재인용와 두브로비나1987가 이뤄냈다. 두 연구는 13~16세의 청소년들을 대상으로 자기평가와 함께 동료들에 대한 평가를 실시했다. 이들 연구에 따르면 또래에 대한 청소년의 평가는 자기 자신에 대한 평가보다 높은 수준을 보이는 것으로 나타났다. 앞서 언급

---

1. 이런 면에서 청소년의 또래들과의 상호작용을 유치원 아이들의 사회극놀이에 비유하는 것은 흥미롭다. 얼핏 보면 이 두 활동은 성인세계로부터의 해방이란 성격을 띠는 것처럼 보인다. 그러나 사실상 이 둘은 성인세계의 규범과 가치를 아동이 익혀가는 것을 목적으로 삼는다.

한 루리아의 연구[1974/1976]에서도 비슷한 결과가 나타났다는 것을 언급할 필요가 있다. 자신의 정신 자질에 대해서는 설명을 하지 못한 문맹 성인이 이웃의 정신 자질에 대해서는 설명을 했다. 이러한 연구 결과는 사회적 규범과 가치를 기준으로 또래를 평가해가는 경험을 통해 이러한 규범과 가치를 자기성찰의 도구로 활용하는 근접발달영역이 창출된다는 비고츠키의 주장과 거의 일치한다.[Bozhovich, 1968]

성인의 규범과 가치를 습득하고 내면화하는 것과 함께 또래와의 상호작용이 청소년들의 이끎활동이라는 주장에 기초하여, 네오비고츠키주의자들은 이 시기와 연관된 몇몇 문제들에 대해 설명했다.[Elkonin, 1989; Elkonin & Dragunova, 1967] 그들의 관찰 결과, 청소년들은 성인의 규범과 가치를 습득하고 내면화하고서 이것들을 자기성찰의 도구로 활용하기 시작할 때, 또래는 물론 다른 사람들도 자신을 애가 아닌 어른으로 대접해주길 기대하는 것으로 드러났다. 구체적으로, 청소년들은 자기 일상에서 선택과 결정을 내림에 있어 부모로부터 독립하고자 한다. 혹 부모가 청소년의 이러한 기대에 부응하지 않을 때 양자 간에 갈등이 빚어질 수도 있다. 따라서 부모-청소년 간의 갈등은 사춘기 변화의 불가피한 산물이라기보다 부모가 청소년의 새로운 욕구와 기대에 부응하여 그들을 대하는 태도를 바꾸려는 의지와 능력이 결핍된 탓으로 봐야 한다.

새로운 이끎활동으로서 또래와의 상호작용과 관련한 또 다른 문제는 청소년들에게 학교공부가 부차적인 것이어서 종종 학업 부진에 빠지는 점이다.[Elkonin, 1989; Elkonin & Dragunova, 1967; Markova, 1975] 이 때문에 네오비고츠키주의자들은 청소년의 새로운 욕구를 충족시키기 위해 학교공부에서 상호 협력적인 문제해결 과정을 더 많이 배치할 필요가 있다고 한다. 하지만 이러한 제안은 앞 장에서 논한 안내된 발견guided discovery과는 아무 관계가 없다. 네오비고츠키주의자들은 학교공부의 다른 영역들과 마찬가지로 청소년의 학습은 **이론적 학습**의 토대 내에서 이루어져야 한다고 주장하는데, 다시 말해 학생들은 과학적 지식을 배워야 한다는 것이다. 그러므로 청소년들의 협력적 문제해결의 목적은 이러한 지식의 발견보다 획득한 과학적 지식의 습득과 내면화이어야 한다. 이런 식으로 "청소년들의 대인관계 참여 욕구는 완전히 실현되지만, 이것은 공부의 목적을 달성하기 위한 수단으로 활용될 뿐이다."Kozulin, 1998, p. 57

결론적으로, 청소년기에 관한 비고츠키의 **인지주의적** 관점과 달리 네오비고츠키주의자들은 청소년 발달의 주된 결정요인으로 사회적 매개의 중요성을 강조한다. 연구와 관찰을 통해 그들은 청소년기에서 두 가지 주된 사회적 매개자를 구별할 수 있었다. 그것은 의미 있는 타자로서의 성인들과 또래들이다. 의미 있는 성인이 청소년의 사회적 의식 형성의 원천이라면 또래와의 상호작용은 청소년들로 하여금 사회적 의식을 습득하고 내면화하는 역할, 다시 말해 자의식(또는 자아정체성)을 발달시킨다.

그런데 청소년기의 분석과 관련하여 비고츠키와 네오비고츠키주의자들 사이에 또 다른 중요한 차이가 있다. 아동발달에서 성숙의 중요성을 무시하는 자신들의 보편적인 입장과 궤를 같이하면서, 비고츠키의 러시아 후학들은 사춘기 변화에 뿌리를 두고 있는 청소년 발달에 관한 비고츠키의 관점을 폐기했다.Bozhovich, 1968, 1995; Elkonin, 1989; Elkonin & Dragunova, 1967 네오비고츠키주의자들의 이러한 입장은 사춘기의 변화와 청소년 자의식의 발달 사이에 직접적인 연관이 없다는 그들의 실증적 결론뿐만 아니라Elkonin & Dragunova, 1967, 다음 장에서 논할 여러 서구 학자들의 실증적 연구 결과를 통해서도 뒷받침되고 있다. 하지만 청소년 발달에서 사춘기 변화의 중요성에 대해 무시하는 네오비고츠키주의자들의 입장은 이 시기의 분석에 관한 어떤 이론적 문제점을 안고 있는데, 이에 관해서는 결론부에서 다룰 것이다.

청소년 발달에서 인지적 요소와
사회문화적 요소에 대한 서구 학자들의 연구

서구 학자들의 연구는 청소년 발달에서 인지적 요소와 사회문화적 요소가 차지하는 비중에 관한 네오비고츠키주의의 분석을 뒷받침하는 많은 실증적 연구 결과를 제공하고 있다. 이 절에서는 서구 심리학계에서 청소년 연구의 세 영역에서 발견한 것을 논하고자 한다. 그것은 도덕적 사고, 정체성의 형성, 청소년의 질풍노도에 관한 것이다.[2]

도덕적 사고력의 발달

청소년의 도덕성 발달에서 인지적 요인의 중요성에 관한 주된 실증적 연구 결과는 도덕성 발달이론과 관련한 콜버그[1981, 1984]의 몇몇 연구에서 볼 수 있다. 이들 연구가 제시하듯이, 피아제가 규정한 아동의 인지발달 단계와 콜버그의 도덕적 사고 수준 사이에 연관성이 있다.[Walker, 1980, 1986; Walker & Richards, 1979] 아동이 형식적-논리적 사고 단계로 나아가기 이전 단계에서 그들의 도덕적 사고는 대체로 **인습 이전 수준**preconventional, 즉 자기 이해관계에 말미암는다. **인습 이전 수준**의 아동에게 좋은 행동이란 보상으로 연결되거나 개인적 이익을 가져오는 행동이다. 반면, 나쁜 행동은 벌을 초래하거나 개인의 이익을 가져오지 못하는 행동이다. 형식적-논리적 사고로의 이행은 **인습 수준** 도덕적 사고로의 진전으로 연결된다. 이제 도덕적 사고는 **사회적 인습**, 즉 자기이익의 관점보다는 사회적 기대와 규범 그리고 규칙에 따른다. 좋은 행동은 이제 사회적 기대와 규범 그리고 규

---

2. 이 세 영역은 청소년 발달에 관한 독립적인 영역들이라기보다 서구 심리학계에서 청소년 연구의 주된 전통을 대변한다. 실제로, "도덕적인 삶being moral이 당신이 누구인가에 관한 핵심을 의미한다면," 도덕성morality은 개인 정체성의 자연스러운 덕목이 된다(Moshman 1999, p. 66). 또한 앞서 언급하였으며 앞으로도 자세히 다루게 될 청소년의 질풍노도는 자기정체성을 향한 그들의 힘겨운 탐색의 결과이다.

칙을 따르는 것과 관계있고, 나쁜 행동은 이러한 기대와 규범 그리고 규칙을 어기는 것과 관계있다. 형식적-논리적 사고가 더 발달하면 **인습 이후** 수준의 도덕적 사고로 나아간다. 이 수준에서 사회적 규칙과 법은 **절대적** **인** 성질의 것이 아니며, 만약 이것들이 인간의 권리나 가치에 모순된다고 판단될 때 사회에 의해 바뀔 수(심지어 개인에 의해 파괴될 수도) 있는 것으로 이해된다.

앞 장에서 논했듯이, 형식적-논리적 사고 발달의 도구로서 학교교육을 바라보는 비고츠키[1934/1986]의 관점은 많은 실증적 연구 결과에 의해 긍정되고 있다. 그런 연구 결과들이나 아동의 형식적-논리적 사고력과 도덕적 사고력 사이의 연관성에 관한 초기의 연구 결과들을 통해 우리는 아동의 도덕적 사고 발달에서 학교교육이 필수적이라는 가정을 할 수 있다. 실제로 몇몇 연구들이 보여주듯이, 교육 수준과 도덕적 사고 수준 사이에 유의미한 상관관계가 있다.Colby, Kohlberg, Gibbs, & Lieberman, 1983; Haan, Weiss, & Johnson, 1982; Pratt, Golding, & Hunter, 1983; Rest & Narvaez, 1991

구체적으로, 고교 졸업생들을 대상으로 한 후속 연구에서 대학교에 진학한 학생들의 도덕적 사고력은 진전이 있었던 반면, 그렇지 않은 학생들은 졸업 후 몇 년 뒤 도덕적 사고력이 저하된 것으로 나타났다.Rest & Narvaez, 1991 도덕적 사고와 관련한 인지적 토대 발달에서 학교교육의 중요성에 대한 가정과 거의 일치하는 또 다른 실증적 결론은 티에젠과 워커 Tietjen and Walker, 1985에 의해 보고되었다. 이들의 교차문화 연구는 고등교육을 받지 못한 파푸아뉴기니 사회의 평범한 사람의 도덕적 사고력은 대부분 **인습 이전** 수준에 머물러 있거나 **인습 이후** 수준에는 거의 도달하지 않은 것을 보여주었다.[3]

하지만 형식적-논리적 사고는 도덕적 사고 발달에 영향을 미치는 유일한 요소가 아니다. 아동은 공동체 내의 사회적 삶에 참여함으로써 도덕적 사고를 발전시킬 수 있다. 구체적으로, 이스라엘의 키부츠에 능동적으로 참여하는 청소년들은 미국이나 터키의 또래들보다 훨씬 앞선 수준의 도덕적 사고력을 보여준다.Snarey, Reimer, & Kohlberg. 1985 사회적 삶에의 능동적인 참여가 도덕적 사고 촉진에 미치는 영향력은 티에젠과 워커[1985]의 교차문화 연구에서도 밝혀졌다. 파푸아뉴기니에서 평균 수준의 도덕적 사고력을 지닌 평범한 사람들이 **인습 이전** 수준이었음에 반해, 중요한 사회적 책임을 수행하는 사람들은 **인습** 수준을 보였다.

청소년의 사회적 삶에서 어떤 부분이 도덕적 사고 발달에 가장 중요한 영향을 미치는 것일까? 서구 심리학계에서 이 질문에 대한 가장 흔한 답변은 피아제[1932/1965]의 몫이었다. 피아제는 청소년의 도덕 발달에서 또래와의 상호작용의 중요성을 강조한 반면, 부모와의 상호작용의 중요성은 무시했다. 실제로, 청소년의 도덕적 사고 발달은 도덕적 이슈에 관한 또래 간의 토론을 통해 촉진된다는 연구 결과가 있다.Berkowitz & Gibbs, 1983; Walker, Henning, & Krettenauer, 2000 그러나 피아제의 관점과는 달리, 가족 내의 도덕 관련 토론에서 부모의 격려가 청소년의 도덕적 사고를 촉진한다는 연구 결과도 있다.Walker, Henning, & Krettenauer, 2000; Walker & Taylor, 1991

청소년의 도덕적 사고 발달에 긍정적인 영향을 미치기 위해 또래들과의 상호작용과 부모와의 상호작용이 **각기 다른 형식을 취해야 한다**는 발견은 이 분석에서 특히 중요하다.Walker et al., 2000 부모-자식 간의 토론의 경우, 부모는 자식에게 비고츠키의 용어로 청소년 도덕적 사고의 근접발달영역 내에서 선진된 도덕적 사고의 모델을 제공해야 한다. 이와 대조적으로, 도덕적 이슈에 관한 또래들의 토론에서는 그저 정보와 생각을 공유하는 것

---

3. 확신컨대, 이 연구 결과들로부터 문맹 사회의 사람들이 대체로 산업사회의 교육받은 사람들보다 덜 도덕적이라는 결론을 내릴 수는 없다. 비록 몇몇 연구들이 개인의 도덕적 사고 수준과 그의 도덕 행위 사이에 비교적 높은 정적 상관관계가 있다고 밝히고 있지만(Blasi, 1980; Harris, Mussen, & Rutherford, 1976 참조), 사람들이 실제 생활 상황에서 도덕적 규칙을 따를 것인가의 여부를 결정하는 또 다른 요인들이 있다. 구체적으로, "만일 도덕성이 당신에게 중요하지 않다면, 당신은 일상생활 속에서 도덕적 사고의 적용을 꺼릴 것이고 도덕적 판단에 근거하여 행동할 가능성도 적을 것이다"(Moshman, 1999, p. 66).

만으로 지대한 영향을 미칠 수 있다.[4] 또 다른 중요한 발견은 "아동이 인터뷰 상황보다 가족 상황에서 더 높은 도덕적 사고 수준을 보이는 경향이 있다"는 것이다.Walker & Taylor, 1991, p. 279 워커와 테일러1991는 이러한 발견을 다음과 같이 해석한다.

이것은 "근접발달영역"에 관한 비고츠키1978 개념의 설명, 즉 실제 발달수준과 근접발달수준 사이의 간극의 맥락에서 이해된다. 이 경우, 인터뷰에서 도덕적 딜레마에 관한 아동의 독자적 사고는 실제 발달수준을 나타내는 반면, 가족 상황에서 보여준 것은 잠재적 발달수준에 해당한다. 이 상황은 부모들이 아동의 새로운 도덕관념의 접근에 도움을 제공하는 일종의 교육적인 사회적 맥락이라 할 수 있다.p. 279

결론적으로, 여기에서 논의된 연구 결과는 청소년 인성발달에서 성인의 주된 역할은 청소년들에게 사회적 의식을 제공하는 것인 반면, 또래와의 상호작용(최소한 대학 입학 이전 시기 동안)은 청소년들이 이러한 사회적 의식을 습득하고 내면화하는 것을 돕는다는 네오비고츠키주의자들의 가정과 매우 일치한다.

정체성 형성

에릭슨1968이 그 개념을 명확히 규정하지 않았지만, "정체성identity은 일반적으로 자아와 연관된 것으로 생각된다."Moshman, 1999, p. 67[5] 미국 문헌 속에서 자아는 "자아개념, 자아상, 자기존중, 자기가치, 자기평가, 자기인

---

4. 이러한 발견은 11~15세 아동을 대상으로 얻은 것이다. 이와 대조적으로, 21세의 대학생들은 자신보다 도덕적 사고력이 높은(너무 높지 않은) 또래들과의 도덕적 토론을 통해 가장 영향을 많이 받는 것으로 나타났다(Berkowitz & Gibbs, 1983).
5. 에릭슨(1968) 스스로가 "모호한 의미이긴 하지만, 정체성은 많은 사람들이 자아라고 일컫는 것과 깊은 관계가 있다"고 적었다(p. 208).

식, 자기표현, 자기도식self-schema, 자아감, 자기효능감, 자기관찰 등"의 용어로 쓰이고 있다.Harter, 1999, p. 3. 와일리Wylie 1979, 1989가 주장하듯, "용어의 과다와 모순된 정의, 개념적conceptual이기도 하고 조작적operational이기도 한 것은, 많은 문헌의 해석을 어렵게 만든다."Harter, 1999, p. 3 재인용 그러나 자아의 발달에 관해 잘 정립된 설명들이 있는데, 그중 하나는 자신을 성찰하는 청소년의 자기서술self-descriptions이 어린아이의 자기서술과 질적으로 다르다는 것이다.Damon & Hart, 1988; Harter, 1999 구체적으로, 아동중기에 접어든 아동이 구체적인 특정 역량과 연관 지어 자신을 규정하지만, 청소년기에 접어들면서는 훨씬 추상적인 정신 자질과 관련한 용어로 자신을 서술하기 시작한다.

높은 수준의 자기서술 단계에서 생겨나는 청소년의 자아 발달에는 어떤 요소들이 중요한 영향을 미칠까? 많은 연구자들, 특히 피아제의 이론 틀 내에서 활동하는 연구자들은 "자아는 궁극적으로 인지 구성의 문제"라고 주장하였다.Harter, 1999, p. 8 이 관점에 따르면, 심리 특성에 대해 추상적 용어로 자신을 서술하는 청소년의 능력은 형식적-논리적 사고 발전의 직접적인 결과로 여겨진다. 하지만 최근의 실증적인 연구 결과, 대부분의 서구 학자들은 형식적-논리적 사고능력의 발전이 자아에 대한 추상적 사고 발달의 필수조건이지만, 그것이 자동적으로 그러한 추상적 사고의 발달로 이어지지는 않는다고 결론짓게 되었다.자세한 것은 Harter, 1999; Moshman, 1999를 보라 그 결과, 그들은 "인지적 과정과 사회적 과정 모두 자아의 성장에 공헌한다"Harter, 1999, p. 62는 견해에 호응하여, 자아발달을 순전히 인지적 관점에서만 설명하려는 것을 거부한다.

자아발달의 사회적 요인에 관해 토론하면서 서구 연구자들은 두 종류의 사회적 요인, 즉 부모와의 상호작용과 또래와의 상호작용을 구별하였다. 자아발달에서 청소년-부모 사이의 상호작용이 미치는 영향에 대한 실증적 연구와 관찰 결과에 대해, 하터1999는 다음과 같이 썼다.

개인의 자아는 양육자와 맺는 대인관계의 용광로 속에서 발달한다. 그 필연적인 결과 중의 하나는 의미 있는 타자가 생각하는 자아에 대한 견해나 사람됨에 대한 평가를 아동이 받아들이는 것이다. 내면화 과정을 통해 아동은 이 평가를 자신의 자아에 대한 평가로 받아들이게 된다. 의미 있는 타자의 견해를 받아들이는 것과 더불어 아동은 더 큰 사회적 가치를 포함하여 자신에게 중요한 인물의 가치 기준을 내면화하게 된다.pp. 12-13

구체적으로, 종교와 도덕 그리고 직업에 관한 청소년의 가치관은 그들 부모의 가치관과 매우 유사하다.Brown, 1990; Steinberg, 1990 데이먼과 하트Damon and Hart, 1988의 연구 결과에 따르면, "부모가 아동에게 품는 기대는 아동의 자아 이해에 확실한 영향을 미친다. 만일 부모가 아동에게 학업 성적을 기대하면 아동은 시험점수나 지능, 학교공부에의 관심 등과 관련하여 자신을 평가할 것이다."p. 170

청소년의 자아 발달에서 부모의 가치와 기준을 채택하고 내면화하는 것의 중요성에 관한 연구 결과는 청소년들이 부모의 가치와 기준에 저항한다는 통념과 모순된다. 사실 청소년기엔 부모-청소년의 갈등이 빈번하게 일어난다(그 이유에 대해서는 다음 절에서 논할 것이다). 그러나 현대 학자들의 실험 결과와 관찰 결과로부터 다음과 같은 결론이 나온다.

상대적으로 높은 갈등을 보이는 경우에서조차, 부모와 청소년의 관계는 전반적으로 좋으며, 핵심 가치에서 양자는 폭넓은 공감을 나누며 상호 감정이나 애착이 상당이 깊다고 말한다. 갈등은 외모나 데이트, 귀가 시간 등과 같은 일상적인 이슈들이다. … 비록 이러한 이슈에선 불일치를 보일지라도, 정직의 가치나 공부의 중요성 같은 진지한 이슈에서는 일치를 보인다.Arnett, 1999, p. 320

설령 청소년들이 보다 진지한 이슈에서 부모와 생각을 달리할지라도, "부모의 가치나 규범에 반항적인 상당수의 청소년들이 성인기에 이르면 부모의 가치를 따르고 부모의 생활방식을 모방한다."Wolman, 1998, p. 57

청소년의 자아 발달에서 두 번째 사회적 요인은 또래들과의 상호작용과 관계있다. 브라운Brown, 1990이 보여주듯이, 수십 년 동안 청소년 또래문화는 서구 학자들에 의해 "기성사회에 대립되는 독자적인 문화로 간주되었다."p. 172 하지만 실증적 연구 결과들은 이 관점이 완전히 잘못됐다는 것을 보여준다. 친구를 선택하는 것에서조차 청소년들은 "부모가 견지하는 가치관이나 태도에 부합하는 성향을 지닌 아이에게 마음이 끌린다."Guerney & Arthur, 1983, Lerner & Villarruel, 1996, p. 132 재인용 그리고 청소년의 태도나 가치관은 또래들보다 부모와 훨씬 많이 닮아 있다.Kandel & Lesser, 1972 많은 연구 결과들이 전하듯이, "또래는 대개 부모의 가치관을 거부하기보다는 **강화**하는 역할을 한다."Brown, 1990, p. 174 [6] 이러한 연구 결과를 비롯하여 청소년의 자아 발달에서 부모의 가치관이나 기준을 수용하고 내면화하는 중요성에 대한 연구 결과들로부터, 또래와의 상호작용이 "정체성 탐색을 돕는다"Wolman, 1998, p. 78는 결론은 놀라울 것이 전혀 없다.

또래와의 상호작용이 어떻게 청소년의 정체성 찾기에 기여를 하는가? 이 물음에 관한 토론에서 서구 심리학자들은 "자신의 가치와 포부에 대한 탐색이나 재확인이 중요하다"고 강조한다.Brown, 1990, p. 180 심지어 부모와의 상호작용 내에서도 청소년들은 부모의 가치관이나 규범을 소극적으로 받아들이기보다 이러한 가치들에 대해 자신의 의견을 피력하며 적극적으로 탐색하려는 경향을 보인다.Grotevant & Cooper, 1998 종국적으로는 대부분 이러한 규범이나 가치관을 수용하고 내면화하는 것으로 결말이 날

---

6. 이 원칙의 예외로 브라운(1990)은 다음과 같이 적었다.
연구자들은, 또래집단의 규범이 폭력조직의 경우처럼 절대다수 부모의 규범에 명백하게 대립되는 경우, 청소년들이 그 일탈적 집단에 의해 부모의 등을 돌리는 것이 아니라 부모의 잘못된 양육 태도 때문에 그들과 동화된다는 것을 발견했다(p. 174).

지라도 말이다.[7] 그러나, 부모-청소년의 상호작용은 **비대칭적인**, 즉 "다양한 지식과 권위 그리고 권력을 지닌 사람들을 포함하는 까닭에"Moshman, 1999, p. 39, 청소년들의 입장에선 이러한 상호작용에서 반대 의사를 표명할 여지가 그리 많지 않다. 이와 대조적으로 "개인이 자신의 관점에 기꺼이 의문을 품고서 대안적인 관점을 맞이할 수 있는"Moshman, 1999, p. 39 대칭적인 또래 간의 상호작용은 부모의 가치를 탐구하고 재확인하는 자연스러운 맥락이기 때문에, 여기서는 청소년들이 이러한 가치를 "자신의 선택으로 습득하고 내면화해간다."Harter, 1999, p. 79

서구 연구자들의 발견은 정체성 발달에서 성인과 또래가 미치는 상호 보완적인 역할에 대한 네오비고츠키주의의 분석과 매우 유사하다. 부모와의 상호작용이 청소년의 사회적 가치나 규범 수용에 영향을 미치는 반면, 또래와의 상호작용은 이러한 규범과 가치관을 습득하고 내면화하는 도구적 역할을 한다. 하지만 또래집단 내의 사회적 규범과 가치를 습득하고 내면화하는 **기제**의 본질은 여전히 명확히 밝혀지지 않고 있다. 앞서 논했듯이, 네오비고츠키주의자들의 연구는 또래들에 대한 청소년의 평가가 자신에 대한 평가보다 일관되게 높게 나타났음을 보여주었다. 이러한 결과는 또래의 평가에서 사회적 규범과 가치를 기준으로 삼는 청소년들의 경험이 자기성찰을 위한 도구로서 이러한 규범과 가치 습득의 근접발달영역을 창출한다는 네오비고츠키주의의 주장에 강력한 실증적 근거를 제공한다. 하지만 서구 연구자들의 연구 결과들이 모두 이러한 네오비고츠키주의의 결과와 일치하는 것은 아니다. 피험자들이 자신을 서술하는 것과 타인을 서술하는 것을 비교하는 서구 연구 결과물들을 탐독한 뒤, 데이먼과 하트[1988]는 어떤 연구들은 "타인에 대한 서술이 심리적 특징을

---

7. 올먼(1998)은 통찰력 깊은 관찰을 하였다.

16~19세의 히피들이나 펑크족 또는 여타의 청년 컬트 집단 구성원들은 오직 자신들만이 새로운 유형의 문화를 창조해가는 입장이라고 믿는다. 하지만 실로 매우 많은 경우, 반항의 태도나 행위는 그들 부모 세대의 쾌락주의적 자기중심적 철학의 복제품이었다(p. 89).

보다 많이 포함해야 한다"고 제안하는 한편p. 184, 다른 연구들은 "아동이 다른 사람에 대해 생각할 때보다 자신을 생각할 때 심리적 특징과 관련한 용어를 더 많이 구사해야 한다고 제안하는" 것을 발견했다.p. 185 데이먼과 하트1988는 "아동이 자아 또는 친구나 부모를 서술할 때 높은 수준의 사유를 하는 아무런 일관된 경향성이 없다"는 것을 밝히기 위한 연구를 직접 수행했다.p. 187 그리고 자기 이해나 타인 이해가 동시에 그리고 "일관되게 서로 돕는 역할을 한다"는 결론을 내렸다.p. viii 확실히, 이 문제에 관해 더 많은 실증적 연구가 필요할 것 같다.

청소년의 질풍노도

청소년기를 부모와의 갈등, 우울증, 위험 행동으로 특징지어지는 보편적이고도 불가피한 질풍노도의 시기로 규정하는 통념은 홀Hall, 1904과 안나 프로이트1958, 1968, 1969가 이 시기에 관해 묘사한 생득주의적 설명 방식에 깊이 뿌리박혀 있다.Arnett, 1999; Petersen, 1988 하지만 실증적 연구 결과와 관찰 결과들은 청소년의 질풍노도에 관한 이러한 생득주의적 관점을 반박하게 한다. 첫째, 사모아에서의 미드1928/1973의 고전적 관찰을 필두로, 많은 교차문화 관찰 결과들은 산업화이전 사회에서의 청소년들은 질풍노도를 전혀 경험하지 않으며, 설령 경험한다 하더라도 서구의 또래들보다 현저히 낮은 수준임을 보여주었다.자세한 내용에 관해 Schlegel & Barry, 1991을 보라 둘째, 청소년의 질풍노도에 관한 생득주의의 설명은 질풍노도라는 것이 설령 있다 하더라도 그것이 사춘기의 변화에 미치는 영향은 극히 미미하다는 실증적 연구 결과들에 의해 반박되었다. 라슨과 리처즈Larson and Richards, 1994가 그들의 연구 결과와 다른 연구자들의 연구 결과를 정리하였듯이, "통념과는 달리, 우리는 사춘기와 부정적 정서, 사춘기와 정서의 다변화 사이에 별 연관성이 없음을 발견하였다."p. 86 [8] 이와 유사하게, 페터슨Petersen, 1988은 자신의 연구 결과를 다음과 같이 결론지었다. "사춘기의 변화와 심리 상태의 연관성에 관한 연구 결과, 폭넓은 사춘기의 전반적인 변화가 심리적 역경에 미치는 영향은 극히 미미하다는 것으로 드러났다."p. 594 비록 이 이슈에 관한 아넷Arnett, 1999의 관점은 딱 부러지진 않지만, 그의 실증적 연구의 결론은 "청소년의 우울증에 호르몬이 미치는 영향은 적으며 다른 요인들과의 상호작용 속에서만 존재할 뿐"이라는 것이다.p. 322

질풍노도에 관한 생득주의의 설명방식을 거부하여, 현재의 미국 연구자들은 이 현상에 관하여 대안적 설명을 제시하고 있다. 이들이 질풍노도에 미치는 주된 영향으로 강조하는 **첫 번째** 요인은 청소년들이 새로 발달시킨 인지 능력이다. 형식적-논리적 수준의 수행 능력에 힘입어 청소년들은 "상황의 이면에 있는 것이나 숨어 있는 것 그리고 자신의 행복을 지속적으로 위협하는 것을 볼 수 있게 된다. 그 결과 청소년들은 종종 청소년기 이전의 마음과 상충되는 일상생활의 뉘앙스나 의미들로 인해 힘들어한다."Larson & Richards, 1994, p. 86 자기성찰을 통해 청소년들은 종종 자신의 장래 희망과 현재 자신의 모습 사이의 괴리를 자각하게 되는데, 이 또한 우울증에 영향을 미친다.Harter, 1999 따라서 형식적-논리적 사고 역량은 부분적으로 청소년의 우울증과 연관이 있다. 청소년들이 흔히 "내적 근심을 가라앉히고, 결핍과 열등감을 극복하거나 우울한 기분을 이겨내기 위한 노력의 일환으로"Wolman, 1998, p. 69 위험 행동에 빠져들기 때문에, 비록 부분적이고 간접적이긴 하나, 형식적-논리적 사고가 청소년의 위험 행동과도 연관이 있는 것으로 볼 수 있다.

또한 형식적-논리적 사고는 청소년들이 부모의 규제에 의문을 품기 시작하는 것으로 연결되기도 한다. 청소년기에 접어들면서 이들은 "자기 부

---

8. 하지만 라슨과 리처즈(1994)는 신체적 성숙이 청소년의 사회적 상호작용에 부정적인 영향을 미침으로써 간접적으로 질풍노도에 영향을 미칠 수도 있다고 언급했다. 이를테면, "사춘기에 아버지와 딸이 같이 있는 동안 우울해질 수 있다. … 불안감과 자신의 관심사에 대해 간섭받는 느낌, 10대 소년에게 끌리는 마음이 거부와 불통의 벽을 만든다"(Larson & Richards, 1994, p.174).

모의 규칙 가운데 어떤 것들은 변덕스럽거나 자의적인 것으로 판단하기 시작한다. 청소년들은 9시나 10시 안에는 무조건 집에 들어와야 한다는 법은 없다는 것을 깨닫게 된다."Larson & Richards, 1994, p. 140

질풍노도에 미치는 **두 번째 중요한 영향**은 사회문화적인 요인과 관계있다. 멀리 1920년대로 돌아가서, 미드[1928/1973]는 최소한 부분적으로라도 사모아 청소년 사이에 질풍노도가 없는 이유는 산업화 이전 사회의 청소년들이 갈등적 선택과 결정을 맞을 일이 별로 없는 탓으로 돌렸다. 오늘날의 연구자들 가운데도 이와 비슷한 주장을 펼치는 사람이 있다.

> 서구 문화권에서 흔히 보듯이, 수많은 선택을 직면하게 되는 청소년기는 스트레스가 극심한 시기이다. 역할 규정은 명확한 반면 선택의 폭은 단순한 비非서구 사회에서는 성인기로의 이행이 더 순조로운 편이다. 만약 맏이 아동이 가족의 생계를 떠안고 노부모를 부양해야 한다면, 아이가 적절한 성인 정체성을 발견하기 위해 다양한 사회적 역할을 탐구할 필요는 없다. 아이의 입장에서 중요한 선택은 이미 결정되어 있기 때문이다.Gardiner & Kosmitzki, 2002, p. 144

앞서 논했듯이, 청소년들이 위험 행동에 뛰어드는 것은 자기정체성을 좇는 지난한 탐구과정과 관계있기 때문에, 청소년의 위험 행동은 현대사회가 청소년들에게 너무 많은 과업을 부과한 탓에 생겨난다고 볼 수 있다. 청소년의 우울증이나 위험 행동에 영향을 미치는 또 다른 사회문화적 요인들로는 학업성적, 교우관계 문제, 가정 문제, 부모의 무능으로 적절한 롤 모델을 제공하지 못하는 점이 있다.자세한 내용은 다음을 보라-Arnett, 1999; Brown, 1990; Larson & Richards, 1994; Wolman, 1998

앞서 논했듯이, 이 시기에서 흔히 볼 수 있는 부모와의 갈등은 부분적으로 갓 발달한 형식적-논리적 사고 능력과 관계있는데, 이로부터 청소년들은 부모의 규제에 의문을 품기 시작한다. 이 또한 앞서 언급하였던 것인데, 청소년-부모 갈등은 흔히 사소한 일에서 비롯되곤 한다. 라슨과 리처즈[1994]는 한 소녀의 예를 들고 있다.

> 소녀는 엄마가 오후 1시에 깨우자 매우 화가 났다. 그날 소녀는 현장학습 갔다가 새벽 2시 30분이 돼서야 집에 왔던 것이다. 소녀는 이제 자신이 자고 싶을 때까지 맘껏 자도 되는 나이가 됐다고 생각했다. 그러나 대부분의 엄마들은 자녀의 나이 변화에 상응하는 간섭 지침의 수정을 꾀하지 않는다. 이에 따라 수많은 문제에 대하여 어떻게 할 것인가를 놓고 엄마와 청소년 사이에 큰 간극이 생겨나고 갈등의 골은 깊어간다.pp. 139-140

따라서 사소한 문제에 대한 선택의 자유를 청소년들에게 보다 많이 부여함으로써 부모와의 갈등을 상당 부분 줄일 수 있다. 심각한 문제에 대해서도, 부모가 "나는 너보다 세상을 더 살았으니 네가 내 말에 따르기 바란다"고 말하는 것은 효율적인 전략이 못 된다.Larson & Richards, 1994, p. 140 그보다는 양측이 함께 수용할 수 있는 해결책에 접근하고 청소년과의 지나친 갈등을 피하기 위해 부모는 다툼의 이슈에 관해 자녀와 차분히 생각을 나눠야 할 것이다. 이것이 가능한 것은 이젠 아이가 형식적-논리적 역량을 갖췄기 때문이다.Larson & Richards, 1994 지금까지 논한 것에 비춰 볼 때, 청소년과 부모 사이의 갈등은 주로 부모-청소년의 상호작용 방식에 따라 결정된다는 것, 다시 말해 갈등은 결코 불가피한 것이 아니라는 주장은 설득력이 있다.[9] 실제로 "부모와 청소년 사이에 갈등이 거의 없는 경우도 많다."Arnett, 1999, p. 320

결론적으로, 미국 학자들은 질풍노도에 대한 생득주의적 설명을 거부하고 이 현상에 대한 사회인지적sociocognitive 설명을 받아들임으로써, 청소년기의 보편적이고 불가피한 특성으로 간주되던 질풍노도의 관점에 상당 부분 수정을 가하였다. 아넷[1999]이 적고 있듯이, "청소년기의 질풍노도는 인간 삶의 과정에서 피할 수 없는 무엇이 아니다."[p. 324] **스트레스 가득한** 산업사회에서조차, "질풍노도의 어떠한 지표가 대다수의 청소년들의 어려움을 대변한다고 볼 수는 없다."[Petersen, 1988, p. 592]

또래와의 상호작용이 청소년기의 이끎활동인 까닭

앞서 논했듯이, 청소년기에 관한 네오비고츠키주의의 분석은 최근 서구 학자들의 연구 결과와 매우 유사하다. 네오비고츠키주의자들과 서구 학자들 모두 청소년의 자의식, 즉 정체성 발달을 이 시기의 중요한 과업으로 본다. 또한 이들은 이 과업에 대한 설명이나 형식적-논리적 사고의 발전과 사회적 상호작용의 결과로서 이 시기의 청소년들이 겪는 문제에 대한 설명에서도 서로 비슷한 견해를 제시하였다. 청소년들의 사회적 상호작용에 관해, 네오비고츠키주의자들과 마찬가지로 서구 학자들은 두 종류의 상호작용(부모와의 상호작용과 또래와의 상호작용)을 구분했다. 꼭 그런 것은 아니지만, 서구 학자들은 정체성 형성에서 부모-청소년의 상호작용과 또래-청소년의 상호작용에 서로 다른 역할을 부여한다. 부모와의 상호작용에서 청소년들은 사회적 규범과 가치를 수용하는 한편, 또래와의 상호작용에서는 이러한 규범과 가치를 "자신의 개인적 선택"[Harter, 1999, p. 79]으로 습득하고 탐구하고 내면화하는데, 이 모는 것늘이 정체성 형성

---

9. 부모-청소년 관계의 질풍노도가 불가피하다는 통념에 대한 흥미 있는 설명이 울먼(1998)에 의해 제기되었다.

정신분석 연구들은 부모와 자녀 간의 질풍노도 관계를 강조하는데, 이것은 이들 연구가 정신분석학자들과 정신과의사들이 임상 치료에서 경험한 것을 바탕으로 하기 때문이다. 내가 병원에서 만난 정신 치료 대상 환자들도 그랬다. 나는 반항적이며 부적응을 보이는 청소년이나 부모밖에 못 봤다. 정신분석 연구들이 유사한 경험을 보고하는 것은 그리 놀랍지 않다(p. 26).

으로 이어진다. 그래서 또래와의 상호작용이 정체성 형성의 도구로 간주되는 것이다. 이 점이 이 상호작용에 관한 네오비고츠키주의의 관점을 특징짓는 것이고 이러한 특징은 서구 학자들의 생각이나 연구 결과와 거의 일치한다.

그럼에도 또래와의 상호작용을 청소년의 이끎활동으로 보는 네오비고츠키주의의 주장에는 중대한 결함이 있다. 네오비고츠키주의자들은 다음과 같은 물음에 대해 답하지 않는다. 어떤 동기가 청소년들로 하여금 또래와의 상호작용에 뛰어들게 하는가?

이 물음에 대해 생각할 수 있는 답은 "청소년의 관심세계 내의 총체적인 변화의 기반인"p. 16 성적 성숙에 관한 비고츠키1984/1998의 생각에서 찾을 수 있다. 이와 비슷하게, 아동에서 청소년기로의 이행과 연관된 생물학적 변화에 관해 논하면서, 콜1992은 다음과 같이 적었다.

> 일어나는 변화에서 가장 혁명적인 부분은 개인이 생물학적 재생산에 참여할 수 있는 완전히 새로운 잠재력의 발달이다.Katchadourian, 1989 이러한 생물학적 변화는 재생산을 혼자 이룰 수 없다는 자명한 이치에 대한 심오한 사회적 함의를 담고 있다. 재생산 기관의 성숙이 이루어짐에 따라 이성에 대한 성적 매력을 발견하게 된 소년소녀는 새로운 형식의 사회적 행동에 빠져들기 시작한다.p. 107 [10]

이러한 **성숙주의적**maturationist 관점이 기존의 청소년기 분석과 합쳐지면 다음과 같은 분석이 가능하다. 성적 동기는 청소년들로 하여금 또래와의 상호작용에의 참여를 촉진한다. 다른 여러 대인 관계와 마찬가지로 또래

---

10. 이러한 진술에 대해 생각할 수 있는 반박으로 초기에 청소년들은 동성의 또래와의 상호작용을 펼쳐나가는 점이다. 하지만 여러 연구에 따르면, 이러한 동성 또래집단의 주된 기능은 "이성 관계로 향하기 위한 전환점의 단초를 제공하는 것"이다(Cole & Cole, 2001, p. 626).

와의 상호작용을 나누기 위해 청소년들은 자기 행동이 사회적 기준에 부합되게끔 해야 한다. 새로 습득한 인지 역량을 활용하여 청소년들은 부모로부터 받아들인 사회적 규범과 가치를 또래 행동의 기준으로 적용하며, 또래들이 나름의 행동 기준으로 생각하는 사회적 기준과 가치의 적용을 심사숙고한다. 결과적으로, 이러한 사회적 규범과 가치를 시험하고 습득하고 내면화해가는데, 이것이 정체성 형성으로 이어진다.

따라서 성적 동기가 청소년들로 하여금 새로운 이끎활동으로서 또래와의 상호작용에 뛰어들게 한다는 가정을 받아들이는 것은 청소년 발달을 오직 사회인지적 요인에 의해서만 결정되는 것으로 봤던 기존의 분석을 손상시키기보다 풍성하게 한다. 그러나 이 가정은 아동발달에서 성숙의 역할을 무시했던 네오비고츠키주의자들의 보편적 입장과는 부합하지 않는데, 그 자세한 내용은 결론 장에서 다룰 것이다.

네오비고츠키주의 아동발달이론:
성과와 결함

러시아의 비고츠키 후학들은 그의 이론을 아동발달과 관련하여 논리적이면서도 내적 일관성이 있는 **활동이론**으로 정교화하였다. 이 이론은 아동발달에서 활동의 중요성을 강조하면서 발달의 인지적 측면, 동기적 측면, 사회적 측면의 통합을 시도한다. 앞에서 이미 논한 내용을 되풀이하는 면이 있지만, 네오비고츠키주의 활동이론의 혁신적인 특징을 강조하기 위해서는 비고츠키와 피아제의 아동발달 이론을 비교할 필요가 있다.

　피아제[1936/1952]의 이론에서 아동 인지발달의 주된 결정요인은 외부 세계의 탐구를 좇는 아동의 독자적인 활동이며, 이는 아동 정신과정(스키마)의 형성을 이끈다. 아동발달의 결정요인에 관한 이러한 설명을 통해 피아제는 아동을 인지발달의 능동적인 주체로 강조하는 반면, 아동발달에서 사회 환경의 중요성은 무시한다. 비고츠키[1978, 1981a, 1934/1986]는 피아제와 달리 아동발달에서 사회 환경의 중요성을 상소했다. 비고츠키는 성인 매개(다시 말해, 아동에게 새로운 정신도구를 제공하고 이 도구의 습득과 숙달 과정을 조직하는 것)를 아동발달의 주된 결정요인으로 여겼다. 그러나 그는 정신도구를 정신 방법으로 보지 않고 기호 도구로 규정했다. 또한 발달에서 아동 활동의 의의에 대해서도 일관된 관점을 보이지 않았으며,

때론 매개를 상호 의사소통 과정에서 성인이 제시한 기호 도구를 아동이 동화해가는 과정으로 설명했다.

네오비고츠키주의자들도 피아제처럼 발달에서 아동 활동의 중요성을 강조한다. 그러나 이들은 비고츠키의 매개 개념을 아동발달의 결정 요인으로 채택하기도 한다.Elkonin, 1971/ 1972, 1989; Leontiev, 1959/1964, 1975/1978; Zaporozhets, 1978/1997; Zaporozhets & Elkonin, 1964/1971 네오비고츠키주의의 활동 이론에서 매개는 아동-성인 간에 이루어지는 의사소통 맥락 속에서 일어나기보다 특별히 고안된 아동 활동 상황 속에서 발생한다. 또한, 그것은 단순 기호 도구의 숙달이 아닌 새로운 정신 방법의 숙달을 포함한다. 네오비고츠키주의에서 중요하고도 획기적인 내용은 아동발달에 관한 활동 이론의 설명에서 매개와 활동의 개념을 종합한 점이다.

활동이론의 또 다른 강점은 아동발달의 모형에 동기적 요소를 포함한 것이다. 피아제1936/1952는 아동발달에서 동기의 중요성을 대체로 무시했다. 피아제의 기본적인 가정에 따르면, 아동은 주변 환경에 대해 능동적인 탐구자로 태어나며 각 연령기별로 새로운 자극을 좇는 선천적인 욕구에 기초한 호기심으로 추동되는 탐구욕을 지닌 존재이다. 피아제와 달리 비고츠키1984/1998는 아동발달에서 새로운 동기 형성의 중요성을 강조했다. 하지만 새로운 동기 형성의 기제에 대해서는 설명하지 않았다.

네오비고츠키주의자들은 아동 활동을 사회적 매개의 맥락으로 바라보기 때문에, 새로운 활동에 참여하기 위한 전제 조건으로 새로운 동기 형성의 문제에 특별한 관심을 보였다.Elkonin, 1971/1972, 1989; Leontiev, 1959/1964, 1975/1978, 1972/1981; Zaporozhets, 1978/1997; Zaporozhets & Elkonin, 1964/1971 네오비고츠키주의자들은 아동의 새로운 동기 발달을 성인 매개의 결과로 보고, 이러한 성인 매개가 아동의 현재 활동 속에서 이루어지는 행위들 중 하나의 목표가 새로운 동기로 전환되도록 이끈다고 보았다.

이러한 주장에서 출발하여 네오비고츠키주의자들은 획기적인 아동발달 단계별 모형을 제안했다.Elkonin, 1971/1972, 1989; Leontiev, 1959/1964, 1975/1978; Zaporozhets, 1978/1997; Zaporozhets & Elkonin, 1964/1971 이 모형에서 아동발달이 이루어지는 각각의 시기는 이끎활동leading activity, 즉 특정 문화권에서 특정 연령기의 아동발달에서 중요한 역할을 수행하는 활동에 의해 특징지어진다. 이 활동은 아동의 이끎동기leading motive, 즉 이 시기 아동 동기의 위계 서열 속에서 가장 중요한 동기에 의해 추동된다. 아동의 현재 정신과정이 이 활동을 돕지만 아동은 아직 이 활동을 독자적으로 수행하지는 못한다. 이 활동은 아동-성인 협응활동 형태로 이루어지며, 성인은 활동의 매개자 역할을 수행한다. 아동의 이끎활동 맥락 속에서 이루어진 매개의 결과로, 이 활동activity 속의 여러 행위들actions 중 한 행위의 목표goal가 새로운 이끎동기로 전환되는데, 이 동기가 아동으로 하여금 새로운 활동에 뛰어들도록 추동한다. 매개의 또 다른 결과는 새로운 정신도구의 습득과 숙달에 있으며, 이는 새로운 정신과정의 발달로 이어진다. 이러한 정신과정의 숙달을 통해 아동이 활동을 독자적으로 수행하게 되는 한편, 이 정신과정은 아동의 현재의 이끎활동 수준을 뛰어넘게 된다. 이끎활동의 맥락에서 이루어지는 매개의 결과에 힘입어 새로운 이끎활동으로 이행하기 위한 토대가 마련되는데, 이 새로운 이끎활동은 다음 연령기의 특징을 이루게 된다.

이런 식으로 네오비고츠키주의자들은 비고츠키와 피아제 이론의 단점을 피해 가면서 두 이론의 장점들을 창의적으로 통합하고 정교화하여 나름의 이론을 정립했다. 이 이론의 주된 장점은 한 단계에서 다음 단계로 아동발달이 이행하는 것에 대해 설득력 있게 설명하는 점인데, 앞서 논했듯이 이것은 지금까지의 아동발달 이론의 실패에 대한 대안을 제시한다.

러시아 네오비고츠키주의자들이 설명한 것처럼 이끎활동들 간의 연계성이 **절대적인** 것은 아니다. **첫째**, 그들이 강조한 것처럼, 아동의 이끎활동은 사회적 환경에 의해 결정된다.Leontiev, 1959/1964 이 책에서 설명하는 이끎활동은 산업사회의 아동에 국한된다. 문자 사용 이전 사회에서는, 사회 극놀이가 아동초기 연령기의 이끎활동이 아니며Elkonin, 1978, 학교공부가 아동중기의 이끎활동일 수 없다. 그러나 이 말이 문자사용 이전의 사회에서 연령에 따른 문화적 특정 활동 상황에서의 매개가 아동발달에 영향을 미치지 않는다는 뜻은 아니다. 시펠린과 옥스Schieffelin & Ochs, 1986가 제시한 교차문화 관찰 보고서에 따르면, 산업화 단계에 이르지 않은 몇몇 사회에서 걸음마기 유아의 언어 습득은 성인과의 사물중심 협응활동과는 다른 활동 속에서 일어난다고 보고한다. 즉, 네오비고츠키주의자들이 이 연령대 아동의 이끎활동으로 정의한 것이 이 사회에서는 적용되지 않는 것이다. 산업화가 이루어지지 않은 사회에서도 성인은 특정 문화적 활동 맥락 속에서 아동의 언어 습득을 매개한다. "아이가 첫말을 시작하기 전까지도 사회적 질서social order는 영아가 참여한 의사소통적 상호작용을 조직한다."Schieffelin & Ochs, 1986, p. 7

둘째, 산업사회에서조차 아동이 특정 시기의 발달을 이끄는 특정 활동에 참여하지 못하는 경우가 있다. 이 맥락에서 활동은 러시아 네오비고츠키주의자들이 말하는 이끎활동에 해당하는 것이다. 만일 그렇다면, 이는 향후 아동발달에 심각한 결손을 가져온다는 점에서 중요하다. 앞서 논했던 것처럼 미국 초등학생의 심각한 자기조절 결핍은 아동초기 사회극놀이에 참여하지 못한 결과로 설명될 수 있다.

러시아의 네오비고츠키주의자들이 설명한 이끎활동의 중요성은 산업사회의 아동발달에 가장 잘 적용되는 것으로 보인다. 그러나 심리학자들과 교육자들은, 사회극놀이보다 아동발달에 훨씬 더 유익한 활동을 제안할 수도 있다. 만약 그 활동이 앞 단계의 이끎활동 내에서 **무르익어서** 다음 발달 단계로 넘어가기에 충분하다고 판단되면, 그것은 아동초기의 이끎활동으로서 사회극놀이를 **대신**할 수 있다. 그런 다음, 성인과 사회의 노력은 대체로 아동의 사회극놀이를 촉진하고 매개하기보다는 이 새로운 형태의 이끎활동을 촉진하고 매개하는 방향으로 이루어져야 할 것이다.

내가 논증하려 애썼듯이, 네오비고츠키주의자들의 몇몇 개념들이 여전히 사변적 수준에 머물러 있지만, 그들의 아동발달 단계 분석은 현대 서구 학자들의 연구물 속에서 강력한 실증적 근거로 활용되고 있다. 그러나 네오비고츠키주의의 일반적인 이론적 주장 중 한 가지는 대다수 서양 연구자들에게 거의 받아들여지지 않는 것처럼 보인다. 이 책에서 여러 번 지적했듯이 네오비고츠키주의자들은 유전적 영향에 대해 그것이 설령 있다손 치더라도 아동발달에 최소한의 영향력만을 행사한다고 주장한다. 이러한 네오비고츠키주의의 주장에 대한 구체적인 분석은 절을 바꿔 논해보자.

유전이 발달을 결정짓는가?

아동발달에서 유전의 중요성을 무시하는 네오비고츠키주의자들의 입장은, 인간과 동물 사이에는 정신과정이나 발달법칙에서도 질적인 차이가 있다는 비고츠키의 주장에 근거를 두고 있다. 동물은 하등정신과정을 갖고 태어나며, 이러한 정신과정의 수준은 유전적으로 예정되어 있다. 반면 인간 또한 하등정신과정을 갖고 태어나긴 하지만, 인간의 발달은 고등정신과정의 형성으로 연결되며, 이 고등정신과정은 사회적 매개에 의해 결정된다. 비고츠키는 "인간이 학습과 기억을 비판적으로 조절해가는 정신과정에 대한 모형을 도출하기 위해 쥐를 중요한 표본으로 삼는" 동시대의 서구 연구자들을 강력히 비판했다.Wehner & Balogh, 2003, p. 103

그러나 비고츠키는 동물과 인간 발달의 결정요인 간의 질적 차이를 강조하면서도 인간 발달에서 유전자형genotype이 차지하는 비중을 인정했다. 그는 다음과 같이 주장했다.

정상적인 아동이 문명을 받아들이며 성장하는 과정은 대개 유기체로서 성숙 과정과 통일된 발달과정을 나타내 보인다. 발달의 이 두 축(자연적 발달과 문화적 발달)은 동시에 일어나고 서로 병합된다. 이 두 축은 상호 침투하여 결국 사회적 특성과 생물학적 특성이 통합을 이룬 아동의 인성을 형성하게 된다.Vygotsky, 1983/1997, pp. 19-20

예컨대 7장에서 지적했듯이, 비고츠키[1984/1998]는 청소년기의 동기 변화는 유전적으로 예정된 성적 성숙에 뿌리를 두고 있다고 주장했다.

인간 발달은 사회적 매개에 의해 결정된다는 비고츠키의 분석에서 출발하여, 네오비고츠키주의자들은 인간 발달에서 유전자형이 차지하는 비중에 대해 비고츠키보다 더 극단적인 입장을 취한다. 네오비고츠키주의자들에 따르면 유전적으로 예정된 성숙은 발달을 위한 필요조건일 뿐, 아동발달의 일반적 특성이나 개인차를 결정하지는 않는다.Leontiev, 1959/1964; Zaporozhets, 1978/1997; Zaporozhets & Elkonin, 1964/1971

발달의 개인차에 끼치는 유전자형의 영향력을 무시한 네오비고츠키주자들의 입장은 특히 1장에서 논했던 자신들이 수행한 기억 연구를 통해 입증되었다. 예컨대 일란성 쌍생아와 이란성 쌍생아에 대한 루리아[1936]의 연구에서 보여준 것처럼, 유전적 차이는 시각적 인식 능력과 같은 낮은 정신과정의 차이에서 비롯된 것이다. 그러나 기호로 매개된 기억력과 같은 고등정신과정에서의 차이는 유전과 관계없는 것으로 나타났다. 또한 신경심리학자와 신경생리학자가 아동의 활동이 뇌구조의 발달에 큰 영향을 미친다고 발표한 연구 결과Greenough & Black, 1992; Luria, 1962; Shore, 1996는 네오비고츠키주의자들이 아동발달에서 유전자형의 중요성을 무시하는 것과 일치하는 것으로 보인다. 실제로 아동이 다양한 활동에 참여하는 것은 사회적 매개의 결과이며, 이러한 연구 결과는 성숙 자체가 부분적으로는 사회적 매개에 의해 결정된다는 사실을 말해준다.[1]

그러나 아동발달에서 유전자형의 중요성과 관련하여 반대되는 입장을 취하는 연구 결과도 있다. 이러한 연구 결과들의 대부분은 표준화된 지능검사를 사용하여 유전적으로 영향을 받은 사람과 받지 않은 사람 간의 지적 발달 비교에 초점을 둔 것들이다._{자세한 내용은 다음을 보라-Loehlin,} _{Willerman, & Horn, 1988; Plomin, DeFries, & Fulker, 1988; Scarr, 1992} 이 연구들로부터 얻은 결과는 다양하지만 일반적 경향성은 대략 일치한다. 유전적으로 영향을 받은 사람들의 IQ 점수에 대한 상관관계는 이들이 동일한 환경을 공유하느냐에 상관없이 유전적으로 영향을 받지 않은 사람들의 상관관계보다 훨씬 높다. 예컨대 스카[1992]가 몇몇 연구들을 정리하여 지적했듯이, 일란성 쌍생아가 같은 집에서 자랐을 때 IQ 점수의 상관관계는 .86이었고 다른 집에서 자랐을 때는 .76이었다. 반면, 같은 집에서 자란 이란성 쌍생아의 상관계수는 .55이었고, 입양된 아이들이 같은 집에서 함께 자란 경우의 상관계수는 .00이었다.

플로민[Plomin, 1989]이 정확하게 기록했듯이, 이 같은 연구 결과는 "유전이 IQ 점수의 개인차에 중요한 영향을 미친다는 결론을 피하기 어렵게 한다."[p. 106] 그러나 이러한 연구 결과와 관련해서 또 다른 의문이 제기될 수 있다. 지능 검사는 실질적으로 무엇을 측정하는가? 심리학의 역사에서 1921년과 1986년, 두 차례에 걸쳐 저명한 심리학자들에게 지능의 속성에

---

1. 이 주장은 아동이 동물처럼 특정 활동에 참여하는 것은 유전에 의해 예정된 것이라고 주장하는 현대 생득주의자들의 반발을 불러일으킬 것이 확실하다. 예컨대 로우(Rowe, 2003)는 다음과 같이 적었다.

   비버는 나무를 자르고 둑을 만들면서 자신의 환경을 바꾸기 위한 과감한 시도를 한다. 그러나 이러한 환경 변경 행동은 본능적이다. 사람들 간에는 개인적 성격 차이에 따라 선호하는 환경을 찾는다. 체스를 잘하는 아이는 체스 동아리에 이끌리는가 하면, 선천적으로 자기주장이 강하고 힘이 센 아이는 팀 스포츠에 이끌린다.

   나는 다음과 같은 문맥을 통해 충분한 실증적 증거를 제시했다고 생각한다. 만약 적절한 매개가 없다면, 아동은 사물중심활동이든 사회극놀이든 혹은 이 책에서 논한 어떤 다른 활동에도 몰두하지 못할 것이다. 또한 로우(2003)가 든 예에 대해서도, 사회적 매개의 결과로 습득하게 된 도덕적 규범과 가치에 따라, "선천적으로 자기주장이 강하고 힘이 센 아이"는 팀 스포츠뿐만 아니라 범죄조직에 빠져들 수도 있다고 말할 수 있다(사실상 소연방 붕괴 후 많은 러시아의 운동선수에게 이 같은 일이 일어났다).

대해 물었을 때, 놀랍게도 그들이 내린 지능의 정의는 서로 다르게 진술된 것으로 밝혀졌다.Sternberg & Detterman, 1986 그러나 지능이 유전적으로 결정된다고 보는 관점을 지지하는 현대의 연구자들은 지능을 개인의 정보처리 속도와 거의 같은 것으로 생각했다.다음을 보라-Eysenck, 1985; Jensen, 1982, 1998; Luciano et al., 2003; Posthuma, de Geus, & Boomsma, 2003

지능의 차이가 개인 정보처리 속도의 유전적 차이와 관련 있다는 생각은 반응 시간이 지능 측정에 사용될 수 있다고 한 골턴Galton, 1983의 주장을 기반으로 한다. 이 생각은 젠슨Jensen, 1982, 1998과 에이젱크Eysenck, 1985의 연구에서 더 정교화되었으며, 최근 연구의 추가적 실증적 근거 자료로 활용되었다.자세한 내용은 Luciano et al., 2003; Posthuma et al., 2003을 보라 특히 많은 연구들이 선택 반응 시간, 검토 시간, 뇌파기록장치의 특성으로서 정보처리 속도의 행동적, 전기생리학적electrophysiological 측정과 개인의 IQ 점수 사이에 의미 있는 상관관계가 있다고 보고했다. 또한 이 이론은 정보처리 속도의 개인차를 사람들 간의 선천적 신경생리학적 차이로 설명한다. 이 이론의 지지자들이 스스로 인정하듯이 이 패러다임은,

어떤 면에서 환원주의적이며, 이런 사고방식은 보다 분석적인 방식으로 전달체나 다른 생화학적 물질의 중요성에 대한 더욱 상세한 분석으로 확장될 수 있다. … 글루타티온과산화효소와 IQ 사이의 관계에 대한 이런 자세한 설명은… 새로운 패러다임을 기반으로 하는 일반적 철학과 매우 유사한 맥락을 이루고 있다.Eysenck, 1985, p. 134

따라서 이 이론의 지지자들은 지능을 신경생리학적 요인이나 생화학적 요인에 의해서 결정된 정보처리 속도로 환원시키는 반면, 네오비고츠키주의자는 아동의 정신발달에서 성인 매개의 중요성을 강조한다. 그러나 이런 입장들이 서로 상반되는 것은 아니다.

헤이우드Haywood, 1989; Haywood et al., 1992는 **지능과 인지**의 차이를 날카롭게 구분했다(많은 연구자들이 종종 이 용어를 혼동한다). 이 구분은 카텔Cattell, 1980이 **유동적인**fluid 지능과 **경화된**crystallized 지능을 구별한 것과 유사하다.Haywooed et al., 1992 헤이우드의 용어로, 지능검사로 측정된 지능은 유전적으로 결정된 것이며, 수정이 어렵고, 정보처리 속도의 개인차와 관계 있다. 반면에 비고츠키와 네오비고츠키 연구에서 핵심이 되는 인지발달은 유전적으로 결정되지 않으며, 변화 가능성이 많고, 학습과 문제해결에 있어 인지적·초인지적 도구의 숙달과 관련 있다.

지능과 인지 사이의 이러한 구분에 비추어 볼 때, 아동의 인지발달을 결정하는 것은 선천적인 정보처리 속도가 아니라 매개라고 말할 수 있다. 사실상 성인은 아동의 정보처리 속도와 무관하게 기억력 향상을 위한 기억 보조장치의 숙달을 매개해야 한다. 성인은 아동의 자기조절 능력을 향상시키기 위해 언어적 의사소통 수단의 숙달을 매개해야 한다. 성인은 아동의 읽기 이해력을 향상시키기 위해 질문하기, 요약하기, 명료화하기, 그리고 예측하기와 같은 전략의 숙달을 매개해야 한다. 그리고 성인은 아동이 물속에서의 다양한 사물의 움직임을 예상하게 하기 위해 아르키메데스 법칙의 숙달을 매개해야 한다. 선천적 정보처리 속도가 영향을 미치는 것은 새로운 인지적·초인지적 도구의 숙달 속도이며, 이 결과가 IQ 점수에서 개인차를 초래할 것으로 판단된다. 젠슨1982은 다음과 같이 지적했다.

다른 조건들이 같나믄(강소는 Karpov), 정보처리 속도가 빠른 사람들은 똑같은 시간 안에 똑같은 환경을 접촉할 때 인지적으로 통합된 지식과 기술을 남들보다 더 많이 받아들인다. 정보처리 속도에서 비트당 0.1초에 불과한 이 개인차는 얼핏 사소해 보이지만, 몇 개월 혹은 몇 년이 흐르면서 그 규모가 누적되어 어휘력과 정보 보유량 그리고 IQ 검사

에서 측정되는 제반 인지 역량의 차이를 초래하게 된다.[p. 99]

그런데 젠슨이 지적한 것처럼, 정보처리 속도는 **다른 조건들이 같다면** 아동의 인지발달에 영향을 미칠 것이다. 6장에서 논했듯이, 이론적 학습방법을 사용했을 때는 다른 교수법을 적용했을 때보다 아동이 훨씬 나은 학습 성과를 얻었을 뿐만 아니라, 과학적 지식의 습득 속도도 훨씬 빨랐다. 따라서 성인 매개는 아이들의 학습 결과뿐만 아니라 학습 속도에도 결정적인 영향을 미친다.

이런 논점에 비추어 볼 때, 네오비고츠키주의자들이 인지발달과 학습의 주된 **결정요인**으로 매개를 강조하는 것은 옳다. 그러나 인지발달과 학습에 영향을 미칠 법한 **요인**으로 유전을 무시한 것은 오류이다. 비인지적 아동발달의 측면에 대해서도 똑같은 분석이 적용될 수 있다. 7장에서 논의한 바와 같이, 어린 청소년들이 또래와의 상호작용에 적극적인 관심을 품는 것은 성적 동기의 성숙에 말미암을 가능성이 많다. 하지만 그들의 정체성 형성에 영향을 미치는 것은 부모의 영향력 아래 또래들과의 상호작용 과정에서 적용한 청소년의 사회적 규범과 가치관이다. 이와 비슷하게, 유전적 요인이 성격의 개인차에 상당한 영향을 미치며[Ebstein, Benjamin, & Belmaker, 2003], 이것이 새로운 경험에 대한 영아와 유아의 반응 차이로 연결된다는 것은 이론의 여지가 없어 보인다.[Kagan & Snidman, 1991] 그러나 3장과 4장에서 논한 것처럼, 이 시기에 아동발달을 결정하는 것은 부모의 매개이다.

따라서 네오비고츠키주의의 아동발달모형에 성숙적 요소를 포함하는 것이 바람직할 것이다. 하지만 이 제안은 **양육에 선천성을 추가하려는** 관점이나 현대의 많은 학자들이 선호하듯 아동발달에서 유전과 환경의 영향력을 적절히 비례배분 하는 셈법과는 아무 관계가 없다.[한 예로 Scarr, 1992를 보라] 오히려 성숙적 요소가 각 시기 아동의 이끎활동에 어떻게 공헌하는지를 분석하는 것이 더 설득력 있어 보인다(이를테면, 생후 1년 동안 아동의 타고난 기질은 양육자와 함께 하는 정서적 상호작용의 참여에 어떻게 영향을 미치는지 또는 아동의 정보처리 속도 차이가 학교에서의 학습에 어떤 영향을 미치는지). 이러한 분석은 성인과 또래와의 협응활동 상황에서 아동발달의 주된 요인인 매개의 중요성을 놓치지 않으면서 성숙적 요소를 강조함으로써 네오비고츠키주의의 아동발달모형을 풍성하게 할 것이다.

옮긴이의 말

이 책은 카르포프Yuriy V. Karpov의 『네오비고츠키주의 아동발달이론The Neo-Vygotskian Approach to Child Development』2009을 우리말로 옮긴 것이다.

불과 10여 년 전까지만 해도 우리 학계에서 비고츠키는 잘 알려져 있지 않았다. 즉, 아동발달이론과 관련한 우리의 인식론적 지평은 피아제의 인지발달이론에 머물러 있었다. 흔히 우리는 피아제를 개인적 구성주의자, 비고츠키를 사회적 구성주의자로 분류한다. 비고츠키를 사회적 구성주의자로 규정하는 것의 적법성legitimacy에 대해선 현재 비고츠키 학자들 사이에서도 의견이 분분하다. 유념할 것은 피아제와 비고츠키는 전혀 다른 사상가라는 점이다.

피아제와 비고츠키의 사상체계가 많이 다르다는 것은 비고츠키의 주저 『생각과 말Thinking and Speech』에도 잘 나타나 있다. 『생각과 말』 곳곳에서 비고츠키는 피아제의 이론을 요목조목 반박하며 자신의 이론을 정립해간다. 이 책도 그러하다. 비고츠키의 이론을 계승한 네오비고츠키주의의 관점에서 출생 이후부터 청소년기까지 정신과정(피아제의 개념으로 스키마)의 발달에 관해 설명하는데 시종 일관되게 피아제의 오류를 지적하고 있다.

구성주의자 피아제 이론에서 키워드가 구성construction이라면, 이 책의 저자가 비고츠키 이론에서 포착한 핵심 키워드는 매개mediation이다. 피아제는 아동이 독자적으로 외부 세계를 탐색하면서 사물의 본질에 대한 인식을 구성해간다고 설명한다. 그래서 피아제는 아동의 인지 구성에서 물리적 환경의 중요성을 강조했다. 그러나 비고츠키와 네오비고츠키주의자들은 물리적 자극보다 인적 환경, 즉 부모 혹은 교사의 존재가 절대적으로 중요하다고 본다. 아무리 훌륭한 물리적 교육 환경에 노출된들 성인의 매개 없이는 아동의 지적 성장은 제대로 이루어지지 않는다는 것이다.

구성주의를 근간으로 하는 7차 교육과정 도입 이후 교육현장에서 교수 활동에 비해 학습활동이 강조됨에 따라 교사의 역할이 학생 학습활동의 도우미로 전락해 있는 실정이다. 스마트교육이 대세라면서 학생들에게 스마트패드를 보급하여 스스로 배움을 구성하게 하라고 한다. 스마트패드가 교사보다 훨씬 스마트한 교육 환경일 수 있다. 패드 속 인터넷을 통해 물으면 교사가 모르는 것도 척척 답을 제공한다. 하지만 스마트패드는 좋은 교육 매체일 수는 있어도 좋은 교육자일 수는 없다. 정보의 바다 속에 있는 잡다한 지식을 아이의 이해 수준에 맞게 해석하고 설명하는 것은 전적으로 교사라는 이름의 인간 매개자human mediator를 통해서만 가능하다. 현장 교사들은 이 책을 통해 그 귀한 통찰과 시사점을 얻을 것이다.

비고츠키의 용어에 익숙지 않은 분들은 '매개'가 무엇인지 의아해할 것이다. 비고츠키는 매개를 교육과 동의어로 봤다. 아동이 성인이나 또래로부터 무엇을 배우면 매개에 의한 교육이 이루어진 것이다. 비고츠키에 따르면, 아이의 생애 첫날부터 양육자의 매개에 의한 교육과 발달이 일어난다. 그러므로 아동의 빌딜을 매개하는 가장 중요한 교육자는 바로 부모라 하겠다.

이 책에서는 발달 단계를 영아기(출생~1세), 걸음마기(2~3세), 아동초기(3~6세), 아동중기(초등학생), 청소년기로 나누고서, 활동이론activity theory을 근간으로 아동 정신과정의 발달을 설명하고 있다. 활동이론은 아동발달에서 동기적 요소를 강조한다. 피아제의 이론에서 아동의 활동은 선천적인 호기심이나 지적 욕구에 의해 추동되기 때문에 동기가 별로 중요하지 않다. 그러나 네오비고츠키주의자들은 사회적 매개가 아동 활동에 미치는 영향력이 절대적이라 보기 때문에 아동의 새로운 동기 형성에서 성인의 역할을 중요시한다.

이들 이론에서 각각의 발달 단계는 이끎활동leading activity, 즉 각 연령기의 아동발달을 이끄는 주된 활동으로 특징된다. 이끎활동은 이끎동기에 의해 추동되는데, 어느 한 발달 단계에서 이끎활동이 발전하여 새로운 이끎동기로 전환되고 이 동기가 다음 단계로의 발달을 이끈다. 각 발달 단계별 이끎활동은 다음과 같다. 양육자와의 정서적 상호작용(영아기), 성인과의 사물중심 협응활동(걸음마기), 사회극놀이(아동초기), 학교공부(아동중기), 또래와의 상호작용(청소년기).

이 책에서 특별히 주목을 끄는 테제 중의 하나가 아동발달에서 놀이가 차지하는 중요성이다. 출생에서부터 6세까지 각 단계의 이끎활동은 모두 놀이활동과 관계가 있다. 영아기에선 양육자와의 사물중심활동이, 걸음마기에선 성인 매개자와의 사물중심 협응활동이, 그리고 아동초기에선 사회극놀이가 이끎활동에 해당된다. 아동발달과 놀이와의 연관성에 대해 회의적인 시각을 지녔던 피아제와 달리, 비고츠키는 "놀이를 통해 아동은 최고 수준의 성취를 이룬다"고 했다. 이를테면, 유치원 여아가 엄마놀이에서 어른 뺨 칠 수준으로 엄마 역할을 원숙하게 수행해내는 것은 이 과업이 놀이 형태로 이루어지기 때문에 가능한 것이다. 나아가 아동이 놀이를 통해 달성한 성취수준은 조만간 실제 행동수준으로 전환된다. 비고츠키의 표현을 빌리면, 놀이는 아동의 근접발달영역을 창출하는 것이다.

놀이가 아동의 발달에서 중요한 의미를 지니는 또 다른 측면은 놀이를 통해 아동이 자기조절 역량을 키워가는 점이다. 놀이를 통해 아동이 최고 수준의 지적 성취를 이루는 것과 마찬가지로 최고 수준의 의지력 실현을 성취할 수 있다. 아동은 놀이에 강한 욕망을 품지만 놀이가 유지되기 위해선 놀이 규칙에 따라 자신의 충동을 억제해야만 하기 때문이다. 이런 이치에 대해 네오비고츠키주의자인 엘코닌이 몇 가지 흥미 있는 사례를 소개하고 있다._{본문 5장}

　엘코닌의 관찰 결과에서 보듯, 아동은 놀이를 통해 지적으로나 정서적으로도 최선의 성장을 도모해간다. 어린아이에게 최고의 공부는 놀이이며, 최고의 교실은 놀이터이고, 자신의 성장을 돕는 최고의 선생은 또래이므로, 놀이를 차단하는 것은 아동의 발달을 억제하는 것과도 같다. 안타깝게도 현실 속의 우리 아이들은 건강한 성장에 필요한 최소한의 놀이 시간조차 봉쇄당하고 있다. 조기 교육이란 이름으로 유치원 아이들에게 한글 터득은 기본이고 심지어 5개 국어를 배우게 하는 극성 부모들이 늘고 있다고 한다. 반反교육을 넘어 가히 아동 학대 수준이라 할 이 언어도단의 양육 행태가 식자층에서 더욱 기승을 부리고 있는 현실에 우리 현장 교육자들은 비통해 마지않는다.

　유아들의 놀이활동 결핍에 따른 자기조절 능력 저하는 초등교육 현장에서의 부정적인 결과로 나타난다. 이러한 현상은 미국 사회에서도 볼 수 있는데, "미국 초등학교 교사의 심각한 애로사항 중 하나가, 아이들이 매우 낮은 수준의 자기조절력을 갖고 학교에 들어오는 까닭에 수업 시간에 주의집중을 유도하는 데 굉장히 애를 먹는 점"이라고 한다. 연구자들은 오늘날 유아 세계에서 놀이가 사라지고 있는 원인을 아동이 여가 시간에 TV나 컴퓨터, 비디오게임에 빠져드는 것과 관계있다고 본다. 우리의 경우 서구 사회보다 그 정도가 훨씬 심하며, 특히 최근에는 초등학생들이나 유아들도 스마트폰에 쉽게 노출되어 또래집단 내에서의 유익한 놀이 활동에 몰두할 기회가 더욱 줄어든 실정이다.

　이 모든 우울한 실태는 그대로 교육현장에서의 재앙으로 이어진다. 필자는 30년째 교단에 서고 있는데, 우리 현장 교육자들은 해가 거듭될수록 정서적으로는 물론 지적으로도 망가져가는 아이들을 목도할 뿐이다. 천문학적인 사교육비를 지출하면서 우리 사회는 미래에 이 나라를 짊어지고 갈 새싹들을 괴물로 만들어가고 있는 것이다. 따라서 현시점에서 학교와 가정에서 아동교육을 담지하고 있는 교사와 학부모 모두가 비고츠키 교육학을 숙지할 필요가 있다.

침대가 과학인지는 모르겠으나 교육은 과학이다. 올바른 교육은 아동 발달에 대한 올바른 이해를 전제로만 가능하다. 그리고 앞서 말했듯이, "아이의 생애 첫날부터 교육과 발달은 함께 가는" 까닭에 부모야말로 가장 중요한 교육자이다. 선량한 부모들이 소중한 아이의 바람직한 성장을 위해 지금 필요한 것이 무엇인지, 어떤 시각으로 아이와 교육을 바라볼 것인지 답을 얻는 데 이 책이 도움이 되길 바란다.

작년 여름 페이스북을 통해 인연을 맺은 실천교육교사모임의 몇몇 회원들이 번역팀을 꾸려 이 책을 우리말로 옮기는 작업을 해왔다. 미숙한 완성도에 부끄러움으로 이 책을 세상에 내놓는다. 힘든 학문적 여정을 끝까지 함께한 동료 역자들에게 깊은 신뢰와 애정을 보내며, 아울러 초벌번역으로 귀한 도움을 주신 박승훈 선생님, 장윤정 선생님, 정진실 선생님께 감사의 뜻을 전한다.

2017년 10월
옮긴이들을 대신하여 이성우 씀

Aidarova, L. I. (1978). *Psikhologicheskie problemy obucheniya mladshikh shkolnikov russkomu yazyku* [Psychological problems of teaching Russian language to elementary-school pupils]. Moscow: Prosveschenie.

Ainsworth, M. D. S. (1992). A consideration of social referencing in the context of attachment theory and research. In S. Feinman (Ed.), *Social referencing and the social construction of reality in infancy* (pp. 349-367). New York: Plenum Press.

Anderson, J. R., Reder, L. M., & Simon, H. A. (1995). *Applications and misapplications of cognitive psychology to mathematics education*. Retrieved June 12, 1996, from http://www.psy.cmu.edu/~mm4b/misapplied.html

Arievitch, I. M., & Stetsenko, A. (2000). The quality of cultural tools and cognitive development: Galperin's perspective and its implications. *Human Development, 43,* 69-92.

Arnett, J. J. (1999). Adolescent storm and stress, reconsidered. *American Psychologist, 54*(5), 317-326.

Baldwin, A. L. (1967). *Theories of child development.* New York: Wiley.

Bassok, M., & Holyoak, K. J. (1993). Pragmatic knowledge and conceptual structure: Determinants of transfer between quantitative domains. In D. K. Detterman & R. J. Sternberg (Eds.), *Transfer on trial: Intelligence, cognition, and instruction (pp. 68-98). Norwood,* NJ: Ablex.

Beizer, L., & Howes, C. (1992). Mothers and toddlers: Partners in early symbolic play: Illustrative study #1. In C. Howes, O. Unger, & C. C. Matheson (Eds.), *The collaborative construction of pretend: Social pretend play functions* (pp. 25-44). Albany: State University of New York Press.

Belsky, J., & Most, R. K. (1981). From exploration to play: A cross-sectional study of infant free play behavior. *Developmental Psychology, 17,* 630-639.

Bering, J. M., Bjorklund, D. F., & Ragan, P. (2000). Deferred imitation of object-related actions in human-reared juvenile chimpanzees and orangutans. *Developmental Psychobiology, 36,* 218-232.

Berk, L. E., & Landau, S. (1993). Private speech of learning disabled and normally achieving children in classroom academic and laboratory contexts. *Child Development, 64,* 556-571.

Berk, L. E., & Spuhl, S. T. (1995). Maternal interaction, private speech, and task performance in preschool children. *Early Childhood Research Quarterly, 10,* 145-169.

Berk, L. E., & Winsler, A. (1995). *Scaffolding children's learning: Vygotsky and early childhood education.* Washington, DC: NAEYC.

Berkowitz, M. W., & Gibbs, J.C. (1983). Measuring the developmental features of moral discussion. *Merrill-Palmer Quarterly, 29*(4), 399-410.

Biederman, I., & Shiffrar, M. (1987). Sexing day-old chicks: A case study and expert Systems analysis of a difficult perceptual learning task. *Journal of Experimental Psychology: Learning, Memory, and Cognition, 13,* 640-645.

Bijou, S. W. (1976). *Child development: The basic stage of early childhood.* Englewood Cliffs, NJ: Prentice Hall.

Bijou, S. W. (1992). Behavior analysis. In R. Vasta (Ed.), *Six theories of child development: Revised formulations and current issues* (pp. 61-83). London: Jessica Kingsley.

Bivens, J. A., & Berk, L. E. (1990). A longitudinal study of the development of elementary school children's private speech. *Merrill-Palmer Quarterly, 36,* 443-463.

Bjorklund, D. F. (1997). In Search of a metatheory for cognitive development (or, Piaget is dead and I don't feel so good myself). *Child Development, 68*(1), 144-148.

Blair, C. (2002). School readiness: Integrating cognition and emotion in a neurobiological conceptualization of children's functioning at School entry. *American Psychologist, 57*(2), 111-127.

Blasi, A. (1980). Bringing moral cognition and moral action: A critical review of the literature. *Psychological Bulletin, 88*(1), 1-45.

Bodrova, E., & Leong, D.J. (1996). *Tools of the mind: The Vygotskian approach to early childhood education.* Englewood Cliffs, NJ: Prentice Hall.

Boesch, C., & Tomasello, M. (1998). Chimpanzee and human nature. *Current Anthropology, 39*(5), 591-614.

Bondioli, A. (2001). The adult as a tutor in fostering children's symbolic play. In A. Göncö & E. Klein (Eds.), *Children in play, story, and School* (pp. 107-131). New York: Guilford Press.

Borkowski, J. G., & Kurtz, B. E. (1987). Metacognition and executive control. In J. G. Borkowski & J. D. Day (Eds.), *Cognition in special children* (pp. 123-152). Norwood, NJ: Ablex.

Bowlby, J. (1951). *Maternal care and mental health.* Geneva: World Health Organization.

Bowlby, J. (1982). *Attachment and loss: Vol. 1. Attachment.* New York: Basic Books. (Original work published 1969)

Boysen, S. T., & Himes, G. T. (1999). Current issues and emerging theories in animal cognition. *Annual Review of Psychology, 50,* 683-705.

Bozhovich, L. I. (1948). Psikhologocheskie voprosy gotovnosti rebenka k shkolnomu obucheniu [Psychological issues of children's readiness for School]. In A. N. Leontiev & A. V. Zaporozhets (Eds.), *Voprosy psikhologii rebenka doshkolnogo vozrasta* (pp. 122-131). Moscow: Izdatelstvo APN RSFSR.

Bozhovich, L. I. (1968). *Lichnost i ee formirovanie v detskom vozraste* [Personality and its development in childhood]. Moscow: Prosveschenie.

Bozhovich, L. I. (1995). *Problemy formirovaniya lichnosti* [Problems of the development of personality]. Moscow-Voronezh: Modek.

Bretherton, I. (1984). Representing the social world in symbolic play: Reality and fantasy. In I. Bretherton (Ed.), *Symbolic play: The development of social understanding* (pp. 3-41). Orlando, FL: Academic Press.

Brown, A. L. (1987). Metacognition, executive control, self-regulation, and other more mysterious mechanisms. In F. E. Weinert & R. H. Kluwe (Eds.), *Metacognition, motivation, and understanding* (pp. 64-116). Hillsdale, NJ: Erlbaum.

Brown, A. L., Bransford, J. D., Ferrara, R. A., & Campione, J. C. (1983). Learning, remembering, and understanding. In J. H. Flavell & E. M. Markman (Eds.), *Handbook of child psychology. Volume III: Cognitive development* (pp. 77-116). New York: Wiley.

Brown, A. L., & Campione, J. C. (1990). Communities of learning and thinking: Or a context by any other name. *Contributions to Human Development, 21*, 108 -126.

Brown, A. L., & Campione, J. C. (1994). Guided discovery in a community of learners. In K. McGilly (Ed.), *Classroom lessons: Integrating cognitive theory and classroom practice* (pp. 229-270). Cambridge, MA: MIT Press.

Brown, A. L., Campione, J. C., Reeve, R. A., Ferrara, R. A., & Palincsar, A. S. (1991). Interactive learning and individual understanding: The case of reading and mathematics. In L. T. Landsman (Ed.), *Culture, Schooling, and psychological development* (pp. 136-170). Hillsdale, NJ: Erlbaum.

Brown, A. L., & DeLoache, J. S. (1978). Skills, plans, and self-regulation. In R. S. Siegler (Ed.), *Children thinking: What develops* (pp. 3-35). Hillsdale, NJ: Erlbaum.

Brown, B. B (1990). Peer groups and peer cultures. In S. S. Feldman & G. R. Elliott (Eds.), *At the threshold: The developing adolescent* (pp. 171-196). Cambridge, MA: Harvard University Press.

Bruer, J. T. (1993). *Schools for thought: A science of learning in the classroom.* Cambridge, MA: MIT Press.

Bruner, J. S. (1966). Some elements of discovery. In L. S. Shulman & E. R. Keislar (Eds.), *Learning by discovery: A critical appraisal* (pp. 101-113). Chicago: Rand McNally.

Bruner, J. S. (1973). *Beyond the information given: Studies in the psychology of knowing.* New York: Norton.

Bruner, J. S. (1975a). The ontogenesis of speech acts. *Journal of Child Language, 2,*

1-19.

Bruner, J. S. (1975b). From communication to language. *Cognition, 3*, 255-287.

Bruner, J. S. (1985). Vygotsky: A historical and conceptual perspective. In J. V. Wertsch (Ed.), *Culture, communication, and cognition: Vygotskian perspective* (pp. 21-34). Cambridge: Cambridge University Press.

Bruner, J. S. (1995). From joint attention to the meeting of minds: An introduction. In C. Moore & P. Dunham (Eds.), *Joint attention: Its origins and role in development* (pp. 1-14). Hillsdale, NJ: Erlbaum.

Bruner, J. S., & Koslowski, B. (1972). Visually preadapted constituents of manipulatory action. *Perception, 1*(1), 3-14.

Bugrimenko, E., & Smirnova, E. (1994). Paradoxes of children's play in Vygotsky's theory. In G. Cupchick & J. Laszlo (Eds.), *Emerging visions of the aesthetic process* (pp. 286-299). Cambridge: Cambridge University Press.

Bühler, K. (1930). *Ocherk dukhovnogo razvitija rebenka* [Outline of the mental development of the child]. Moscow: GUPI. (Original work published 1918).

Burns, S. M., & Brainerd, C. J. (1979). Effects of constructive and dramatic play on perspective taking in very young children. *Developmental Psychology, 15*(5), 512-521.

Byrne, R. W., & Russon, A. E. (1998). Learning by imitation: A hierarchical approach. *Behavioral and Brain Sciences, 21*, 667-721.

Campos, J., & Stenberg, C. (1981). Perception, appraisal, and emotion: The onset of social referencing. In M. Lamb & L. Sherrod (Eds.), *Infant social cognition: Empirical and theoretical considerations* (pp. 273-314). Hillsdale, NJ: Erlbaum.

Carlton, M. P., & Winsler, A. (1999). School readiness: The need for a paradigm shift. *School Psychology Review, 28*(3), 338-352.

Case, R. (1985). *Intellectual development: A systematic reinterpretation*. New York: Academic Press.

Cattell, R. B. (1980). The heritability of fluid, g-sub(f), and crystallized, gSub(C), intelligence, estimated by a least squares use of the MAVA method. *British Journal of Educational Psychology, 50*, 253-265.

Chaiklin, S. (2003). The zone of proximal development in Vygotsky's analysis of learning and instruction. In A. Kozulin, B. Gindis, V. S. Ageyev, & S. M. Miller (Eds.), *Vygotsky's educational theory in cultural context* (pp. 39-64). Cambridge: Cambridge University Press.

Chang-Wells, G. L. M., & Wells, G. (1993). Dynamics of discourse: Literacy and the construction of knowledge. In E. A. Forman, N. Minick, & C. A. Stone (Eds.), *Contexts for learning: Sociocultural dynamics in children's development* (pp. 58-90). New York: Oxford University Press.

Cheah, C. S. L., Nelson, L. J., & Rubin, K. H. (2001). Noncosial play as a risk factor in social and emotional development. In A. Göncó & E. Klein(Eds.), *Children in play, story, and school* (pp. 39-71). New York: Guilford Press.

Chi, M. T. H., Feltovich, P. J., & Glaser, R. (1981). Categorization and representation of physics problems by experts and novices. *Cognitive Science, 5,* 121-152.

Clayton, V. P., & Birren, J. E. (1980). The development of wisdom across the life span: A reexamination of an ancient topic. In P. B. Baltes & O. G. Brim, Jr. (Eds.), *Life-span development and behavior* (pp. 103-135). New York: Academic Press.

Cobb, P., & McClain, K. (2002). Supporting students' learning of Significant mathematical ideas. In G. Wells & G. Claxton (Eds.), *Learning for life in the 21st century: Sociocultural perspectives on the future of education* (pp. 154-166). Malden, MA: Blackwell.

Cobb, P., Wood, T., & Yackel, E. (1993). Discourse, mathematical thinking, and classroom practice. In E. A. Forman, N. Minick, & C. A. Stone (Eds.), *Contexts for learning: Sociocultural dynamics in children's development* (pp. 91-120). New York: Oxford University Press.

Cobb, P., Wood, T., Yackel, E., Nicholls, J., Wheatley, G., Trigatti, B., & Perlwitz, M. (1991). Assessment of a problem-centered second grade mathematics project. *Journal for Research in Mathematics Education, 22,* 3-29.

Cobb, P., Yackel, E., & Wood, T. (1992). A constructivist alternative to the representational view of mind in mathematics education. *Journal for Research in Mathematics Education, 23,* 2-33.

Cognition and Technology Group at Vanderbilt. (1990). Anchored instruction and its relationship to situated cognition. *Educational Researcher, 19*(6), 2-10.

Cognition and Technology Group at Vanderbilt. (1992). The Jasper experiment: An exploration of issues in learning and instructional design. *Educational Technology Research and Development, 40,* 65-80.

Cognition and Technology Group at Vanderbilt. (1994). From visual word problems to learning communities: Changing conceptions of cognitive research. In K. McGilly (Ed.), *Classroom lessons: Integrating cognitive theory and classroom practice* (pp. 157-200). Cambridge, MA: MIT Press.

Colby, A., Kohlberg, L., Gibbs, J., & Lieberman, M. (1983). A longitudinal study of moral judgment. *Monographs of the Society for Research in Child Development, Serial No 200,* 48 (1-2).

Cole, M. (1976). Foreword. In A. R. Luria, *Cognitive development: Its cultural and social foundations* (pp. xi-xvi). Cambridge, MA: Harvard University Press.

Cole, M. (1990). Cognitive development and formal schooling: The evidence from cross-cultural research. In L. C. Moll (Ed.), *Vygotsky and education: Instructional implications and applications of sociohistorical psychology* (pp. 89-110). Cambridge: Cambridge University Press.

Cole, M. (1991). Preface. In P. Tulviste, *The cultural-historical development of verbal thinking* (pp. IX-X). Commack, NY: Nova Science.

Cole, M. (1992). Culture in development. In M. H. Bornstein & M. E. Lamb (Eds.), *Developmental psychology* (pp. 731-789). Hillsdale, NJ: Erlbaum.

Cole, M. (1996). *Cultural psychology: A once and future discipline*. Cambridge, MA: Belknap Press of Harvard University Press.

Cole, M., & Cole, S. R. (1993). *The development of children* (2nd ed.). New York: Freeman.

Cole, M., & Cole, S. R. (2001). *The development of children* (4th ed.). New York: WOrth.

Cole, M., Gay, J., Glick, J. A., & Sharp, D. W. (1971). *The cultural context of learning and thinking: An exploration in experimental anthropology*. New York: Basic Books.

Cole, M., & Scribner, S. (1974). *Culture and thought: A psychological introduction*. New York: Wiley.

Connolly, J. A., & Doyle, A. B. (1984). Relation of social fantasy play to social competence in preschoolers. *Developmental Psychology, 20*(5), 797-806.

Connolly, K., & Dalgleish, M. (1993). Individual patterns of tool use by infants. In A. F. Kalverboer, B. Hopkins, & R. Geuze (Eds.), *Motor development in early and later childhood: Longitudinal approaches* (pp. 174-204). Cambridge: Cambridge University Press.

Cosmides, L., & Tooby, J. (1987). From evolution to behavior: Evolutionary psychology as the missing link. In J. Dupre (Ed.), *The latest on the best essays on evolution and optimality* (pp. 277-306). Cambridge, MA: MIT Press.

Cosmides, L., & Tooby, J. (1994). Origins of domain-specificity: The evolution of functional organization. In L. A. Hirschfeld & S. A. Gelman (Eds.), *Mapping the mind: Domain specificity in cognition and culture* (pp. 85-116). Cambridge: Cambridge University Press.

Cowles, J. T. (1937). Food-tokens as incentives for learning by chimpanzees. *Comparative Psychology Monographs, 14.*

Damon, W., & Hart, D. (1988). *Self-understanding in childhood and adolescence*. Cambridge: Cambridge University Press.

Davydov, V. V. (1986). *Problemy razvivayuschego obucheniya* [Problems of development-generating learning]. Moscow: Pedagogika.

Davydov, V. V. (1990). *Types of generalization in instruction*. Reston, VA: National Council of Teachers of Mathematics. (Original work published 1972)

Davydov, V. V. (1999). What is real learning activity? In M. Hedegaard & J. Lompscher (Eds.), *Learning activity and development* (pp. 123-138). Aarhus, Denmark: Aarhus University Press.

Davydov, V. V., Pushkin, V. N., & Pushkina, A. G. (1972). Zavisimost razvitiya myShleniya mladshikh shkolnikov ot kharaktera obucheniya [Dependence of the development of elementary-school students' thinking on the type of instruction]. *Voprosy Psikhologii, 6,* 124-132.

Detterman, D. K. (1993). The case for the prosecution: Transfer as an epiphenomenon. In D. K. Detterman & R. J. Sternberg (Eds.), *Transfer on trial: Intelligence, cognition, and instruction* (pp. 1-24). Norwood, NJ: Ablex.

Dewey, J. (1902). *The child and the curriculum.* Chicago: University of Chicago Press.

Dewey, J. (1963). *Experience and education.* New York: Collier Books. (Original work published 1938).

DiSessa, A. A. (1982). Unlearning Aristotelian physics: A study of knowledge-based learning. *Cognitive Science, 6,* 37-75.

Doise, W. (1988). On the social development of the intellect. In K. Richardson & S. Sheldon (Eds.), *Cognitive development to adolescence: A reader* (pp. 199-218). Hillsdale, NJ: Erlbaum.

Donaldson, M. (1978). *Children's minds.* London: Fontana.

Dubrovina, I. V. (1987). *Formirovanie lichnosti v perekhodnyi period ot podrostcovogo k iunoshkeskomu vozrastu* [Development of personality during the transitional period from adolescence to adulthood]. Moscow: Pedagogika.

Dunn, J., & Dale, N. (1984). I a daddy: 2-year-olds' collaboration in joint pretend with sibling and with mother. In I. Bretherton (Ed.), *Symbolic play: The development of social understanding* (pp. 131-158). Orlando, FL: Academic Press.

Dunn, J., & Wooding, C. (1977). Play in the home and its implications for learning. In B. Tizard & D. Harvey (Eds.), *Biology of play* (pp. 45-58). London: Heinemann.

Dush, D. M, Hirt, M. L., & Schroeder, H. E. (1989). Self-statement modification in the treatment of child behavior disorders: A meta-analysis. *Psychological Bulletin, 106*(1), 97-106.

Dyachenko, O. M. (1980). Formirovanie deistvii prostranstvennogo modelirovaniya v protsesse oznakomleniya doshkolnikov s detskoi khudozhestvennoi literaturoi [Formation of the actions of spatial modeling in the course of preschool children's becoming acquainted with children's literature]. In L. A. Venger (Ed.), *Problemy formirovaniya poznavatelnykh spocobnostei v doshkolnom vozraste* (pp. 47-55). Moscow: Izdatelstvo NIIOP APN SSSR.

Dyachenko, O. M. (1986). Formirovanie sposobnosti k naglyadnomu modelirovaniyu pri Oznakomlenii s detskoi khudozhestvennoi literaturoi [Formation of graphic modeling in the course of becoming acquainted with children's literature). In L. A. Venger (Ed.), *Razvitie poznavatelnykh sposobnostei v protsesse doshkolnogo vospitaniya* (pp. 94-113). Moscow: Pedagogika.

Ebstein, R. P., Benjamin, J., & Belmaker, R. H. (2003). Behavioral genetics, genomics, and personality. In R. Plomin, J. C. Defries, I. W. Craig, & P. McGuffin (Eds.), *Behavioral genetics in the postgenomic era* (pp. 365-388). Washington, DC: American Psychological Association.

Elagina, M. G. (1974). Vliyanie potrebnosti particheskigo sotrudnichestva so vzroslymi na razvitie aktivnoy rechi u detei rannego vozrasta [The influence of the need in practical collaboration with adults on the development of active speech in children in early age]. In M. I. Lisina (Ed.), *ObSchenie i ego vliyanie na razvitie psikhiki doshkolnika* (pp. 114-128). Moscow: Pedagogika.

Elagina, M. G. (1977). Vliyanie nekotorykh osobennostei obscheniya na vozniknovenie aktivnoi rechi v rannem bozraste [The influence of Some characteristics of communication on the emergence of active speech in early childhood). *Voprosy Psikhologii, 2,* 135-142.

Elias, C. L., & Berk, L. E. (2002). Self-regulation in young children: Is there a role for Sociodramatic play? *Early Childhood Research Quarterly, 17*(2), 216-238.

Elkind, D. (1987). *Miseducation: Preschoolers at risk.* New York: Knopf.

Elkind, D. (1990). Too much, too soon. In E. Klugman & S. Smilansky (Eds.), *Children's play and learning: Perspectives and policy implications* (pp. 3-17). New York: Teachers College Press.

Elkonin, D. B. (1948). Psikhologicheskie voprocy doshkolnoy igri (Psychological issues of preschool play]. In A. N. Leontiev & A. V. Zaporozhets (Eds.), *Voprosy psikhologii rebenka doshkolnogo vozrasta* (pp. 16-33). Moscow: Izdatelstvo APN RSFSR.

Elkonin, D. B. (1956). Nekotorye voprosy psikhologii usoeniya gramoty [Some psychological issues of learning literacy]. *Voprosy Psikhologii, 5,* 28-37.

Elkonin, D. B. (1960). *Detskaya psikhologiya* [Child psychology]. Moscow: Uchpedgiz.

Elkonin, D. B. (1972). Toward the problem of stages in the mental development of the child. *Soviet Psychology, 10,* 225-251. (Original work published 1971).

Elkonin, D. B. (1976). *Kak uchit detei chitat* [How to teach children to read]. MOSCOw: Znanie. Elkonin, D. B. (1978). *Psikhologiya igry* [Psychology of play]. Moscow: Pedagogika.

Elkonin, D. B. (1989). *Izbrannye psikhologicheskie trudy* [Selected psychological Works]. Moscow: Pedagogika.

Elkonin, D. B., & Davydov, V. V. (Eds.). (1966). *Vozrastnye vozmozhnosti usvoeniya Znanii* [Age-dependent potentialities of acquiring knowledge]. Moscow: Prosveschenie.

Elkonin, D. B., & Dragunova, T. V. (Eds.). (1967). *Vozrastnye i individualnye osobennosti mladshikh podrostkov* [Age-dependent and individual characteristics of young adolescents]. Moscow: Prosveschenie.

Elkonin, D. B., & Venger, A. L. (Eds.). (1988). *Osobennosti psikhicheskogo razvitiya detei 6-7-letnego vozrasta* [Characteristics of mental development of sixto seven-year-old children]. Moscow: Pedagogika.

Emde, R. N. (1992). Social referencing research: Uncertainty, self, and the Search for meaning. In S. Feinman (Ed.), *Social referencing and the social construction of reality in infancy* (pp. 79-94). New York: Plenum Press.

Erikson, E. H. (1963). *Childhood and society.* New York: Norton.

Erikson, E. H. (1968). *Identity, youth, and crisis.* New York: Norton.

Ervin, R. A., Bankert, C. L., & DuPaul, G.J. (1996). Treatment of attention-deficit/ hyperactivity disorder. In M. A. Reinecke & F. M. Dattilio (Eds.), *Cognitive therapy with children and adolescents: A casebook for clinical practice* (pp. 38-61). New York: Guilford Press.

Eysenck, H. J. (1985). Revolution in the theory and measurement of intelligence. *Psychological Assessment, 1*(1-2), 99-158.

Fantuzzo, J., & McWayne, C. (2002). The relationship between peer-play interactions in the family context and dimensions of School readiness for low-income preschool children. *Journal of Educational Psychology, 94*(1), 79-87.

Fein, G. (1975). A transformational analysis of pretending. *Developmental Psychology, 1*(3), 291-296.

Fein, G. G. (1981). Pretend play in childhood: An integrative review. *Child Development, 52,* 1095-1118.

Feinman, S., & Lewis, M. (1983). Social referencing at ten months: A second-order effect on infants' responses to strangers. *Child Development, 54,* 878-887.

Feinman, S. (Ed.). (1992). Social referencing and the social construction of reality in infancy. New York: Plenum Press.

Feinman, S., Roberts, D., Hsieh, K. F., Sawyer, D., & Swanson, D. (1992). A critical review of social referencing in infancy. In S. Feinman (Ed.), *Social referencing and the social construction of reality in infancy* (pp. 15-54). New York: Plenum Press.

Feitelson, D. (1977). Cross-cultural studies of representational play. In B. Tizard & D. Harvey (Eds.), *Biology of play* (pp. 6-14). London: Heinemann Medical Books.

Fenson, L. (1984). Developmental trends for action and speech in pretend play. In I. Bretherton (Ed.), *Symbolic play: The development of social understanding* (pp. 249-270). Orlando, FL: Academic Press.

Fiese, B. (1990). Playful relationships: A contextual analysis of mother-toddler interaction and symbolic play. *Child Development, 61,* 1648-1656.

Figurin, N. L., & Denisova, M. P. (1949). *Etapy razvitiya povediniya detei v vozraste ot rozhdeniya do odnogo goda* [The stages of development of children's behavior from birth to one year]. Moscow: Medgiz.

Filippova, E. V. (1976). O psikhologicheskikh mekhanizmakh perekhoda k operatsionalnoi stadii razvitiya intellekta u detei doshkolnogo vozrasta [The psychological mechanism of transition to the operational stage of intellectual development in preschool children], *Voprosy Psikhologii, 1,* 82-92.

Fisher, E. P. (1992). The impact of play on development: A meta-analysis. *Play and Culture, 5*(2), 159-181.

Flavell, J. H. (1976). Metacognitive aspects of problem solving. In L. B. Resnick (Ed.), *The nature of intelligence* (pp. 231-235). Hillsdale, NJ: Erlbaum.

Fradkina, F. I. (1946). *Psikhologiya igry w rannem detstve* [Psychology of play in early childhood]. Unpublished doctoral dissertation, Leningrad, Russia.

Fradkina, F. I. (1955). Vozniknowenie rechiu rebenka (The emergence of children's speech]. *Uchenye Zapiski LGPI, 12,* 396-402.

Fraiberg, S. H. (1974). Blind infants and their mothers: An examination of the sign System. In M. Lewis & L. A. Rosenblum (Eds.), *The effect of the infant on its caregiver* (pp. 215-232). New York: John Wiley.

Frankel, K. A., & Bates, J. E. (1990). Mother-toddler problem solving: Antecedents in attachment, home behavior, and temperament. *Child Development, 61,* 810-819.

Frauenglass, M. H., & Diaz, R. M. (1985). Self-regulatory functions of children's private speech: A critical analysis of recent challenges to Vygotsky's theory. *Developmental Psychology, 21,* 357-364.

Freud, A. (1927). *Vvedenie v tekhniku detskogo psikhoanaliza* [Introduction to the technique of child psychoanalysis]. Odessa: Poligraf.

Freud, A. (1958). Adolescence. *Psychoanalytic Study of the Child, 15,* 255-278.

Freud, A. (1968). Adolescence. In A. E. Winder & D. Angus (Eds.), *Adolescene: Contemporary studies* (pp. 13-24). New York: American Book.

Freud, A. (1969). Adolescence as a developmental disturbance. In G. Caplan & S. Lebovici (Eds.), *Adolescence: Psychosocial perspectives* (pp. 5-10). New York: Basic Books.

Freud, S. (1954). *Collected works.* London: Hogarth Press.

Freud, S. (1955). Beyond the pleasure principle. In J. Strachey (Ed.), *The standard edition of the complete psychological works of Sigmund Freud.* London: Hogarth Press. (Original work published 1920).

Freud, S. (1964). An outline of psychoanalysis. In J. Strachey (Ed.), *The standard edition of the complete psychological works of Sigmund Freud.* London: Hogarth Press. (Original work published 1940).

Freud, S. (1965). *A general introduction to psychoanalysis.* New York: Washington Square Press. (Original work published 1920).

Gagné, R. M. (1966). Varieties of learning and the concept of discovery. In L. S. Shulman & E. R. Keislar (Eds.), *Learning by discovery: A critical appraisal* (pp. 135-150). Chicago: Rand McNally.

Galperin, P. Ya. (1937). *Psikhologicheskoe razlichie orudii cheloveca i vspomogatelnykh Sredstv u zhivotnykh lego znachenie* [Psychological difference between tools of humans and auxiliary means of animals, and its significance]. Unpublished doctoral dissertation, Kharkov, Russia.

Galperin, P. Ya. (1957). Umstvennoe deistviye kak osnova formirovaniya myslii obraza [Mental act as the basis for formation of thought and image]. *Voprosy Psikhologii, 6,* 58-69.

Galperin, P. Ya. (1966). K ucheniyu ob interiorizacii [On the concept of internalization]. *Voprosy Psikhologii, 6,* 25-32.

Galperin, P. Ya. (1969). Stages in the development of mental acts. In M. Cole & I. Maltzman (Eds.), *A handbook of contemporary Soviet psychology* (pp. 34-61). New York: Basic Books.

Galperin, P. Ya. (Ed.). (1977). *Upravlyaemoe formirovanie psikhicheskikh protsessov* (Guided formation of the mental processes]. Moscow: Izdatelstvo MGU.

Galperin, P. Ya. (1985). *Metody obucheniya i umstvennoe razvitie rebenka* [Methods of instruction and the child's mental development]. Moscow: Izdatelstvo MGU.

Galperin, P. Ya., & Elkonin, D. B. (1967). Posleslovie: Zh. Piazhe k analizu teorii o razvitii detskogo myshleniya [Afterword: Analysis of Piaget's theory of the development of child's thinking]. In J. Flavell, *Geneticheskaya psikhologiya Zhana Piazhe* (pp. 596-621). Moscow: Prosvecshenie.

Galperin, P. Ya., & Talyzina, N. F. (1961). Formation ofelementary geometrical concepts and their dependence on directed participation by the pupils. In N. O'Connor (Ed.), *Recent Soviet psychology* (pp. 247-272). New York: Liveright. (Original work published 1957)

Galperin, P. Ya ., & Talyzina, N. F. (Eds.). (1972). *Upravlenie poznavatelnoi deyatelnostyu uchaschikhsya* (Guidance of cognitive activity of students]. MOSCOW: Izdatelstvo MGU.

Galperin, P. Ya., Zaporozhets, A. V., & Elkonin, D. B. (1963). Problemy formirovaniya znanii i umenii u shkolnikov i novye metody obucheniya v Shkole [The problems of formation of knowledge and skills in schoolchildren and the new methods of instruction at school]. *Voprosy Psikhologii, 5,* 61-72.

Galton, F. (1883). Inquires into human faculty and its development. London: Macmillan

Gardiner, H. W., & Kosmitzki, C. (2002). *Lives across cultures: Cross-cultural human development.* Boston: Allyn & Bacon.

Gauvain, M. (2001). *The social context of cognitive development.* New York: Guilford Press.

Geary, D. C. (1995). Reflections of evolution and culture in children's cognition: Implications for mathematical development and instruction. *American*

Psychologist, 50(1), 24-37.

Gesell, A. (1933). Maturation and the patterning of behavior. In C. Murchison (Ed.), *A handbook of child psychology* (pp. 209-235). Worcester, MA: Clark University Press.

Glaubman, R., Kashi, G., & Koresh, R. (2001). Facilitating the narrative quality of sociodramatic play. In A. Göncö & E. Klein (Eds.), *Children in play, story, and school* (pp. 132-157). New York: Guilford Press.

Göncü, A. (1993). Development of intersubjectivity in the dyadic play of preschoolers. *Early Childhood Research Quarterly, 8,* 99-116.

Goodall, J. (1986). *The chimpanzees of Gombe: Patterns of behavior.* Cambridge, MA: Belknap Press of Harvard University Press.

Greenough, W. T., & Black, J. E. (1992). Induction of brain structure by experience: Substrates for cognitive development. In M. R. Gunnar & C. A. Nelson (Eds.), *Developmental behavioral neuroscience* (pp. 155-200). Hillsdale, NJ: Erlbaum.

Gregor, T. (1977). *Mehinaku: The drama of daily life in a Brazilian Indian village.* Chicago: University of Chicago Press.

Griffing, P. (1980). The relationship between socioeconomic status and Sociodaramatic play among black kindergarten children. *Genetic Psychology Monographs, 101*(1), 3-34.

Grotevant, H. D., & Cooper, C. R. (1998). Individuality and connectedness in adolescent development: Review and prospects for research on identity, relationships, and context. In E. E. A. Skoe & A. L. von der Lippe (Eds.), *Personality development in adolescence: A cross national and lifespan perspective* (pp. 3-37). New York: Routledge.

Guddemi, M., & Jambor, T. (Eds.). (1993). *A right to play.* Little Rock, AR: Southern Early Childhood Association.

Haan, N., Weiss, R., & Johnson, V. (1982). The role of logic in moral reasoning and development. *Developmental Psychology, 18,* 245-256.

Haenen, J. (1996). *Piotr Gal'perin: Psychologist in Vygotsky's footsteps.* Commack, NY: Nova Science.

Haight, W. L., & Miller, P. J. (1993). *Pretending at home: Early development in a sociocultural context.* Albany: State University of New York Press.

Hall, G. S. (1904). *Adolescence.* New York: Appleton-Century-Grofts.

Hanson, N. R. (1970). A picture theory of theory meaning. In R. G. Colodny (Ed.), *The nature and function of scientific theories* (pp. 233-273). Pittsburgh: University of Pittsburgh Press.

Harlow, H. F. (1959). Love in infant monkeys. *Scientific American, 200*(6), 68-74.

Harlow, H. F. (1961). The development of affectional patterns in infant monkeys. In B. M. Foss (Ed.), *Determinants of infant behavior, Vol. 1* (pp. 75-88). New York: Wiley.

Harlow, H. F., & Harlow, M. K. (1966). Learning to love. *American Scientist, 54,* 244-272.

Harris, P. L., & Kavanaugh, R. D. (1993). *Young children's understanding of pretence.* Monograph of the Society for Research in Child Development, 58M, Serial No. 231.

Harris, S., Mussen, P. H., & Rutherford, E. (1976). Some cognitive, behavioral, and personality correlates of maturity of moral judgment. *Journal of Genetic Psychology, 128,* 123-135.

Harter, S. (1999). *The construction of the self: A developmental perspective.* New York: Guilford Press.

Haywood, H. C. (1989). Multidimensional treatment of mental retardation. *Psychology in Mental Retardation and Developmental Disabilities, 15*(1), 1-10.

Haywood, H. C., & Tzuriel, D. (Eds.). (1992). *Interactive assessment.* New York: Springer-Verlag.

Haywood, H. C., Tzuriel, D., & Vaught, S. (1992). Psychoeducational assessment from a transactional perspective. In H. C. Haywood & D. Tzuriel (Eds.), *Interactive assessment* (pp. 38-63). New York: Springer-Verlag.

Heller, J. I., & Gordon, A. (1992). Lifelong learning. *Educator, 6*(1), 4-19.

Hetherington, E. M., & McIntyre, C. W. (1975). Developmental psychology. *Annual Review of Psychology, 26,* 97-136.

Hiebert, J., & Wearne, D. (1985). A model of students' decimal computation procedures. *Cognition and Instruction, 2,* 175-205.

Homskaya, E. D. (2001). *Alexander Romanovich Luria: A Scientific biography.* New York: Kluwer Academic/Plenum.

Huttenlocher, J., & Higgins, E. T. (1978). Issues in the study of symbolic development. In W. A. Collins (Ed.), *Minnesota Symposia on Child Psychology, Vol. 11* (pp. 98-140). Hillsdale, NJ: Erlbaum.

Inhelder, B., & Piaget, J. (1958). *The growth of logical thinking from childhood to adolescence: An essay on the construction of formal operational structures.* New York: Basic Books. (Original work published 1955).

Inoue-Nakamura, N., & Matsuzawa, T. (1997). Development of stone tool use by wild chimpanzees (Pan troglodytes). *Journal of Comparative Psychology, 111*(2), 159-173.

Istomina, Z. M. (1948). Razvitie proizvolnoj pamayti u detei v doshkolnom vozraste [The development of voluntary memory in preschoolers]. In A. N. Leontiev & A. V. Zaporozhets (Eds.), *Voprosy psikhologii rebenka doshkolnogo vozrasta* (pp. 65-80). Moscow: Izdatelstvo APN RSFSR.

Jamieson, J. R. (1995). Visible thought: Deaf children's use of signed and spoken private speech. *Sign Language Studies, 86,* 63-80.

Jennings, K., Harmon, R., Morgan, G., Gaiter, J., & Yarrow, L. (1979). Exploratory play as an index of mastery motivation: Relationships to persistence, cognitive functioning, and environmental measures. *Developmental Psychology, 15*(4), 386-394.

Jensen, A. R. (1982). Reaction time and psychometric g. In H. J. Eysenck (Ed.), *A model for intelligence* (pp. 93-132). New York: Springer-Verlag.

Jensen, A. R. (1998), *The g factor: The science of mental ability.* New York: Praeger.

Johnson, J. E., Christie, J. F., & Yawkey, T. D. (1987). *Play and early childhood development.* Glenview, IL: Scott, Foresman.

Johnston, T. D. (1994). Genes, development, and the "innate" structure of the mind. *Behavioral and Brain Sciences, 17,* 721-722.

Kagan, J., & Snidman, N. (1991). Temperamental factors in human development. *American Psychologist, 46*(8), 856-862.

Kandel, D. B., & Lesser, G. S. (1972). *Youth in two worlds: United States and Denmark.* San Francisco: Jossey-Bass.

Karmiloff-Smith, A. (1993). Self-organization and cognitive change. In M. H. Johnson (Ed.), *Brain development and cognition: A reader* (pp. 592-618). Malden, MA: Blackwell.

Karpov, Y. V. (1995). L. S. Vygotsky as the founder of a new approach to instruction. *School Psychology International, 16,* 131-142.

Karpova, S. N., & Lysyuk, L. G. (1986). *Igra i nravstvennoe razvitie doshkolnikov* [Play and moral development of preschoolers]. Moscow: Izdatelstvo MGU.

Kaverina, E. K. (1950). *O razvitii rechi detei pervykh dvukh let zhizni* [On the development of child's speech in the first two years of life]. Moscow: Medgiz.

Kistyakovskaya, M. U. (1970). *Razvitie dvizheniay u detei pervogo goda zhizni* [The development of motor skills in infants]. Moscow: Pedagogika.

Kluwe, R. H. (1987). Executive decisions and regulation of problem solving behavior. In F. E. Weinert & R. H. Kluwe (Eds.), *Metacognition, motivation, and understanding* (pp. 31-63). Hillsdale, NJ: Erlbaum.

Kohlberg, L. (1981). *The philosophy of moral development.* San Francisco: Harper & Row.

Kohlberg, L. (1984). *The psychology of moral development.* San Francisco: Harper & Row.

Köhler, W. (1930). *Issledovanie intellecta chelovekoobraznykh obezian* [The study of apes' intellegence]. Moscow: Izdatelstvo Kommunisticheskoy Academii.

Kozulin, A. (1984). *Psychology in Utopia: Toward a social history of Soviet psychology.* Cambridge, MA: MIT Press.

Kozulin, A. (1986). The concept of activity in Soviet psychology: Vygotsky, his disciples and critics. *American Psychologist, 41*(3), 264-274.

Kozulin, A. (1990). *Vygotsky's psychology: A biography of ideas.* Cambridge, MA:

Harvard University Press.

Kozulin, A. (1998). *Psychological tools: A sociocultrural approach to education*. Cambridge, MA: Harvard University Press.

Kravtsov, G. G., & Kravtsova, E. E. (1987). *Shestiletniy rebenok: Psikhologicheskaya gotovnoct k shkole* [Six-year-old child: Psychological school readiness]. Moscow: Znanie.

Kuczaj, S. A., II, Borys, R. H., & Jones, M. (1989). On the interaction of language and thought: Some thoughts on developmental data. In A. Gellatly, D. Rogers, & J. A. Sloboda (Eds.), *Cognition and the social world* (pp. 168– 189). New York: Oxford University Press.

Kuhn, D. (1992). Cognitive development. In M. H. Bornstein & M. E. Lamb (Eds.), *Developmental psychology* (pp. 211-273). Hillsdale, NJ: Erlbaum.

Ladygina-Kohts, N. N. (1935). *Ditya Shimpanze I ditya cheloveka* [The child of an ape and the child of a human]. Moscow: Izdatelstvo Muzeya Darvina.

Lancy, D. F. (2002). Cultural constrains on children's play. In J. L. Roopnarine (Ed.), *Conceptual, social-cognitive, and contextual issues in the fields of play* (pp. 53-60). Westport, CT: Ablex.

La Paro, K. M., & Pianta, R. C. (2000). Predicting children's competence in the early School years: A meta-analytic review. *Review of Educational Research, 70*(4), 443–484.

Larson, R., & Richards, M. H. (1994). *Divergent realities: The emotional lives of mothers, fathers, and adolescents*. New York: Basic Books.

Lekhtman-Abramovich, R. Ya., & Fradkina, F. I. (1949). *Etapy razvitiya igry i deistviy s predmetami v rannem Vozraste* [Stages of development of play and manipulation of objects in early childhood]. Moscow: Medgiz.

Leonard, L. (1998). *Children with specific language impairment*. Cambridge, MA: MIT Press.

Leontiev, A. N. (1931). *Razvitie pamyati: Eksperimentalnoe issledovanie vysshikh sikhologicheskikh funktsii* [Memory development: Experimental study of higher mental processes]. Moscow: GUPI.

Leontiev, A. N. (1959). *Problemy razvitiya psikhiki* [Problems of mental development]. Moscow: Izdatelstvo APN RSFSR.

Leontiev, A. N. (1964). *Problems of mental development*. Washington, DC: US Joint Publication Research Service. (Original work published 1959)

Leontiev, A. N. (1978). *Activity, consciousness, and personality*. Englewood Cliffs, NJ: Prentice Hall. (Original work published 1975)

Leontiev, A. N. (1981). The problem of activity in psychology. In J. V. Wertsch (Ed.), *The concept of activity in Soviet psychology* (pp. 37-71). Armonk, NY: Sharpe. (Original work published 1972)

Leontiev, A. N. (1983). Ovladenie uchaschimisya nauchnymi poniatiyami kak problema pedagogicheskoi psikhologii Mastering Scientific concepts by students as a problem of educational psychology]. In A. N. Leontiev, *Izbrannye psikhologicheskie proizvedeniya, Tom 1* (pp. 324-347). Moscow: Pedagogika.

Leontiev, A. N., & Luria, A. R. (1968). The psychological ideas of L. S. Vygotskii. In B. B. Wolman (Ed.), *Historical roots of contemporary psychology* (pp. 338-367). New York: Harper & Row.

Lerner, R. M., & Villarruel, F. A. (1996). Adolescence. In E. DeCorte & F. E. Weinert (Eds.), *International encyclopedia of developmental and instructional psychology* (pp. 130-136). New York: Elsevier Science.

Levin, D. (1998). Play with violence: Understanding and responding effectively. In D. P. Fromberg & D. Bergen (Eds.), *Play from birth to twelve and beyond: Contexts, perspectives, and meanings* (348-356). New York: Garland.

Lidz, C., & Elliott, J. G. (Eds.). (2000). *Dynamic assessment: Prevailing models and applications.* New York: Elsevier Science.

Lisina, M. I. (1974). Vliyanie obscheniya so vzroslym na razvitie rebenka pervogo polugodiya zhizni [The influence of communication with adults on the development of children during the first six months of life]. In A. V. Zaporozhets & M. I. Lisina (Eds.), *Razvitie obscheniya u doshkolnikov* (pp. 65-112). Moscow: Pedagogika.

Lisina, M. I. (Ed.). (1985). *Obschenie i rech: Razvitie rechi u detei v obschenii so vzroslymi* (Communication and Speech: The development of children's Speech in the course of communication with adults]. Moscow: Pedagogika.

Lisina, M. I. (1986). *Problemy ontogeneza obscheniya* [Problems of the ontogenesis of communication]. Moscow: Pedagogika.

Loehlin, J. C., Willerman, L., & Horn, J. M. (1988). Human behavior genetics. *Annual Review of Psychology, 39,* 101-133.

Luciano, M., Wright, M. J., Smith, G. A., Geffen, G. M., Geffen, L. B., & Martin, N. G. (2003). Genetic covariance between processing speed and IQ. In R. Plomin, J. C. Defries, I. W. Craig, & P. McGuffin (Eds.), *Behavioral genetics in the postgenomic era* (pp. 163-181). Washington, DC: American Psychological Association.

Lukov, G. D. (1937). *Ob osoznanii rebenkom rechi v protsese igry* [To child's realization of language in the course of play]. Unpublished doctoral dissertation, Leningrad, Russia.

Luria, A. R. (1936). The development of mental functions in twins. *Character and Personality, 5,* 35-47.

Luria, A. R. (1961). *The role of speech in the regulation of normal and abnormal behavior.* Oxford, England: Pergamon Press.

Luria, A. R. (1962). *Vysshie korkovye funktsii cheloveka i ikh narusheniya pri lokalnykh porazheniyakh mozga* [Higher cortical functions in man and their disorganization under local damages of the brain]. Moscow: Izdatelstvo MGU.

Luria, A. R. (1976). *Cognitive development: Its cultural and social foundations.* Cambridge, MA: Harvard University Press. (Original work published 1974).

Luria, A. R. (1979). *The making of mind: A personal account of Soviet psychology.* Cambridge, MA: Harvard University Press.

Luria, A. R., & Yudovich, F. Ya. (1956). *Rech i razvitie psikhicheskikh processov u rebenka* [Speech and the development of child's mental processes]. Moscow: Izdatelstvo APN RSFSR.

Lyamina, G. M. (1960). Razvitie ponimamiya rechi u detei vtorogo goda Zhizni [The development of understanding of speech by 2-year-old children]. *Voprosy Psikhologii, 3,* 106-121.

Main, M. (1983). Exploration, play, and cognitive functioning related to infant-mother attachment. *Infant Behavior and Development, 6,* 167-174.

Maksimov, L. K. (1979). Zavisimost razvitiya matematicheskogo myshleniya shkolnikov ot kharaktera obucheniya [Dependence of the development of students' mathematical reasoning on the instructional methods]. *Voprosy Psikhologii, 2,* 57-65.

Manuilenko, Z. V. (1948). Razvitie proizvolnogo povedeniya u detei goshkolnogo vozrasta [The development of voluntary behavior in preschoolers]. *Izvestiya APN RSFSR, 14,* 43-51.

Markova, A. K. (1975). *Psikhologiya obucheniya podrostka* [Psychology of adolescent learning]. Moscow: Znanie.

Marshall, H. R. (1961). Relations between home experiences and children's use of language in play interactions with peers. *Psychological Monographs, 75*(5), no. 509.

Matas, L., Arend, R., & Sroufe, L. A. (1978). Continuity of adaptation in the second year: The relationship between quality of attachment and later competence. *Child Development, 49,* 547-556.

Matsuzawa, T., BirO, D., Humle, T., Inoue-Nakamura, N., Tonooka, R., & Yamakoshi, G. (2001). Emergence of culture in wild chimpanzees: Education by master-apprenticeship. In T. Matsuzawa (Ed.), *Primate origins of human cognition and behavior* (pp. 557-574). New York: Springer Verlag.

Mayer, R. E. (2004). Should there be a three-strikes rule against pure discovery learning? *American Psychologist, 59*(1), 14-19.

McCune-Nicolich, L. (1977). Beyond sensorimotor intelligence: Assessment of symbolic maturity through analysis of pretend play. *Merrill-Palmer Quarterly, 33*(2), 89-99.

McGrew, W. C. (1992). *Chimpanzee material culture: Implications for human evolution.* Cambridge: Cambridge University Press.

Mead, M. (1930). *Growing up in New Guinea.* Oxford, England: Morrow.

Mead, M. (1973). *Coming of age in Samoa: A psychological study of primitive youth*. New York: American Museum of Natural History. (Original work published 1928).

Meichenbaum, D. H., & Goodman, J. (1971). Training impulsive children to talk to themselves: A means of developing self-control. *Journal of Abnormal Psychology, 77*(2), 115-126.

Meins, E. (1997). *Security of attachment and the social development of cognition*. East Sussex: Psychology Press.

Mikhailenko, N. Ya. (1975). *Formirovanie syuzhetno-rolevoi igry y rannem vozraste* [The development of role play during the Second and third years of life). Unpublished doctoral dissertation, Leningrad, Russia.

Miller, P., & Garvey, C. (1984). Mother-baby role play: Its origins in Social support. In I. Bretherton (Ed.), *Symbolic play: The development of social understanding* (pp. 101–130). Orlando, FL: Academic Press.

Morine, H., & Morine, G. (1973). *Discovery: A challenge to teachers*. Englewood Cliffs, NJ: Prentice Hall.

Moshman, D. (1999). *Adolescent psychological development: Rationality, morality, and identity*. Mahwah, NJ: Erlbaum.

Moss, E. (1992). The socioaffective context of joint cognitive activity. In L. T. Winegar & J. Valsiner (Eds.), *Children's development within social context: Vol. 2, Research and Methodology* (pp. 117–154). Hillsdale, NJ: Erlbaum.

Muir, D., & Field, J. (1979). Newborn infants orient to sounds. *Child Development, 50,* 431-436.

Nagell, K., Olguin, K., & Tomasello, M. (1993). Process of social learning in tool use of chimpanzees (Pan troglodytes) and human children (Homo sapiens), *Journal of Comparative Psychology, 107,* 174-186.

Nedospasova, V. A. (1972). *Psikhologicheskii mekhanizm preodoleniya "tcentratcii" v mishlenii detei doshkolnogo vozrasta* [The psychological mechanism for overcoming "centration" in preschoolers' thinking]. Unpublished doctoral dissertation, Moscow, Russia.

Newson, J. (1979). The growth of shared understanding between infant and caregiver. In M. Bullowa (Ed.), *Before speech: The beginning of interpersonal communication* (pp. 207-222). Cambridge: Cambridge University Press.

Ninio, A., & Bruner, J. S. (1978). The achievements and antecedents of labelling. *Journal of Child Language, 5,* 1-15.

Normandeau, S., & Guay, F. (1998). Preschool behavior and first-grade school achievement: The mediational role of cognitive self-control. *Journal of Educational Psychology, 90,* 111-121.

Novick, L. R. (1988). Analogical transfer, problem similarity, and expertise. *Journal of Experimental Psychology: Learning, Memory, and Cognition, 14,* 510-520.

O'Connell, B., & Bretherton, I. (1984). Toddler's play, alone and with mother: The role of maternal guidance. In I. Bretherton (Ed.), *Symbolic play: The development of social understanding* (pp. 337-368). Orlando, FL: Academic Press.

O'Reilly, A. W., & Bornstein, M. N. (1993). Caregiver-child interaction in play. In M. N. Bornstein & A. Watson O'Reilly (Eds.), *The role of play in the development of thought* (pp. 55-66). San Francisco: Jossey-Bass.

Olson, S. L., Bayles, K., & Bates, J. E. (1986). Mother-child interaction and children's speech progress: A longitudinal study of the first two years. *Merrill-Palmer Quarterly, 32*, 1-20.

Ormrod, J. E. (1995). *Human learning*. Englewood Cliffs, NJ: Prentice Hall.

Palincsar, A. S., & Brown, A. L. (1984). Reciprocal teaching of comprehension-fostering and comprehension-monitoring activities. *Cognition and Instruction, 1*, 117-175.

Palincsar, A. S., Brown, A. L., & Campione, J. C. (1993). First-grade dialogues for knowledge acquisition and use. In E. A. Forman, N. Minick, & C. A. Stone (Eds.), *Contexts for learning: Sociocultural dynamics in children's development* (pp. 43-57). New York: Oxford University Press.

Palkes, H., Stewart, M., & Kahana, B. (1968). Porteus maze performance of hyperactive boys after training in self-directed verbal commands. *Child Development, 39*(3), 817-826.

Panofsky, C. P., John-Steiner, V., & Blackwell, P. J. (1992). The development of scientific concepts and discourse. In L. C. Moll (Ed.), *Vygotsky and education: Instructional implications of sociohistorical psychology* (pp. 251-270). Cambridge: Cambridge University Press.

Pantina, N. S. (1957). Formirovanie dvigatelnogo navyka pisma v zavisimosti ot tipa orientirovki v zadanii [Formation of writing skills depending on the type of task orientation]. *Voprosy Psikhologii, 4*, 117-132.

Parritz, R. H., Mangelsdorf, S., & Gunnar, M. R. (1992). Control, social referencing, and the infant's appraisal of threat. In S. Feinman (Ed.), *Social referencing and the social construction of reality in infancy* (pp. 209-228). New York: Plenum Press.

Pascual-Leone, J. (1970). A mathematical model for transition in Piaget's developmental stages. *Acta Psycholologica, 32*, 301-345.

Petersen, A. C. (1988). Adolescent development. *Annual Review of Psychology, 39*, 583-607.

Piaget, J. (1952). *The origins of intelligence in children*. New York: International University Press. (Original work published 1936).

Piaget, J. (1955). *The child's construction of reality*. London: Routledge and Kegan Paul.

Piaget, J. (1959). *The language and thought of the child*. London: Routledge and Kegan Paul. (Original work published 1923)

Piaget, J. (1962). *Play, dreams, and imitation in childhood*. New York: Norton. (Original work published 1945)

Piaget, J. (1965). *The moral judgment of the child*. New York: Free Press. (Original work published 1932)

Piaget, J. (1970). *Science of education and psychology of the child*. New York: Oxford University Press.

Piaget, J. (1971a). *Biology and knowledge*. Edinburgh, Scotland: Edinburgh Press.

Piaget, J. (1971b). The theory of stages in cognitive development. In D. R. Green, M. P. Ford, & G. B. Flamer (Eds.), *Measurement and Piaget* (pp. 1-11). New York: McGraw-Hill.

Piaget, J., Gellerier, G., & Langer, J. (1988). Extracts from Piaget's theory. In K. Richardson & S. Sheldon (Eds.), *Cognitive development to adolescence: A reader* (pp. 3-18). Hillsdale, NJ: Erlbaum. (Original work published 1970)

Plomin, R. (1989). Environment and genes: Determinants of behavior. *American Psychologist, 44*(2), 105-111.

Plomin, R., DeFries, J. C., & Fulker, D. W. (1988). *Nature and nurture during infancy and early childhood*. Cambridge: Cambridge University Press.

Popova, M. I. (1968). Osobennosti rechevykh proayavlenini detei pervogo polugodiya vtorogo goda zhizni [Characteristics of children's speech during the first half of the second year of life]. *Voprosy Psikhologii, 4*, 116-122.

Posthuma, D., de Geus, E. J. C., & Boomsma, D. I. (2003). Genetic contributions to anatomical, behavioral, and neurophysiological indices of cognition. In R. Plomin, J. C. Defries, I. W. Craig, & P. McGuffin (Eds.), *Behavioral genetics in the postgenomic era* (pp. 141-161). Washington, DC: American Psychological Association.

Pratt, M. W., Golding, G., & Hunter, W.J. (1983). Aging as ripening: Character and consistency of moral judgment in young, mature, and older adults. *Human Development, 26*, 277-288.

Prawat, R. S. (1995). Misreading Dewey: Reform, projects, and the language game. *Educational Researcher, 24*(7), 13-22.

Provenzo, E. F., Jr. (1998). Electronically mediated playscapes. In D. P. Fromberg & D. Bergen (Eds.), *Play from birth to twelve and beyond: Contexts, perspectives, and meanings* (513-518). New York: Garland.

Pyle, R. P. (2002). Best practices in assessing kindergarten readiness. *California School Psychologist, 7*, 63-73.

Rest, J. R., & Narvaez, D. (1991). The college experience and Illoral development. In W. M. Kurtines & J. L. Gewitz (Eds.), *Handbook of moral behavior and development* (Vol. 2, pp. 229-245). Hillsdale, NJ: Erlbaum.

Richardson, K. (1998). *Models of cognitive development*. East Sussex: Psychology Press.

Rogoff, B., Malkin, C., & Gilbride, K. (1984). Interaction with babies as guidance in development. In B. Rogoff & J. V. Wertsch (Eds.), *Children's learning in the "zone of proximal development"* (pp. 31-44). San Francisco: Jossey-Bass.

Rogoff, B., Mistry, J., Radziszewska, B., & Germond, J. (1992). Infants' instrumental Social interaction with adults. In S. Feinman (Ed.), *Social referencing and the social construction of reality in infancy* (pp. 327-348). New York: Plenum Press.

Rosen, C. E. (1974). The effects of sociodramatic play on problem-solving behavior among culturally disadvantaged preschool children. *Child Development, 45*, 920-927.

Rowe, D.C. (2003). Assessing genotype-environment interactions and correlations in the postgenomic era. In R. Plomin, J. C. Defries, I. W. Craig, & P. McGuffin (Eds.), *Behavioral genetics in the postgenomic era* (pp. 71-86). Washington, DC: American Psychological Association.

Rozengard-Pupko, G. L. (1948). *Rech i razvitie vospriyatiya V rannem vozraste* [Language and the development of perception in early age]. Moscow: Izdatelstvo AMIN SSSR.

Rozengard-Pupko, G. L. (1963), *Formirovanie rechi u detei rannego vozrasta* [The development of speech in young children]. Moscow: Izdatelstvo APN RSFSR.

Rubin, K.H., Fein, G. G., & Vandenberg, B. (1983). Play. In E. M. Hetherington (Ed.), *Handbook of child psychology, Vol. 4: Socialization, personality, and social development* (pp. 693-774). New York: Wiley.

Russon, A. E. (1999). Orangutans' imitation of tool use: A cognitive interpretation. In S. T. Parker, R. W. Mitchell, & H. L. Miles (Eds.), *The mentalities of gorillas and orangutans* (pp. 117-146). Cambridge: Cambridge University Press.

Salmina, N. G., & Sokhina, V. P. (1975). *Obuchenie matematike v nachalnoi shkole* [Teaching mathematics in elementary school]. Moscow: Pedagogika.

Saltz, E., Dixon, D., & Johnson, J. (1977). Training disadvantaged preschoolers on various fantasy activities: Effects on cognitive functioning and impulse control. *Child Development, 48*(2), 367-380.

Scardamalia, M., Bereiter, C., & Lamon, M. (1994). The CSILE project: Trying to bring the classroom into World 3. In K. McGilly (Ed.), *Classroom lessons: Integrating cognitive theory and classroom practice* (pp. 202-228), Cambridge, MA: MIT Press.

Scarr, S. (1992). Developmental theories for the 1990s: Development and individual differences. *Child Development, 63*, 1-19.

Schaffer, H. R., & Emerson, P. E. (1964). The development of social attachments in infancy. *Monographs of the Society for Research in Child Development, 29*, 1-77.

Schieffelin, B. B., & Ochs, E. (1986). *Language Socialization across cultures.* Cambridge: Cambridge University Press.

Schlegel, A., & Barry, H., III. (1991). *Adolescence: An anthropological inquiry.* New York: Free Press.

Schmittau, J. (1993). Vygotskian Scientific concepts: Implications for mathematics education. *Focus on Learning Problems in Mathematics, 15*(2&3), 29-39.

Schmittau, J. (2003). Cultural-historical theory and mathematics education. In A. Kozulin, B. Gindis, V. S. Ageev, & S. Miller (Eds.), *Vygotsky's educational theory in cultural context* (pp. 225-245). Cambridge: Cambridge University Press.

Schoenfeld, A. H. (1985). *Mathematical problem solving.* New York: Academic Press.

Schoenfeld, A. H. (1992). Learning to think mathematically: Problem solving, metacognition, and sense making in mathematics. In P. H. Grouws (Ed.), *Handbook of research on mathematics teaching: A project of the National Council of Teachers of Mathematics* (pp. 334-370). New York: Macmillan.

Scribner, S. (1975). Recall of classical syllogisms: A cross-cultural investigation of error in logical problems. In R. J. Falmagne (Ed.), *Reasoning: Representation and process in children and adults* (pp. 153-173). Hillsdale, NJ: Erlbaum.

Scribner, S. (1977). Modes of thinking and ways of speaking: Culture and logic reconsidered. In P. N. Johnson-Laird & P. C. Wason (Eds.), *Thinking: Readings in cognitive science* (pp. 483-500). Cambridge: Cambridge University Press.

Scribner, S., & Cole, M. (1973). The cognitive consequences of formal and informal education. *Science, 182,* 553-559.

Scribner, S., & Cole, M. (1981). *The psychology of literacy.* Cambridge, MA: Harvard University Press.

Sears, R. R., Maccoby, E. E., & Levin, H. (1957). *Patterns of child rearing.* New York: Harper & Row.

Segall, M. H., Dasen, P. R., Berry, J. W., & Poortinga, Y. H. (1999). *Human behavior in global perspective: An introduction to cross-cultural psychology.* Boston: Allyn & Bacon. (Original work published 1990)

Sharp, D., Cole, M., & Lave, C. (1979). Education and cognitive development: The evidence from experimental research. *Monographs of the Society for Research in Child Development, 44*(1-2, ser no. 178).

Shore, A. N. (1996). The experience-dependent maturation of a regulatory system in the orbital prefrontal cortex and the origin of developmental psychopathology. *Development and Psychopathology, 8*(1), 59-87.

Shulman, L. S., & Keislar, E. R. (Eds.). (1966). *Learning by discovery: A critical appraisal.* Chicago: Rand McNally.

Siegler, R. S. (1991). *Children's thinking.* Englewood Cliffs, NJ: Prentice Hall.

Sigman, M., & Sena, R. (1993). Pretend play in high-risk and developmentally delayed children. In M. N. Bornstein & A. Watson O'Reilly (Eds.), *The role of play in the development of thought* (pp. 29-42). San Francisco: Jossey-Bass.

Sinclair, H. (1970). The transition from sensory-motor behavior to symbolic activity. *Interchange, 1,* 119-126.

Skinner, B. F. (1953). *Science and human behavior.* New York: Appleton-Century-Crofts.

Slade, A. (1987). A longitudinal study of maternal involvement and symbolic play during the toddler period. *Child Development, 58,* 367-375.

Slavina, L. S. (1948). O razvitii motivov igrovoi deayatelnosti v doshkolnom vozraste [On the development of play motives at preschool age]. *Izvestiya APN RSFSR, 14,* 11-29.

Smilansky, S., & Shefatya, L. (1990). *Facilitating play: A medium for promoting cognitive, socio-emotional, and academic development in young children.* Gaithersburg, MD: Psychosocial & Educational Publications.

Smolucha, F. (1992). The relevance of Vygotsky's theory of creative imagination for contemporary research on play. *Creativity Research Journal, 5*(1), 69-76.

Smolucha, L., & Smolucha, F. (1998). The social origins of mind: Post-Piagetian perspectives on pretend play. In O. N. Saracho & B. Spodek (Eds.), *Multiple perspectives on play in early childhood education* (pp. 34-58). Albany: State University of New York Press.

Snarey, J. R., Reimer, J., & Kohlberg, L. (1985). Development of social-moral reasoning among Kibbutz adolescents: A longitudinal cross-cultural study. *Developmental Psychology, 21*(1), 3-17.

Snow, C., de Blauw, A., & van Roosmalen, G. (1979). Talking and playing with babies: The role of ideologies of child-rearing, In M. Bullowa (Ed.), *Before speech: The beginning of interpersonal communication* (pp. 269-288). Cambridge: Cambridge University Press.

Sokoliansky, I. A. (1962). *Obuchenie slepoglukhonemykh detei* [Teaching blind-and-deaf children]. Moscow: Prosveschenie.

Sokolova, N. D. (1973). *Osobennosti rukovodstva igroi umstvenno otstalykh detei* (Characteristics of guidance of play of mentally retarded preschoolers]. Unpublished doctoral dissertation, Moscow, Russia.

Spitz, R. A. (1945). Hospitalism: An inquiry into the genesis of psychiatric conditions in early childhood. *Psychoanalytic Study of the Child, 1,* 53-74.

Spitz, R. A. (1946). Hospitalism: A follow-up report on investigation described in Volume 1, 1945. *Psychoanalytic Study of the Child, 2,* 113-117.

Steinberg, L. (1990). Autonomy, conflict, and harmony in the family relationship. In S. Feldman & G. Elliot (Eds.), *At the threshold: The developing adolescent* (pp. 255-276). Cambridge, MA: Harvard University Press.

Sternberg, R. J., & Detterman, D. K. (Eds.). (1986). *What is intelligence?*

Contemporary viewpoints on its nature and definition. Norwood, NJ: Ablex.

Stetsenko, A., & Arievitch, I. (2002). Teaching, learning, and development: A post-Vygotskian perspective. In G. Wells & G. Claxton (Eds.), *Learning for life in the 21st century: Sociocultural perspectives on the future of education* (pp. 84-96). Malden, MA: Blackwell.

Sumita, K., Kitahara-Frisch, J., & Norikoshi, K. (1985). The acquisition of stone-tool use in captive chimpanzees. *Primates, 26*, 168-181.

Sylva, K., Roy, C., & Painter, M. (1980). *Childwatching at playground and nursery school*. Ypsilanti, MI: High/Scope.

Takeshita, H., & van Hooff, J. A. R. A. M. (2001). Tool use by chimpanzees (Pan troglodytes) of the Arnhem zoo community. In T. Matsuzawa (Ed.), *Primate origins of human cognition and behavior* (pp. 519-536). New York: Springer-Verlag.

Talyzina, N. F. (1981). *The psychology of learning*. Moscow: Progress. (Original work published 1975)

Talyzina, N. F. (2001). *Pedagogicheskaya psikhologiya* [Pedagogical psychology]. Moscow: Academia.

Tamis-LeMonda, C. S., & Bornstein, M. H. (1991). Individual variation, correspondence, stability, and change in mother and toddler play. *Infant Behavior and Development, 14*, 143-162.

Tamis-LeMonda, C. S., & Bornstein, M. H. (1993). Play and its relations to Other mental functions in the child. In M, N, Born Stein & A. Watson O'Reilly (Eds.), *The role of play in the development of thought* (pp. 17-27). San Francisco: Jossey-Bass.

Tamis-LeMonda, C. S., Bornstein, M. H., Cyphers, L., Toda, S., & Ogino, M. (1992). Language and play at one year: A comparison of toddlers and mothers in the United States and Japan. *International Journal of Behavioral Development, 15*(1), 19-42.

Thorndike, E. L. (1914). *Educational psychology*. New York: Teachers College Press.

Tietjen, A. M., & Walker, L.J. (1985). Moral reasoning and leadership among men in a Papua New Guinea society. *Developmental Psychology, 21*(6), 982-992.

Tizard, B. (1977). Play: The child's way of learning? In B. Tizard & D. Harvey (Eds.), *Biology of play* (199-208). London: Heinemann.

Tolman, E. C., & Honzik, C. H. (1930). Introduction and removal of reward, and maze performance in rats. *University of California Publications in Psychology, 4*, 257-275.

Tomasello, M. (1999). *The cultural origins of human cognition*. Cambridge, MA: Harvard University Press.

Tomasello, M., Davis-Dasilva, M., Camak, L., & Bard, K. A. (1987). Observational learning of tool-use by young chimpanzees. *Journal of Human Evolution, 2,* 175-183.

Tomasello, M., & Farrar, J. (1986). Joint attention and early language. *Child Development, 57,* 1454-1463.

Tomasello, M., Savage-Rumbaugh, S., & Kruger, A. C. (1993). Imitative learning of actions on objects by children, chimpanzees, and enculturated chimpanzees. *Child Development, 64,* 1688-1705.

Tomasello, M., Striano, T., & Rochat, P. (1999). Do young children use objects as symbols? *British Journal of Developmental Psychology, 17*(4), 563-584.

Tomasello, M., & Todd, J. (1983). Joint attention and lexical acquisition style. *First Language, 4,* 197-212.

Trevarthen, C. (1979). Communication and cooperation in early infancy: A description of primary intersubjectivity. In M. Bullowa (Ed.), *Before speech: The beginning of interpersonal communication* (pp. 321-347). Cambridge: Cambridge University Press.

Trevarthen, C. (1980). Instincts for human understanding and for cultural cooperation: Their development in infancy. In M. von Cranach, K. Foppa, W. Lepenies, & D. Ploog (Eds.), *Human ethology* (pp. 530-571). Cambridge: Cambridge University Press.

Trevarthen, C. (1988). Universal co-operative motives: How infants begin to know the language and culture of their parents. In G. Jahoda & I. M. Lewis (Eds.), *Acquiring culture: Cross cultural studies in child development* (pp. 37-90). London: Groom Helm.

Tudge, J. (1992). Vygotsky, the zone of proximal development, and peer collaboration: Implications for classroom practice. In L. C. Moll (Ed.), *Vygotsky and education: Instructional implications and applications of sociohistorical psychology* (pp. 155-172). Cambridge: Cambridge University Press.

Tulviste, P. (1991). *The cultural-historical development of verbal thinking.* Commack, NY: Nova Science.

Tulviste, P. (1999). Activity as an explanatory principle in cultural psychology. In S. Chaiklin, M. Hedegaard, & U. J. Jensen (Eds.), *Activity theory and social practice: Cultural-historical approaches* (pp. 66-78). Aarhus, Denmark: Aarhus University Press.

Unger, O., & Howes, C. (1988). Mother-child interactions and Symbolic play between toddlers and their adolescent or mentally retarded mothers. *Occupational Therapy Journal of Research, 8,* 237-249.

Usova, A. P. (1976). *Rol igry v vospitanii detei* (The role of play in children's upbringing]. Moscow: Pedagogika.

van der Veer, R., & van Ijzendoom, M. H. (1988). Early childhood attachment and later problem solving: A Vygotskian perspective. In J. Valsiner (Ed.), *Child development within culturally structured environments, Vol. 1* (pp. 215-246). Norwood, NJ: Ablex.

Vauclair, J. (1993). Tool use, hand cooperation and the development of object manipulation in human and non-human primates. In A. F. Kalverboer, B. Hopkins, & R. Geuze (Eds.), Motor development in early and later childhood: Longitudinal approaches (pp. 205-216). Cambridge: Cambridge University Press.

Venger, L. A. (Ed.). (1986). *Razvitie poznavatelnykh sposobnostei v protsesse doshkolnogo Vospitaniya* [Development of cognitive abilities in the course of preschool education]. Moscow: Pedagogika.

Venger, L. A. & Kholmovskaya, V. V. (Eds.). (1978). *Diagnostika umstvennogo razvitiya doshkolnikov* [Evaluation of mental development of preschoolers]. Moscow: Pedagogika.

Vygotsky, L. S. (1930). Predislovie [Preface]. In W. Köhler, *Issledovanie intellecta chelovekoobraznykh obezian* (pp. I-XXIX). Moscow: Izdatelstvo Kommunisticheskoy Academii.

Vygotsky, L. S. (1956). *Izbrannye psikhologicheskie issledovaniya* [Selected psychological works]. Moscow: Izdatelstvo APN PSFSR.

Vygotsky, L. S. (1976). Play and its role in the mental development of the child. In J. S. Bruner, A. Jolly, & K. Sylva. (Eds.), *Play: Its role in development and evolution* (pp. 537-554). New York: Basic Books. (Original work published 1966)

Vygotsky, L. S. (1978). M. Cole, V. John-Steiner, S. Scribner, & E. Souberman (Eds.), *Mind in Society: The development of higher psychological processes,* Cambridge, MA: Harvard University Press.

Vygotsky, L. S. (1981a). The genesis of higher mental functions. In J. V. Wertsch (Ed.), *The concept of activity in Soviet psychology* (pp. 144-188). Armonk, NY: Sharpe.

Vygotsky, L. S. (1981b). The instrumental method in psychology. In J. V. Wertsch (Ed.), *The concept of activity in Soviet Psychology* (pp. 134-143). Armonk, NY: Sharpe.

Vygotsky, L. S. (1984). *Sobranie sochineniy, Tom 4: Detskaya psikhologiya* [The collected works, Vol. 4: Child Psychology]. Moscow: Pedagogika.

Vygotsky, L. S. (1986). *Thought and language*. Cambridge, MA: MIT Press. (Original work published 1934)

Vygotsky, L. S. (1987). R. W. Rieber (Ed.), *The collected works of L. S. Vygotsky: Vol. 1: Problems of general psychology*. New York: Plenum. (Original work published 1982)

Vygotsky, L. S. (1997). *The collected works of L. S. Vygotsky: Vol. 4: The history of the development of higher mental functions,* R. W. Rieber (Ed.). New York: Plenum. (Original work published 1983)

Vygotsky, L. S. (1998). *The collected works of L. S. Vygotsky, Vol. 5: Child psychology*, R. W. Rieber (Ed.). New York: Plenum. (Original work published 1984)

Vygotsky, L. S., & Luria, A. R. (1993). *Etudy po istorii povedeniya* [Problems of history of behavior]. Moscow: Pedagogika. (Original work published 1930)

Wachs, T. D. (1993). Multidimensional correlates of individual variability in play and exploration. In M. N. Bornstein & A. Watson O'Reilly (Eds.), *The role of play in the development of thought* (pp. 43-53). San Francisco: Jossey-Bass.

Walden, T. A., & Baxter, A. (1989). The effect of context and age on social referencing. *Child Development, 60*, 1511-1518.

Walker, L. J. (1980). Cognitive and perspective-taking prerequisites for moral development. *Child Development, 51*(1), 131-139.

Walker, L. J. (1986). Experiential and cognitive sources of moral development in adulthood. *Human Development, 29*(2), 113-124.

Walker, L. J., & Richards, B. S. (1979). Stimulating transitions in moral reasoning as a function of Stage of cognitive development. *Developmental Psychology, 15*(2), 95-103.

Walker, L. J., Henning, K. H., & Krettenauer, T. (2000). Parent and peer contexts for children's moral reasoning development. *Child Development, 71*(4), 1033-1048.

Walker, L. J., & Taylor, J. H. (1991). Family interactions and the development of moral reasoning. *Child Development, 62*(2), 264-283.

Warren, S. F., Yoder, P. J., Gazdag, G. E., Kim, K., & Jones, H. (1993). Facilitating prelinguistic communication skills in young children with developmental delay. *Journal of Speech & Hearing Research, 36*(1), 83-97.

Watson, J. B. (1925). Behaviorism. New York: Norton.

Wehner, J. M., & Balogh, S.A. (2003). Genetic studies of learning and memory in mouse models. In R. Plomin, J. C. Defries, I. W. Craig, & P. McGuffin (Eds.), *Behavioral genetics in the postgenomic era* (pp. 103-121). Washington, DC: American Psychological Association.

Wells, G. (1985). *Language development in the preschool years*. Cambridge: Cambridge University Press.

Wells, G. (1999). *Dialogic inquiry: Towards a sociocultural practice and theory of education*. New York: Cambridge University Press.

Wells, G. (2002). Inquiry as an orientation for learning, teaching and teacher education. In G. Wells & G. Claxton (Eds.), *Learning for life in the 21st century: Sociocultural perspectives on the future of education* (pp. 197-210). Malden, MA: Blackwell.

Wells, G., Chang, G. L., & Maher, A. (1990). Creating classroom communities of literate thinkers. In S. Sharan (Ed.), *Cooperative learning: Theory and research* (pp. 95-121). New York: Praeger.

Welteroth, S. (2002). Increasing play competence for very young children: How two early head start home visitors conceptualize and actualize their roles. In J. L. Roopnarine (Ed.), *Conceptual, Social-cognitive, and contextual issues in the fields of play* (pp. 183-207). Westport, CT: Ablex.

Wertsch, J. W. (1998). *Mind in action.* New York: Oxford University Press.

Wertsch, J. V., & Tulviste, P. (1992). L. S. Vygotsky and contemporary developmental psychology. *Developmental Psychology, 28*(4), 548-557.

Whiten, A. (1998). Imitation of the sequential structure of actions by chimpanzees (Pan troglodytes). *Journal of Comparative Psychology, 112*(3), 270-281.

Whiten, A., & Ham, R. (1992). On the nature and evolution of imitation in the animal kingdom: Reappraisal of a century of research. *Advances in the Study of Behavior, 21,* 239-283.

Windschhitl, M. (2002). Framing constructivism in practice as the negotiation of dilemmas: An analysis of the conceptual, pedagogical, cultural, and political challenges facing teachers. *Review of Educational Research, 72*(2), 131-175.

Winnicott, D. W. (1982). *Playing and reality.* New York: Tavistock.

Wolfe, J. B. (1936). Effectiveness of token rewards for chimpanzees. *Comparative Psychology Monographs, 12.*

Wolman, B. B. (1998). *Adolescence: Biological and psychological perspectives.* Westport, CT: Greenwood.

Yoder, P. (1992). Communication intervention with children who have disabilities. *Kennedy Center News, 21,* 1-2.

Youngblade, L. M., & Dunn, J. (1995). Individual differences in children's play with mother and Siblings: Links to relationships and understanding of other people's feelings and beliefs. *Child Development, 66,* 1472-1492.

Zak, A. Z. (1984). *Razvitie teoreticheskogo myshleniya u mladshikh shkolnikov* [Development of theoretical thought in elementary school children]. Moscow: Pedagogika.

Zaporozhets, A. V. (1986a). Razvitie proizvolnykh dvizheniy [Development of voluntary actions]. In A. V. Zaporozhets, *Izbrannye psikhologicheskie trudy, Tom 2* (pp. 5-233). Moscow: Pedagogika.

Zaporozhets, A. V. (1986b). Deystvie i intellekt (Action and intelligence). In A. V. Zaporozhets, *Izbrannye psikhologicheskie trudy, Tom 1* (pp. 177-190). Moscow: Pedagogika.

Zaporozhets, A. V. (1986c). Razvitie myshleniya [The development of thinking]. In A. V. Zaporozhets, *Izbrannye psikhologicheskie trudy, Tom 1* (pp. 200-215). Moscow: Pedagogika.

Zaporozhets, A. y (1997). Principal problems in the ontogeny of the mind. *Journal of Russian and East European Psychology, 35*(1), 53-94. (Original work published 1978)

Zaporozhets, A. V., & Elkonin, D. B. (Eds.). (1971). *The psychology of preschool children*. Cambridge, MA: MIT Press (Original work published 1964)

Zaporozhets, A. V., & Lisina, M. I. (Eds.). (1974). *Razvitie obscheniya u doshkolnikov* [The development of communication in preschoolers]. Moscow: Pedagogika.

Zarbatany, L., & Lamb, M. E. (1985). Social referencing as a function of information Source: Mothers versus strangers. *Infant Behavior and Development, 8,* 25-33.

Zeigarnik, B. V. (1986). *Patopsikhologiya* [Clinical psychology]. Moscow: Izdatelstvo MGU.

Zhurova, L. E. (1978). *Obuchenie gramote* v detskom sadu [Teaching reading and writing at the kindergarten]. Moscow: Pedagogika.

용어 찾아보기

ㄱ

근접발달영역
  활동의 근접발달영역 83
  정신과정의 근접발달영역 21, 45-51, 75, 83, 121, 126, 235-236
  근접발달영역과 평가 47
  근접발달영역 개념에 대한 서구 학자들의 오해 46, 212

개념
  과학적 개념 21, 70, 74, 189-190, 198-204, 213, 215-216, 218
  일상적 개념 189-190, 203, 211, 213, 216

교육과 발달의 연관성 48-51
  행동주의에서 교육과 발달의 연관성 50
  생득주의에서 교육과 발달의 연관성 49
  피아제의 이론에서 교육과 발달의 연관성 48-49, 190
  비고츠키의 이론에서 교육과 발달의 연관성 49-51, 190, 197-198, 201, 207-210, 219, 233-234

기억(력) 33-39, 71-73, 259
  정신지체 아동의 기억(력) 36
  기억(력) 매개체로서의 키푸 34-35
  기억(력) 발달에서 유전의 중요성 37-39, 256

ㄴ

내면화 19-20, 31-32, 45-46, 72-73, 75, 86, 204, 230-231, 238

놀이
  놀이에 관한 피아제의 관점 129-130
  역할놀이 61-62
  놀이에 관한 비고츠키의 관점 129-130, 133
  놀이에 관한 서구 심리학자들의 연구 130-131, 133
  상징적 놀이(가작화놀이, 상상놀이, 환상놀이, 극놀이, 가장놀이) 129
  역할놀이 129-130

ㄷ

도구(tools)
  정신도구 19-20, 21, 30-32, 45-46, 69-70, 73, 75, 76, 82-83, 85-86, 88, 121, 148, 152, 200, 230, 251, 253
  기술적(물리적, 실용적) 도구 29, 30, 59, 60-63, 65, 67-68, 70
  유인원의 도구 사용 29, 59, 60-64, 65, 67

인명 찾아보기

A

Aidarova, L. I., 206
Ainsworth, M. D. S., 110-112
Anderson, J. R., 207, 210, 215
Arend, R., 109
Arievitch, I. M., 206
Arnett, J. J., 223, 238, 241-244
Arthur, J., 239
Ausubel, D. P., 215

B

Baldwin, A. L., 81
Ball, D., 214
Balogh, S. A., 255
Bankert, C. L., 75
Bard, K. A., 61, 62
Barry, H., III., 241
Bassok, M., 206-207
Bates, J. E., 109, 147
Baxter, A., 110
Bayles, K., 147
Beck, B., 64
Beizer, L, 144
Belmaker, R. H., 260
Belsky, J., 134
Benjamin, J., 260
Bereiter, C., 211, 216
Bering, J. M., 65
Berk, L. E., 18, 43, 130, 170, 176
Berkowitz, M. W., 235-236
Berry, J. W., 193
Biederman, I., 207
Bijou, S. W., 14, 50
Biro, D., 61
Birren, J. E., 18
Bivens, J. A., 43
Bjorklund, D. F, 12, 65

E

F

Ogino, M., 144
Olguin, K., 61
Olson, S. L., 147
Ormrod, J. E., 49, 185

P

Painter, M., 159
Palincsar, A. S., 76, 211
Palkes, H., 74
Panofsky, C. P., 206
Pantina, N. S., 204-205
Parritz, R. H., 111
Pascual-Leone, J., 16
Petersen, A. C., 241, 245
Piaget, J., 15-17, 41-43, 48-49, 68, 91, 101-103, 108-110, 112, 116, 125, 129-130, 132, 140-143, 145, 153, 157, 168, 173, 179-180, 190, 194, 204, 210, 211, 223, 225, 233, 235, 237, 251-253
Pianta, R. C., 182, 185
Plekhanov, G., 29
Plomin, R., 257
Poortinga, Y. H., 193
Popova, M. I., 146
Posthuma, D. 258
Pratt, M. W., 234
Prawat, R. S., 218
Provenzo Jr., E. F., 160
Pushkin, V. N., 208
Pushkina, A. G., 208
Pyle, R. P, 182

R

Radziszewska, B., 111
Ragan, P., 65
Reder, L. M., 207, 210, 215
Reeve, R. A., 211
Reimer, J., 235
Rest, J. R., 234
Richards, B. S., 233
Richards, M. H., 241-243
Richardson, K., 13, 16

Slade A., 144

Slavina, L. S., 129-130, 134, 137

Smilansky, S., 136, 139, 160-161, 163-167, 170, 178, 181, 186

Smirnova, E., 129, 142, 149, 150

Smith, G. A., 258

Smolucha, F., 131, 143-145

Smolucha, L., 143-145

Snarey, J. R., 235

Snidman, N., 260

Snow, C., 116

Sokhina, V. P., 206

Sokoliansky, I. A., 97

Sokolova, N. D., 130, 137

Spitz, R. A., 16, 93, 104, 108

Spuhl, S. T., 43

Sroufe, L. A., 109

Steinberg, L., 238

Stenberg, C., 110

Sternberg, R. J., 258

Stetsenko, A., 206

Stewart, M., 74

Striano, T, 144

Sumita, K., 61-62

Swanson, D., 111

Sylva, K., 159

T

Takeshita, H., 61

Talyzina, N. F, 182-184, 198-201, 204, 206

Tamis-LeMonda, C. S., 144, 147

Taylor, J. H., 235-236

Thorndike, E. L., 14, 50

Tietjen, A. M., 234

Tizard, B., 159

Toda, S., 144

Todd, J., 147

Tolman, E. C., 14

Tomasello, M., 61-62, 64, 116, 118, 120, 144, 147

Tonooka, R., 61

Tooby, J., 13

삶의 행복을 꿈꾸는 교육은 어디에서 오는가?

미래 100년을 향한 새로운 교육

▶ **교육혁명을 앞당기는 배움책 이야기**
혁신교육의 철학과 잉걸진 미래를 만나다!

한국교육연구네트워크 총서

 01 핀란드 교육혁명
한국교육연구네트워크 엮음 | 320쪽 | 값 15,000원

 02 일제고사를 넘어서
한국교육연구네트워크 엮음 | 284쪽 | 값 13,000원

 03 새로운 사회를 여는 교육혁명
한국교육연구네트워크 엮음 | 380쪽 | 값 17,000원

 04 교장제도 혁명
한국교육연구네트워크 엮음 | 268쪽 | 값 14,000원

 05 새로운 사회를 여는 교육자치 혁명
한국교육연구네트워크 엮음 | 312쪽 | 값 15,000원

 06 혁신학교에 대한 교육학적 성찰
한국교육연구네트워크 엮음 | 308쪽 | 값 15,000원

한국교육연구네트워크 번역 총서

 01 프레이리와 교육
존 엘리아스 지음 | 한국교육연구네트워크 옮김
276쪽 | 값 14,000원

 02 교육은 사회를 바꿀 수 있을까?
마이클 애플 지음 | 강희룡·김선우·박원순·이형빈 옮김
352쪽 | 값 16,000원

 03 비판적 페다고지는
세상을 변화시킬 수 있는가?
Seewha Cho 지음 | 심성보·조시화 옮김 | 280쪽 | 값 14,000원

 04 마이클 애플의 민주학교
마이클 애플·제임스 빈 엮음 | 강희룡 옮김 | 276쪽 | 값 14,000원

 05 21세기 교육과 민주주의
넬 나딩스 지음 | 심성보 옮김 | 392쪽 | 값 18,000원

 06 세계교육개혁:
민영화 우선인가 공적 투자 강화인가?
린다 달링-해먼드 외 지음 | 심성보 외 옮김 | 408쪽 | 값 21,000원

 혁신학교
성열관·이순철 지음 | 224쪽 | 값 12,000원

 행복한 혁신학교 만들기
초등교육과정연구모임 지음 | 264쪽 | 값 13,000원

 서울형 혁신학교 이야기
이부영 지음 | 320쪽 | 값 15,000원

 혁신교육, 철학을 만나다
브렌트 데이비스·데니스 수마라 지음
현인철·서용선 옮김 | 304쪽 | 값 15,000원

 혁신교육 존 듀이에게 묻다
서용선 지음 | 292쪽 | 값 14,000원

 다시 읽는 조선 교육사
이만규 지음 | 750쪽 | 값 33,000원

 대한민국 교육혁명
교육혁명공동행동 연구위원회 지음 | 224쪽 | 값 12,000원

 대한민국 교사, 어떻게 가르칠 것인가?
윤성관 지음 | 320쪽 | 값 15,000원

 아이들을 어떻게 가르칠 것인가
사토 마나부 지음 | 박찬영 옮김 | 232쪽 | 값 13,000원

 아이들의 배움은 어떻게 깊어지는가
이시이 준지 지음 | 방지현·이창희 옮김 | 200쪽 | 값 11,000원

 모두를 위한 국제이해교육
한국국제이해교육학회 지음 | 364쪽 | 값 16,000원

 경쟁을 넘어 발달 교육으로
현광일 지음 | 288쪽 | 값 14,000원

 독일 교육, 왜 강한가?
박성희 지음 | 324쪽 | 값 15,000원

 핀란드 교육의 기적
한넬레 니에미 외 엮음 | 장수명 외 옮김 | 452쪽 | 값 23,000원

▶ 비고츠키 선집 시리즈
발달과 협력의 교육학 어떻게 읽을 것인가?

생각과 말
레프 세묘노비치 비고츠키 지음
배희철·김용호·D. 켈로그 옮김 | 690쪽 | 값 33,000원

성장과 분화
L.S. 비고츠키 지음 | 비고츠키 연구회 옮김
308쪽 | 값 15,000원

도구와 기호
비고츠키·루리야 지음 | 비고츠키 연구회 옮김
336쪽 | 값 16,000원

의식과 숙달
L.S 비고츠키 지음 | 비고츠키 연구회 옮김
348쪽 | 값 17,000원

어린이 자기행동숙달의 역사와 발달 I
L.S. 비고츠키 지음 | 비고츠키 연구회 옮김
564쪽 | 값 28,000원

관계의 교육학, 비고츠키
진보교육연구소 비고츠키교육학실천연구모임 지음
300쪽 | 값 15,000원

어린이 자기행동숙달의 역사와 발달 II
L.S. 비고츠키 지음 | 비고츠키 연구회 옮김
552쪽 | 값 28,000원

비고츠키 생각과 말 쉽게 읽기
진보교육연구소 비고츠키교육학실천연구모임 지음
316쪽 | 값 15,000원

어린이의 상상과 창조
L.S. 비고츠키 지음 | 비고츠키 연구회 옮김
280쪽 | 값 15,000원

비고츠키와 인지 발달의 비밀
A.R. 루리야 지음 | 배희철 옮김 | 280쪽 | 값 15,000원

연령과 위기
L.S. 비고츠키 지음 | 비고츠키 연구회 옮김
336쪽 | 값 17,000원

수업과 수업 사이
비고츠키 연구회 지음 | 196쪽 | 값 12,000원

▶ 창의적인 협력수업을 지향하는 삶이 있는 국어 교실
우리말 글을 배우며 세상을 배운다

중학교 국어 수업 어떻게 할 것인가?
김미경 지음 | 340쪽 | 값 15,000원

이야기 꽃 1
박용성 엮어 지음 | 276쪽 | 값 9,800원

토론의 숲에서 나를 만나다
명혜정 엮음 | 312쪽 | 값 15,000원

이야기 꽃 2
박용성 엮어 지음 | 294쪽 | 값 13,000원

토닥토닥 토론해요
명혜정·이명선·조선미 엮음 | 288쪽 | 값 15,000원

인문학의 숲을 거니는 토론 수업
순천국어교사모임 엮음 | 308쪽 | 값 15,000원

어린이와 시
오인태 지음 | 192쪽 | 값 12,000원

수업, 슬로리딩과 함께
박경숙·강슬기·김정욱·장소현·강민정·전혜림·이혜민 지음
268쪽 | 값 15,000원

▶ 평화샘 프로젝트 매뉴얼 시리즈
학교 폭력에 대한 근본적인 예방과 대책을 찾는다

학교 폭력 어떻게 만들어지는가
문재현 외 지음 | 300쪽 | 값 14,000원

아이들을 살리는 동네
문재현·신동명·김수동 지음 | 204쪽 | 값 10,000원

학교 폭력, 멈춰!
문재현 외 지음 | 348쪽 | 값 15,000원

평화! 행복한 학교의 시작
문재현 외 지음 | 252쪽 | 값 12,000원

왕따, 이렇게 해결할 수 있다
문재현 외 지음 | 236쪽 | 값 12,000원

마을에 배움의 길이 있다
문재현 지음 | 208쪽 | 값 10,000원

젊은 부모를 위한 백만 년의 육아 슬기
문재현 지음 | 248쪽 | 값 13,000원

▶ 4·16, 질문이 있는 교실 마주이야기
통합수업으로 혁신교육과정을 재구성하다!

통하는 공부
김태호·김형우·이경석·심우근·허진만 지음
324쪽 | 값 15,000원

내일 수업 어떻게 하지?
아이함께 지음 | 300쪽 | 값 15,000원
2015 세종도서 교양부문

인간 회복의 교육
성래운 지음 | 260쪽 | 값 13,000원

교과서 너머 교육과정 마주하기
이윤미 외 지음 | 368쪽 | 값 17,000원

수업 고수들 수업·교육과정·평가를 말하다
박현숙 외 지음 | 368쪽 | 값 17,000원

도덕 수업, 책으로 묻고 윤리로 답하다
울산도덕교사모임 지음 | 320쪽 | 값 15,000원

체육 교사, 수업을 말하다
전용진 지음 | 304쪽 | 값 15,000원

교실을 위한 프레이리
아이러 쇼어 엮음 | 사람대사람 옮김 | 412쪽 | 값 18,000원

마을교육공동체란 무엇인가?
서용선 외 지음 | 360쪽 | 값 17,000원

학교생활기록부를 디자인하라
박용성 지음 | 268쪽 | 값 14,000원

교사, 학교를 바꾸다
정진화 지음 | 372쪽 | 값 17,000원

함께 배움
학생 주도 배움 중심 수업 이렇게 한다
니시카와 준 지음 | 백경석 옮김 | 280쪽 | 값 15,000원

공교육은 왜?
홍섭근 지음 | 352쪽 | 값 16,000원

자기혁신과 공동의 성장을 위한
교사들의 필리버스터
윤양수·원종희·장군·조경삼 지음 | 280쪽 | 값 14,000원

함께 배움 이렇게 시작한다
니시카와 준 지음 | 백경석 옮김 | 196쪽 | 값 12,000원

함께 배움 교사의 말하기
니시카와 준 지음 | 백경석 옮김 | 188쪽 | 값 12,000원

미래교육의 열쇠, 창의적 문화교육
심광현·노명우·강정석 지음 | 368쪽 | 값 16,000원

주제통합수업, 아이들을 수업의 주인공으로!
이윤미 외 지음 | 392쪽 | 값 17,000원

수업과 교육의 지평을 확장하는 수업 비평
윤양수 지음 | 316쪽 | 값 15,000원
2014 문화체육관광부 우수교양도서

교사, 선생이 되다
김태은 외 지음 | 260쪽 | 값 13,000원

교사의 전문성, 어떻게 만들어지나
국제교원노조연맹 보고서 | 김석규 옮김 392쪽 | 값 17,000원

수업의 정치
윤양수·원종희·장군 지음 | 280쪽 | 값 14,000원

학교협동조합,
현장체험학습과 마을교육공동체를 잇다
주수원 외 지음 | 296쪽 | 값 15,000원

거꾸로교실,
잠자는 아이들을 깨우는 수업의 비밀
이민경 지음 | 280쪽 | 값 14,000원

교사는 무엇으로 사는가
정은균 지음 | 292쪽 | 값 15,000원

마음의 힘을 기르는 감성수업
조선미 외 지음 | 300쪽 | 값 15,000원

작은 학교 아이들
지경준 엮음 | 376쪽 | 값 17,000원

감성 지휘자, 우리 선생님
박종국 지음 | 308쪽 | 값 15,000원

대한민국 입시혁명
참교육연구소 입시연구팀 지음 | 220쪽 | 값 12,000원

교사를 세우는 교육과정
박승열 지음 | 312쪽 | 값 15,000원

전국 17명 교육감들과 나눈
교육 대담
최창의 대담·기록 | 272쪽 | 값 15,000원

들뢰즈와 가타리를 통해
유아교육 읽기
리세롯 마리엣 올슨 지음 | 이연선 외 옮김 | 328쪽 | 값 17,000원

교육과정 통합, 어떻게 할 것인가?
성열관 외 지음 | 192쪽 | 값 13,000원

 학교 민주주의의 불한당들
정은균 지음 | 276쪽 | 값 14,000원

 동양사상에게 인공지능 시대를 묻다
홍승표 외 지음 | 260쪽 | 값 15,000원

 교육과정, 수업, 평가의 일체화
리사 카터 지음 | 박승열 외 옮김 | 196쪽 | 값 13,000원

 학교 혁신의 길, 아이들에게 묻다
남궁상운 외 지음 | 268쪽 | 값 15,000원

 학교를 개선하는 교장
지속가능한 학교 혁신을 위한 실천 전략
마이클 풀란 지음 | 서동연·정효준 옮김 | 216쪽 | 값 13,000원

 프레이리의 사상과 실천
사람대사람 지음 | 352쪽 | 값 18,000원

 공자뎐, 논어는 이것이다
유문상 지음 | 392쪽 | 값 18,000원

 혁신학교, 한국 교육의 미래를 열다
송순재 외 지음 | 608쪽 | 값 30,000원

▶ 교과서 밖에서 만나는 역사 교실
상식이 통하는 살아 있는 역사를 만나다

 전봉준과 동학농민혁명
조광환 지음 | 336쪽 | 값 15,000원

 교과서 밖에서 배우는 역사 공부
정은교 지음 | 292쪽 | 값 14,000원

 남도의 기억을 걷다
노성태 지음 | 344쪽 | 값 14,000원

 팔만대장경도 모르면 빨래판이다
전병철 지음 | 360쪽 | 값 16,000원

 응답하라 한국사 1·2
김은석 지음 | 356쪽·368쪽 | 각권 값 15,000원

 빨래판도 잘 보면 팔만대장경이다
전병철 지음 | 360쪽 | 값 16,000원

 즐거운 국사수업 32강
김남선 지음 | 280쪽 | 값 11,000원

 영화는 역사다
강성률 지음 | 288쪽 | 값 13,000원

 즐거운 세계사 수업
김은석 지음 | 328쪽 | 값 13,000원

 친일 영화의 해부학
강성률 지음 | 264쪽 | 값 15,000원

 강화도의 기억을 걷다
최보길 지음 | 276쪽 | 값 14,000원

 한국 고대사의 비밀
김은석 지음 | 304쪽 | 값 13,000원

 광주의 기억을 걷다
노성태 지음 | 348쪽 | 값 15,000원

 조선족 근현대 교육사
정미량 지음 | 320쪽 | 값 15,000원

 선생님도 궁금해하는
한국사의 비밀 20가지
김은석 지음 | 312쪽 | 값 15,000원

 다시 읽는 조선근대교육의 사상과 운동
윤건차 지음 | 이명실·심성보 옮김 | 516쪽 | 값 25,000원

 걸림돌
키르스텐 세룹-빌펠트 지음 | 문봉애 옮김
248쪽 | 값 13,000원

 음악과 함께 떠나는 세계의 혁명 이야기
조광환 지음 | 292쪽 | 값 15,000원

 역사수업을 부탁해
열 사람의 한 걸음 지음 | 388쪽 | 값 18,000원

 논쟁으로 보는 일본 근대교육의 역사
이명실 지음 | 324쪽 | 값 17,000원

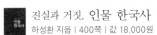 진실과 거짓, 인물 한국사
하성환 지음 | 400쪽 | 값 18,000원

▶ 더불어 사는 정의로운 세상을 여는 인문사회과학
사람의 존엄과 평등의 가치를 배운다

밥상혁명
강양구·강이현 지음 | 298쪽 | 값 13,800원

좌우지간 인권이다
안경환 지음 | 288쪽 | 값 13,000원

도덕 교과서 무엇이 문제인가?
김대용 지음 | 272쪽 | 값 14,000원

민주시민교육
심성보 지음 | 544쪽 | 값 25,000원

자율주의와 진보교육
조엘 스프링 지음 | 심성보 옮김 | 320쪽 | 값 15,000원

민주시민을 위한 도덕교육
심성보 지음 | 500쪽 | 값 25,000원
2015 세종도서 학술부문

민주화 이후의 공동체 교육
심성보 지음 | 392쪽 | 값 15,000원
2009 문화체육관광부 우수학술도서

교과서 밖에서 배우는 인문학 공부
정은교 지음 | 280쪽 | 값 13,000원

갈등을 넘어 협력 사회로
이창언·오수길·유문종·신윤관 지음 | 280쪽 | 값 15,000원

오래된 미래교육
정재걸 지음 | 392쪽 | 값 18,000원

동양사상과 마음교육
정재걸 외 지음 | 356쪽 | 값 16,000원
2015 세종도서 학술부문

대한민국 의료혁명
전국보건의료산업노동조합 엮음 | 548쪽 | 값 25,000원

교과서 밖에서 배우는 철학 공부
정은교 지음 | 280쪽 | 값 14,000원

교과서 밖에서 배우는 고전 공부
정은교 지음 | 288쪽 | 값 14,000원

교과서 밖에서 배우는 사회 공부
정은교 지음 | 304쪽 | 값 15,000원

전체 안의 전체 사고 속의 사고
김우창의 인문학을 읽다
현광일 지음 | 320쪽 | 값 15,000원

교과서 밖에서 배우는 윤리 공부
정은교 지음 | 292쪽 | 값 15,000원

카스트로, 종교를 말하다
피델 카스트로·프레이 베토 대담 | 조세종 옮김
420쪽 | 값 21,000원

한글 혁명
김슬옹 지음 | 388쪽 | 값 18,000원

교사와 부모를 위한 비고츠키 교육학
카르포프 지음 | 실천교사번역팀 옮김 | 308쪽 | 값 15,000원

▶ 살림터 참교육 문예 시리즈
영혼이 있는 삶을 가르치는 온 선생님을 만나다!

꽃보다 귀한 우리 아이는
조재도 지음 | 244쪽 | 값 12,000원

선생님이 먼저 때렸는데요
강병철 지음 | 248쪽 | 값 12,000원

성깔 있는 나무들
최은숙 지음 | 244쪽 | 값 12,000원

서울 여자, 시골 선생님 되다
조경선 지음 | 252쪽 | 값 12,000원

아이들에게 세상을 배웠네
명혜정 지음 | 240쪽 | 값 12,000원

행복한 창의 교육
최창의 지음 | 328쪽 | 값 15,000원

밥상에서 세상으로
김흥숙 지음 | 280쪽 | 값 13,000원

북유럽 교육 기행
정애경 외 14인 지음 | 288쪽 | 값 14,000원

▶ 남북이 하나 되는 두물머리 평화교육
분단 극복을 위한 치열한 배움과 실천을 만나다

10년 후 통일
정동영·지승호 지음 | 328쪽 | 값 15,000원

선생님, 통일이 뭐예요?
정경호 지음 | 252쪽 | 값 13,000원

분단시대의 통일교육
성래운 지음 | 428쪽 | 값 18,000원

김창환 교수의 DMZ 지리 이야기
김창환 지음 | 264쪽 | 값 15,000원

▶ 출간 예정

근간 **페다고지를 위하여**
프레네의 『페다고지 불변요소』 읽기
박찬영 지음

근간 **교사와 학부모를 위한
발달교육이란 무엇인가**
현광일 지음

근간 **다시, 학교에서 길을 찾는다**
민주시민교육 수업 실천 길라잡이
염경미 지음

근간 **혁명 프랑스에게 공교육의 기초를 묻다**
마르퀴 드 콩도르세 지음 | 이주환 옮김

근간 **삶을 위한
국어교육과정, 어떻게 만들 것인가?**
명혜정 지음

근간 **이오덕 교육론**
이무완 지음

근간 **학교는 평화로운가?**
강균석 외 지음

근간 **마을수업, 마을교육과정!**
서용선·백윤애 지음

근간 **민·관·학 협치 시대를 여는
마을교육공동체 만들기**
김태정 지음

근간 **독립의 기억을 걷다**
노성태 지음

근간 **민주주의와 교육**
Pilar Ocadiz, Pia Wong, Carlos Torres 지음 | 유성상 옮김

근간 **민주시민교육을 위한
역사수업 어떻게 할 것인가?**
황현정 지음

근간 **미국의 진보주의 교육 운동사**
윌리엄 헤이스 지음 | 심성보 외 옮김

근간 **다 함께 올라가는 스웨덴 교육법**
레이프 스트란드베리 지음 | 변광수 옮김

근간 **교육의 대전환**
김경욱 외 지음

근간 **대학생에게 협동조합을 허하라**
주수원 외 지음

참된 삶과 교육에 관한
생각 줍기